职业教育城市轨道交通专业教材

城市轨道交通线路与站场

曾险峰　主　编
姚琴兰　李俊辉　副主编
朱宛平　主　审

電子工業出版社
Publishing House of Electronics Industry
北京·BEIJING

内 容 简 介

本书通过 6 个项目下的 31 个任务,比较全面地概括了城市轨道交通线网、城市轨道交通线路、城市轨道交通轨道结构、道岔、城市轨道交通车站、城市轨道交通车辆段。考虑城市轨道交通线路与站场的技术特点,本书在内容选取上力争紧扣"城市轨道"这一主题,不过多涉及铁路线路与站场知识。同时,考虑相关知识的关联性和对学生专业知识面的拓宽,在一部分任务中补充了"相关案例"和"拓展知识",作为相关专业知识学习的延伸。

本书可作为职业院校城市轨道交通运营管理专业及相关专业的教学用书,也可作为从事城市轨道交通行业职工的参考资料和培训用书。

未经许可,不得以任何方式复制或抄袭本书之部分或全部内容。
版权所有,侵权必究。

图书在版编目(CIP)数据

城市轨道交通线路与站场 / 曾险峰主编. —北京:电子工业出版社,2017.6
ISBN 978-7-121-29832-5

Ⅰ.①城… Ⅱ.①曾… Ⅲ.①城市铁路－轨道交通－铁路线路－职业教育－教材②城市铁路－轨道交通－铁路车站－职业教育－教材 Ⅳ.①U239.5

中国版本图书馆 CIP 数据核字(2016)第 207464 号

策划编辑:徐 玲
责任编辑:靳 平
印　　刷:涿州市京南印刷厂
装　　订:涿州市京南印刷厂
出版发行:电子工业出版社
　　　　　北京市海淀区万寿路 173 信箱　邮编　100036
开　　本:787×1 092　1/16　印张:16.5　字数:416 千字
版　　次:2017 年 6 月第 1 版
印　　次:2021 年 1 月第 8 次印刷
定　　价:34.00 元

凡所购买电子工业出版社图书有缺损问题,请向购买书店调换。若书店售缺,请与本社发行部联系,联系及邮购电话:(010)88254888,88258888。
质量投诉请发邮件至 zlts@phei.com.cn,盗版侵权举报请发邮件至 dbqq@phei.com.cn。
本书咨询联系方式:xuling@phei.com.cn。

职业教育城市轨道交通专业教材编审委员会

主 任 委 员： 吴　晓　浙江师范大学工学院原系主任
副主任委员： 赵　岚　西安铁路职业技术学院
　　　　　　　　张　莹　湖南铁道职业技术学院系主任
常 务 委 员：（排名不分先后）
　　　　　　　　施俊庆　浙江师范大学工学院教研室主任
　　　　　　　　王瑞萍　浙江师范大学工学院
　　　　　　　　郑丽娟　浙江师范大学行知学院
　　　　　　　　李一龙　湖南铁路科技职业技术学院系主任
　　　　　　　　程　钢　湖南铁路科技职业技术学院教研室主任
　　　　　　　　吴　冰　湖南铁道职业技术学院教研室主任
　　　　　　　　唐春林　湖南铁道职业技术学院专业负责人
　　　　　　　　刘　奇　西安铁路职业技术学院交通运输系教研室副主任
　　　　　　　　王　敏　西安铁路职业技术学院
　　　　　　　　魏仁辉　西安铁路职业技术学院
　　　　　　　　申　红　西安铁路职业技术学院
　　　　　　　　刘婷婷　西安铁路职业技术学院
　　　　　　　　奉　毅　柳州铁道职业技术学院系副主任
　　　　　　　　蓝志江　柳州铁道职业技术学院教研室主任
　　　　　　　　马成正　柳州铁道职业技术学院
　　　　　　　　王丽娟　柳州铁道职业技术学院
　　　　　　　　卢德培　杭州万向职业技术学院教研室主任
　　　　　　　　李殿勋　沈阳铁路机械学校
　　　　　　　　丁洪东　沈阳铁路机械学校教研室主任
　　　　　　　　李显川　沈阳铁路机械学校
　　　　　　　　姬立中　北京铁路电气化学校副校长
　　　　　　　　王建立　北京铁路电气化学校科长
　　　　　　　　尹爱华　江苏省无锡交通高等职业技术学校系副主任
　　　　　　　　陈　波　无锡汽车工程学校专业负责人
　　　　　　　　谭　恒　广州市交通运输职业学校
　　　　　　　　余鹏程　广州市交通运输职业学校
　　　　　　　　宋　锐　武汉市教育科学研究院教研员
　　　　　　　　蔡海云　武汉铁路司机学校系主任
　　　　　　　　欧阳宁　武汉市交通学校系主任

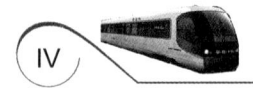

行业委员：（排名不分先后）
　　　　　　吴维彪　浙江省杭州市地铁集团有限责任公司高级工程师
　　　　　　牟振英　上海申通集团运营四公司总工程师
　　　　　　娄树蓉　南京地铁有限责任公司客运部部长
　　　　　　吕春娟　浙江省杭州市地铁集团运营分公司高级工程师
　　　　　　贾拴航　西安地铁运营分公司客运部
　　　　　　李文起　北京铁路局石家庄供电段
　　　　　　苏伟伟　北京铁路局石家庄供电段
　　　　　　刘永辉　北京铁路局石家庄供电段
秘　书　长：徐　玲　电子工业出版社

总序 Preface

随着国民经济持续快速发展，人流、物流、信息流以前所未有的密度涌向大城市并向周边辐射。城市化进程加快，城镇人口迅速增长，带来了城市交通需求的高速增长。为了解决大、中城市交通紧张问题，我国有越来越多的城市把发展城市轨道交通列入城市发展计划。据中国城市轨道交通协会数据统计，在运营线路方面，截至2016年年末，中国大陆地区（共有30个城市）开通运营的城市轨道交通营运线路总共为133条，总长为4 152.8km，其中，地铁线路总长为3 168.7km，占76.3%；其他制式城市轨道交通营运线路总长为984.1km，占23.7%。在线路建设方面，截至2016年年末，共有58个城市获批城市轨道交通项目，其中获国家发改委批复城市44个，地方政府批复14个，线路总长为7305km。我国城市轨道交通建设正在进入快速有序的发展阶段。近年来，新增运营线路逐年增加，2011年新增运营线路长度为288km、2012年新增运营线路长度为399km、2013年新增运营线路长度为460km、2014年新增运营线路长度为427km，2015年新增运营线路长度为445km，2016年新增18条运营线路总长为535km，创历史新高。2016年作为"十三五"开局之年，与"十二五"开局之年即2011年新增线路长度288km相比，增长85.8%；与"十二五"收官之年即2015年新增线路长度445km相比，增长20.2%。"十三五"期间，我国城市轨道交通的建设将迎来高峰期，根据2016年5月发改委和交通部联合印发《交通基础设施重大工程建设三年行动计划》，计划2016—2018年将重点推进103个项目前期工作，新建城市轨道交通线路2 000km以上。到2020年，我国城市轨道交通运营里程将突破6 000km。城市轨道交通的快速发展，需要大批轨道交通应用性人才来保证正常的运营和管理。按城市轨道交通用人需求每千米50~60人计算，轨道交通人才需求巨大。

城市轨道交通发展给职业教育的人才培养带来良好契机，为适应城市轨道交通人才培养需求，更好地服务国民经济建设，2010年5月，电子工业出版社在武汉组织召开了"职业教育城市轨道交通专业教学研讨会"，成立"职业教育城市轨道交通专业项目式教材"编审委员会，确定"职业教育城市轨道交通专业项目式教材"编写方案。近七年来，由电子工业出版社策划出版的"职业教育城市轨道交通专业教材"系列教材已经陆续发行，并得到了广大读者的支持与厚爱。

本套教材基本涵盖"城市轨道交通专业"的主要课程内容，能满足专业建设与教学需要；为适应职业教育的改革与发展，教材力求体现当代职业教育新理念、新思路；为紧跟城市轨道交通行业发展，尽量使教材保持一定的知识与技术领先。本套教材编写以职业能力为主线,以职业生涯为背景,以工作结构为框架,以岗位能力为依据,以工作情境为支撑,以工作过程为基础。教材体系结构力求从学科结构向职业工种技能结构转变;教材内容组织根据城市轨道交通职业工作岗位要求及标准,突出典型岗位的工作过程,满足职业标准要求,贯穿主要规章和作业标准。本套教材具有以下特点:

1)教材体例符合职业教育教学改革和发展方向

教材内容选择以《国家职业标准》规定的岗位(群)需求和职业能力为依据,以工作任务为中心,以理论知识为基础,以实践技能为依托,以工作情景为支撑,以案例呈现为特点,以拓展知识为延伸,充分考虑城市轨道交通典型岗位工作任务的工作过程特点和教学过程特点并有机结合,体现了教材的职业性特点。

2)教材内容凸显城市轨道交通专业领域主流应用技术和关键技能

教材内容凸显城市轨道运营、行车组织、客运组织、机车车辆等设备运用与检修及作业组织方法等主体工种的专业知识和技术,包括车站站长、行车调度、车辆维修、客运服务等典型岗位的主流应用技术和关键技能。

3)教材内容涵盖城市轨道交通行业和专业发展的"四新"内容

教材内容组织保持一定的前瞻性,反映行业与专业最新知识、工艺、装备和技术。教材编写从现代教学理念和教学模式出发,体现城市轨道交通前沿的创新成果和经验。

4)教材注重实践性,重视案例和实际动手场景的呈现

教材组织通俗实用,融入和结合了轨道交通专业骨干教师多年的教学经验和体会,合理地取舍和反映城市轨道交通的基本专业知识和基本技能;通过具体模拟训练和情景实操,使学生加深对专业知识和技能的理解,以及基本技能和基本方法的掌握,从而可以缩短学生到企业后的上岗时间。

本套教材不仅适用于职业教育各层次教学,也适用于城市轨道交通行业相关人员在职进修提高和培训教学用书。

本套教材由浙江师范大学交通运输系吴晓主任担任主编,西安铁路职业技术学院赵岚、湖南铁道职业技术学院张莹担任副主编。吴晓负责本系列教材编写工作的整体策划与体例结构设计。教材在编写过程中得到了许多城市轨道交通行业专家、电子工业出版社等领导和同人的大力支持,在此表示衷心感谢!

在本套教材的编写过程中,编者们参考了大量的书籍、文献、论文等,也引用了许多专家学者的资料,编者已尽可能地在参考文献中详细列出,谨在此对他们表示衷心的感谢!同时,可能我们因为疏忽,有些资料引用了而没有指出资料出处,若有此类情况发生,深表歉意!由于城市轨道交通正处于快速发展期,资料收集很难达到齐全和最新,再加上编者水平所限,书中错误和疏漏在所难免,敬请大家见谅,也恳请读者在阅读后及时批评指正,我们将十分感谢。

吴　晓

2017 年 2 月于浙江师范大学

前言

城市轨道交通以快速、安全、舒适、准时的技术特点，在城市规模不断壮大的今天，成为各大城市争相发展的城市公共交通工具。尤其是2008年以来，整个轨道交通行业进入了快速发展的历史时期，国内众多城市修建和开通了城市轨道交通。为了满足轨道交通行业的快速发展，除了原铁路办学的大中专院校之外，各地很多大中专院校纷纷开设城市轨道交通相关专业。

"站场与枢纽"一直是铁道交通运营管理专业的重要专业核心课程，但在城市轨道交通运营管理专业，长期以来一直缺乏比较成熟的线路与站场类专业教材。同时相比铁路，城市轨道交通的线路与站场相对简单，许多学校往往采用了"铁路站场与枢纽"相关教材来代替使用，造成概念混乱和针对性不强的局面。

本书从职业教育的角度出发，采用项目—任务式编写体例，力争做到实用而好用。在编写过程中，力求做到资料数据新、内容全、深入浅出、图文并茂和通俗易懂。本书可作为高等职业院校相关专业的教材和教学参考书，也可供从事城市轨道交通规划、建设和运营管理的专业技术人员参考。

本教材由广州铁路职业技术学院曾险峰担任主编，广州铁路职业技术学院姚琴兰、广东交通职业技术学院李俊辉担任副主编，全国职业教育轨道交通行业名师朱宛平副教授担任主审。编写分工为：曾险峰编写项目一、项目二、项目三（广州铁路职业技术学院何红编写其中的任务一、任务五），姚琴兰编写项目四、项目五（广州铁路职业技术学院张治文编写其中的任务一），李俊辉编写项目六。

为了方便教师教学，本书还配有教学指南、电子教案及习题答案（电子版），请有此需要的教师登录华信教育资源网（www.hxedu.com.cn）免费注册后再进行下载，在有问题时请在网站留言板留言或与电子工业出版社联系（E-mail:hxedu@phei.com.cn）。

由于城市轨道交通发展日新月异，很多技术更新发展较快，一些数据资料可能不是最新的，加之编者水平有限，教材中难免出现不足之处，敬请读者和专家指正。书中引用了有关城市轨道交通专家、学者的著作和论文，在此表示衷心的感谢！

编 者

2017年2月

目录 Contents

项目一　城市轨道交通线网　　1
　任务一　城市轨道交通定义及分类 ·· 1
　任务二　城市轨道交通线网规划 ·· 11

项目二　城市轨道交通线路　　26
　任务一　城市轨道交通线路基础知识 ·· 26
　任务二　城市轨道交通线路选线 ·· 36
　任务三　城市轨道交通线路平面设计 ·· 42
　任务四　城市轨道交通线路纵断面设计 ······································ 51
　任务五　城市轨道交通地下结构 ·· 54
　任务六　城市轨道交通高架结构 ·· 59
　任务七　城市轨道交通线路限界 ·· 62

项目三　城市轨道交通轨道结构　　73
　任务一　钢轨 ·· 73
　任务二　钢轨连接 ·· 77
　任务三　轨道扣件及轨枕 ·· 80
　任务四　道床及路基 ·· 86
　任务五　轨道安全设备 ·· 96
　任务六　轨道的几何形位 ·· 98

项目四　道岔　　103
　任务一　认知道岔的类型 ·· 103
　任务二　单开道岔的构造 ·· 113

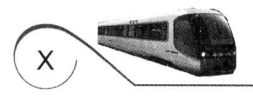

　　任务三　单开道岔的几何尺寸 ⋯⋯⋯⋯⋯⋯⋯⋯⋯⋯⋯⋯⋯⋯⋯⋯⋯⋯⋯⋯⋯⋯ 125
　　任务四　单开道岔的总布置图 ⋯⋯⋯⋯⋯⋯⋯⋯⋯⋯⋯⋯⋯⋯⋯⋯⋯⋯⋯⋯⋯⋯ 133
　　任务五　过岔速度和提高过岔速度的措施 ⋯⋯⋯⋯⋯⋯⋯⋯⋯⋯⋯⋯⋯⋯⋯⋯⋯ 138
　　任务六　道岔缺陷整治和养护维修 ⋯⋯⋯⋯⋯⋯⋯⋯⋯⋯⋯⋯⋯⋯⋯⋯⋯⋯⋯⋯ 146

项目五　城市轨道交通车站　　160

　　任务一　认知城市轨道交通车站 ⋯⋯⋯⋯⋯⋯⋯⋯⋯⋯⋯⋯⋯⋯⋯⋯⋯⋯⋯⋯⋯ 160
　　任务二　城市轨道交通车站的规划与设计 ⋯⋯⋯⋯⋯⋯⋯⋯⋯⋯⋯⋯⋯⋯⋯⋯⋯ 172
　　任务三　越行站 ⋯⋯⋯⋯⋯⋯⋯⋯⋯⋯⋯⋯⋯⋯⋯⋯⋯⋯⋯⋯⋯⋯⋯⋯⋯⋯⋯⋯ 182
　　任务四　车站线路连接 ⋯⋯⋯⋯⋯⋯⋯⋯⋯⋯⋯⋯⋯⋯⋯⋯⋯⋯⋯⋯⋯⋯⋯⋯⋯ 200
　　任务五　车站线路全长及有效长 ⋯⋯⋯⋯⋯⋯⋯⋯⋯⋯⋯⋯⋯⋯⋯⋯⋯⋯⋯⋯⋯ 209

项目六　城市轨道交通车辆段　　221

　　任务一　认知城市轨道交通车辆段 ⋯⋯⋯⋯⋯⋯⋯⋯⋯⋯⋯⋯⋯⋯⋯⋯⋯⋯⋯⋯ 221
　　任务二　车辆段的总体规划设计 ⋯⋯⋯⋯⋯⋯⋯⋯⋯⋯⋯⋯⋯⋯⋯⋯⋯⋯⋯⋯⋯ 228
　　任务三　车辆段出入段线的设置 ⋯⋯⋯⋯⋯⋯⋯⋯⋯⋯⋯⋯⋯⋯⋯⋯⋯⋯⋯⋯⋯ 237
　　任务四　停车场布局设计 ⋯⋯⋯⋯⋯⋯⋯⋯⋯⋯⋯⋯⋯⋯⋯⋯⋯⋯⋯⋯⋯⋯⋯⋯ 241
　　任务五　地铁车辆段洗车线布置形式 ⋯⋯⋯⋯⋯⋯⋯⋯⋯⋯⋯⋯⋯⋯⋯⋯⋯⋯⋯ 245

参考文献　　251

项目一 城市轨道交通线网

"城市——让生活更美好",城市是人类生活、工作密集度很高的场所,是人类进步与发展的产物。在现代城市化发展的历程中,城市的人口增长迅速。而随着城市人口的增加,城市的交通问题、环境问题、资源问题及住房问题凸显而出。这些问题一直在困扰着市政当局,这些问题解决不好,将严重制约城市的经济发展,进而制约城市化的发展。因此,搞好城市的规划和建设,解决城市化进程的交通、环境等问题,是现代城市发展的重中之重。

改革开放以来,我国经济得以高速增长,城市的建设日新月异,城市化进程在不断加快。现在,越来越多的城市,尤其是百万人口以上的大城市,都遇到了城市交通问题。虽然我国城市交通基础设施的建设已取得了巨大的成就,但仍然难以满足人们对城市交通的巨大需求。城市道路面积的增长速度,远远赶不上城市机动车的增长速度;交通堵塞、交通事故、空气污染、噪声污染日趋恶化。优先发展城市公共轨道交通作为解决交通问题的有效途径,已成为全世界的共识。

城市轨道交通是一种建设周期最长、投资最大的交通基础设施。一旦建成,很难改变。城市轨道交通线网系统作为城市客运交通的大动脉,其线网规划的优劣不仅在很大程度上决定了线路建设工程的投资大小和难易程度、系统运营的效率与服务水平,而且直接影响到城市的总体布局形态,进而影响城市的社会经济发展和人们的生活方式,土地资源节约与环境生态的保护等问题。因此,城市轨道交通线网规划是城市轨道交通建设中至关重要的环节。

任务一 城市轨道交通定义及分类

学习目标

(1)了解城市轨道交通的基本概念。
(2)了解城市轨道交通的分类。

学习任务

城市轨道交通的由来、定义及各种城市轨道交通方式的特征。

工具设备

城市轨道交通资料图片及仿真三维立体图多媒体课件。

教学环境

轨道交通理实一体化教室、城市轨道交通企业现场。

基础知识

城市轨道交通是一种轨道运输方式，一般是采用以电能为动力的轮轨运转方式，是城市大运量的公共交通工具。

城市轨道交通是指以轨道运输方式为主要技术特征，以城市客运公共交通为服务形式的交通运输方式。自 1863 年在英国伦敦出现世界上第一条地下铁道线路以来，城市轨道交通经历了曲折的发展历程。近年来，随着科学技术的进步和城市的快速发展，城市交通业得到了快速发展，尤其是城市轨道交通的发展非常明显。

一、城市轨道交通的优势与局限

在现代城市化发展的历程中，城市的经济发展使得城市人口增加迅速，而随着城市人口的增加，城市的交通问题、环境问题、资源问题及住房问题等相继凸显而出。这些问题一直在困扰着市政当局，这些问题解决不好，将严重制约城市的经济发展，进而制约城市化的发展。因此，搞好城市的规划和建设，解决城市化进程中遇到的交通、环境等问题，是现代城市发展的重中之重。

（一）城市轨道交通的地位及作用

1. 城市轨道交通的地位

大力发展城市轨道交通事业是从根本上改善和解决城市的交通现状、促进城市可持续发展的重要举措。城市轨道交通的规划、建设和运营，带动城市向郊区扩展，从而使城市原有的规模得到扩大；同时，城市轨道交通的线路规划会促使城市的各种设施向线路两侧集中，从而促进城市沿轨道交通线路轴向发展，进而引领城市中心的变迁和原有格局的改变。因此，城市轨道交通的规划建设与城市的发展是紧密相关的，并对城市发展具有巨大的引导作用，城市结构会随着轨道交通的发展而不断变化。现代化的大都市以发展道路交通来完全满足客运需求是不现实的，城市不可能提供足够的土地来增加道路。因此，大容量、无污染、高效率、对改善环境有益的城市轨道交通日益成为城市交通发展的首选模式。城市规划的实质就是交通规划和用地规划，在规划轨道交通时要结合城市的定位、地理结构、人文景观、人口规模、用地规模等，使其适合城市未来的发展。

改革开放以来，随着我国经济的迅速发展和城市化进程的加快，客运交通量急剧增加，原有的城市交通系统在数量和质量上都不能满足城市发展的需求，发展快速便捷的城市轨道交通系统已逐渐得到各级政府和广大群众的重视。20 世纪 90 年代以来，城市轨道交通系统的研究进一步深入展开，城市轨道交通建设进入了一个新的阶段。人们开始意识到轨道交通不但可以解决城市交通问题，更重要的是可以促进城市可持续发展，进而推动城市经济建设。

2. 城市轨道交通的作用

（1）改善城市交通现状。当前，我国大中城市普遍存在着道路拥挤、车辆堵塞、交通秩序混乱的现象，这已成为城市发展的"瓶颈"。随着我国城市规模和经济建设飞速的发展，城市化进程在逐步加快，城市人口在急剧增加，大量流动人口涌进城市，人们出行和物资交流频繁，交通需求急剧增长，城市道路交通供需矛盾日趋紧张。发展以轨道交通为骨干，以常规公交为主体的公共交通体系，为城市居民提供安全、快速、舒适的交通环境，引导城市居民使用公共交通系统是国外大城市解决城市交通问题的成功经验，也是我国大城市解决交通问题的唯一途径。城市结构改变的一个重要因素就是人口的疏解。但是我国城市传统的以步行、自行车为主的交通方式，限制了城市人口的有机疏解。城市轨道交通具有快捷、安全、大容量等特点，不仅能及时疏解大量密集人群，而且由于其对沿线区域可达性的大大提高，对居民产生巨大的吸引力，可以诱导人们远离市中心居住，从而促进城市结构的改变。

（2）环境保护。城市环境与交通有着极为密切的联系。城市环境恶化的一个重要原因在于汽车的尾气排放和城市道路的噪声。以汽车为主的城市道路交通对城市发展有着极为不利的影响，它带来大气污染、交通事故增加和其他一系列社会问题。而轨道交通具有低能耗、无污染、安全等特点，它对于改善城市环境、增加城市环境容量有着极为重要的作用，对于建立新型生态城市结构具有重要的现实意义。

（3）节约资源、减少能源。以地铁为主的城市轨道交通，一般修建在城市的地下，不仅用地比城市道路交通的汽车要少得多，而且由于其强大的运输能力，以及快速、安全等特点，更能促进城市人口密集在轨道两侧，促进城市用地集约化与居住环境改善的统一。促进城市形态和土地使用格局相应的调整，促进城市人口外延性的发展，也即人口分布于更宽广的地域。另外，地铁的能源是电力，与地面交通所消耗的能源相比是很少的。

（4）拉动相关产业的发展。城市的轨道交通是一个系统工程，涉及其他行业较多，如房地产、制造、建筑、媒体及服务行业等。建设城市轨道交通，相关行业就要配合、配套。这样就给其他行业提供了发展的机会，同样也提高了城市人口的就业率，从而又推动了城市的经济发展。

（5）战备防空。城市轨道交通在和平年代是城市的交通设施，是用于城市居民出行的交通工具。战争时期（或非常时期）轨道交通设施还能作为城市居民的防空掩体（避难场所）。例如，第二次世界大战期间，德国法西斯大举入侵前苏联时，莫斯科地铁昼夜不停地为卫国战争的胜利做出了巨大贡献。为躲避敌机的频繁空袭，地铁成为天然可靠的安全防空地。又如，当德国法西斯频繁空袭伦敦时，伦敦地铁就有 79 个地铁车站被用于防空掩体，并有一段 8km 的地铁线被用作装配厂，还有很多珍贵文物、精密仪器、急救药品也储藏在地铁里。第一、二次世界大战结束后，欧洲许多国家城市开始新建地铁的目的就是为了备战。

世界各国轨道交通的发展说明，轨道交通的发展无不和与之发展相配套的技术经济政策密切相关。我国城市轨道交通现已进入快速发展阶段，在把握机遇、快速发展的同时，更应重视城市规划作用，保持城市的经济增长及可持续性发展。因此，在正确的战略指导下，研究制定城市轨道交通的建设发展具有重大的现实意义。

（二）城市轨道交通的发展优势

城市轨道交通的优势主要体现在运能大、速度快、能耗低、污染少、安全可靠、舒适性佳和占地面积少等多个方面。

1. 运能大

现代化的轨道交通，先进科学技术的运用，使得列车行车密度和单列载客能力得到了大幅度的提高，从而大大地提高了城市轨道交通的运输能力，能够充分满足现代化城市大客流的需要。目前，大型地下铁道系统的高峰小时单向运能力可达6~7万人次。

2. 速度快

列车采用先进的电动车组动力牵引方式，具有良好的线路条件和自动控制体系，列车的快速运行安全有了保障。因此，现代城市轨道交通系统的列车运行速度比过去有了明显的提高。目前，地下铁道列车的最高运行速度能达到100km/h，旅行速度基本可达到35~45km/h，这在各种城市公共交通方式中是最快的。

3. 能耗低

由于城市轨道交通为大运量集团化客运系统，且又采用了多项高新技术，在客流得到保证的情况下，使得每位乘客的能源平均消耗远远低于其他任何一种城市交通方式。

4. 污染少

城市轨道交通一般均采用电力牵引动力方式，列车在运行过程中由于以电为能源产生动力，较之以燃油为动力的交通工具没有废气污染；就算采用以内燃机为动力的内燃动车组列车，也因大运量集团化运输方式，而使每位乘客所均摊的污染微乎其微。因而城市轨道交通有"绿色交通"之称，这正是现代都市可持续发展最为关注的问题——环境保护问题。

5. 安全可靠

由于城市轨道交通路线一般都采用立交方式而与地面其他交通方式完全隔离，不受地面交通干扰；现代化轨道交通一般都采用先进的信号安全系统来确保列车运行安全，因而受气候条件影响很小；轨道运输的准点性也是其他交通形式不可比拟的。因此，城市轨道交通是城市客运交通方式中可靠性最强的一种。尤其是在上、下班高峰时段及气候条件恶劣之时，对于时间观念极强的现代城市交通行为者而言，这点优势是至关重要的。

6. 舒适性佳

城市公共客运交通方式的舒适性主要表现在环境质量与拥挤度两个方面。对城市轨道交通系统而言，不论是车站的环境，还是途中车厢内的乘车环境，均因有现代化的环控设施保障（如采用全空调等）而使环境质量较佳；拥挤度则因轨道交通的快速性、准时性和列车间隔时间小带来的乘客候车时间短而得到较佳的调整。

7. 占地面积少

城市轨道交通一方面因大量采用立交形式，而大大减少了城市土地的占用，另一方面又因大运量集团化运输方式，而使乘客的交通行为人均所占的道路面积进一步减少。

城市轨道交通使得沿线土地得到有效利用和开发、城市的布局更加合理和方便市民的出行，同时它增添了现代都市景观效应。因此，城市轨道交通的发展近年来在世界各地呈现出蓬勃向上之势，无论是在经济发达的国家与地区，还是在发展中国家和地区，城市轨道交通均成为发展城市交通的重要手段。

（三）城市轨道交通的局限性

城市轨道交通虽然有许多优点，然而在具体的发展过程中还存在建设投入大、线路建成后不易调整、运营成本高等局限性。

1. 建设投入大

为了使城市轨道交通的优势得到充分体现，城市轨道交通线路的修建往往需要立交，并且形成网络。由于城市轨道系统建设要求高，施工难度大，设备技术标准高，使得每公里线路的修建需要几亿元的投入，尤其是地下铁道每公里造价达 4~6 亿元之多。因此，城市轨道交通线路建设的一次性工程投资巨大，一个国家或地区的城市没有相当强的整体经济实力无法承受如此巨额的投资负担。

2. 线路建成后不易调整

城市轨道交通线路一般均是永久性结构（如地下隧道、高架桥结构等），建成后几乎无调整的可能性。因此，城市轨道交通线路的选线及路网规划应严格按照城市发展规划进行认真制定，否则，会造成极大的工程投资浪费。

3. 运营成本高、经济效益有限

城市轨道交通的运营成本主要包括设备投资成本、运营管理成本、设备维护成本和保养成本、能源消耗成本及员工的工资成本等。

由于轨道交通系统采用了科技含量较高的设备与设施，为了使这些设备、设施（如列车牵引系统、环境控制系统、车站机电设备系统、通信信号设备系统和高标准的防灾系统等）处于良好工作状态，就要加强日常维修和保养，而用于日常维修和保养的费用则很高；城市轨道交通系统需要人员素质较高，必须对员工进行定期的技术、安全培训，其培训教育经费也较高；此外，由于城市轨道交通运营系统的特殊性、站间距小、车站的服务项目多等，需用员工人数也较多，这都是城市轨道交通系统运营成本居高不下的原因。

城市轨道交通系统具有较强的公益性特征，较多地关注间接的社会整体效益，无法按运输成本核收票价，极易导致运营亏损。虽然已有少数城市轨道交通系统因乘客量巨大，产业开发经营较佳而达到略有盈余，但还是有众多的城市轨道交通系统处于"亏本经营"，依赖国家与地方政府、社会机构提供补贴。

二、城市轨道交通的种类

城市轨道交通发展不但呈现出速度快、数量多，而且呈现出类型多样化、设施更先进、管理经营更科学、整体效益更佳的趋势，随着城市化进程的发展，城市轨道交通的地位与作用正被重新估量。

（一）按基本技术特征分类

根据轨道交通系统基本技术特征的不同，城市轨道交通系统可分为市郊铁路、有轨电车、地下铁道、轻轨交通、独轨系统和磁悬浮系统等。

1. 市郊铁路

市郊铁路是连接城市市区与郊区，以及连接城市周围几十公里甚至更大范围的卫星城镇的铁路，它往往也是连接大中城市干线铁路的一部分，因此它具有干线铁路的技术特征，如轨道通常是重型轨道，与城市轨道交通系统中的地下铁道等其他类型不同，在市郊铁路上通常是市郊乘客列车、干线乘客列车和货物列车混行。

2. 有轨电车

有轨电车是一种在城市道路上修建轨道并采用空中架设输电系统的城市轨道公共交通系统，有轨电车通常采用地面线，有时也有隔离的专用路基和轨道，隧道或高架区间仅在交通拥挤的地带才被采用。有轨电车轨道系统的建设投资较小，见效较快，但运输能力相对也较小。自1881年德国发明了高压输电的电车供电系统后，柏林就建成了世界上第一条有轨电车线路。19世纪后期和20世纪前期是有轨电车的发展高峰。旧式的有轨电车由于公共汽车及行人共用街道路权，且平交道口多，因而其运行所受的干扰多，速度慢。现代有轨电车与性能较差的轻轨交通已很接近，只是车辆尺寸稍小些，运营速度接近20km/h。

由于近年来人们环保意识和能源危机意识的不断增强，有轨电车在世界不少城市有复苏的迹象，我国也有不少城市提出了恢复有轨电车的设想，其中备受瞩目的是天津泰达现代有轨电车项目。泰达现代有轨电车工程将分为两期，全程30km。一期工程为试验段，全长8.8km，南起轻轨洞庭路站，北至大学城北部的学院区北站；二期工程则将试验段向两端延伸，向北连接北塘，向南连接塘沽城区。试验段工程总投资（不含车辆）约1.9亿人民币，预计设置14座车站，全部为地面站，采用岛式站台。在车辆选择方面，将选用8列法国劳尔 Translohr 有轨电车。该车采用100%低底盘设计，地板与地面的距离尚不到30cm，不但乘客们上下车十分方便，就连残疾人的轮椅也能毫不费力地推上车，人性化设计理念显露无遗。而橡胶制成的电车动力轮，将运行时的噪声减到最低，也会大大降低车辆对路面的损坏。广州市也有计划建设一条环海珠岛的有轨电车线路，既可作为海珠岛上的公共交通工具，又可作为沿珠江的观光旅游线路。法国巴黎街头的有轨电车如图1-1所示。

图 1-1 法国巴黎街头的有轨电车

3. 地下铁道

地下铁道的原始意义是修建在地下隧道中的铁路。随着地下铁道的发展，其线路布置已不仅仅局限在地下隧道中，而是根据需要可以布置在地面或采用高架的方式修建，但城区内的线路还是以地下为主。通过对世界各国地下铁道系统进行分类研究可知，根据地下铁道所采用的技术标准不同可将其分为重型地铁、轻型地铁与微型地铁三种类型，它们的运载能力因技术标准的不同差别很大。目前，地下铁道通常是指重型地铁，其单向小时最大运输能力在 30 000～60 000 人次之间，其服务范围主要集中在城市市区。

4. 轻轨铁路

轻轨铁路的原始含义是指车辆运行的线路所使用的钢轨比重型地铁所使用的钢轨轻。由于轻轨铁路的钢轨较轻，其整体的技术标准也低于地铁，因而轻轨的运输能力也远远小于地铁。早期的轻轨一般是直接对旧式有轨电车系统改建而成。在 20 世纪 70 年代后期一些国家开始修建全新的现代轻轨系统，使得轻轨系统的行车速度、舒适程度及噪声得到了很大改善。随着轻轨线路的高架，其相关技术标准也在与地铁接近，因而轻轨的运输能力也相应得到了提高，目前轻轨的单向小时最大运输能力能在 8 000～40 000 人次之间。轻轨的服务范围主要连接市区与郊区，构成市区与重点郊区的大运能通道。

5. 独轨系统

独轨系统是车辆或列车在单一轨道梁上运行的城市客运交通系统。独轨系统的线路通常采用高架结构，车辆则大多采用橡胶轮胎。从构造形式上还可分为跨骑式独轨与悬挂式独轨两种。悬挂式独轨交通如图 1-2 所示。跨骑式独轨是列车跨坐在轨道梁上运行的形式，而悬挂式独轨则是列车悬挂在轨道梁下运行的形式。独轨系统由于道岔转换时间较长而制约着通过能力，因而单向小时最大运输能力在 5 000～20 000 人次之间，但它的爬坡性能很好，适合于在地面起伏较大的城市修建。我国重庆市现已开通的轻轨线路就是采用的跨骑式独轨系统技术，如图 1-3 所示。

图 1-2　悬挂式独轨交通

图 1-3　重庆市跨骑式独轨交通

6. 磁悬浮系统

磁悬浮列车实际上是依靠电磁吸力或电动斥力将列车悬浮于空中并进行导向，实现列车与地面轨道间的无机械接触，再利用线性电机驱动列车运行。由于列车在牵引运行时与轨道之间无机械接触，因此从根本上克服了传统列车轮轨黏着限制、机械噪声和磨损等问题，所以它也许会成为人们梦寐以求的理想陆上交通工具。

磁悬浮系统的轨道往往也采用轨道梁的高架结构，它的时速可达到500km以上，是当今世界最快的地面客运交通工具，具有速度快、爬坡能力强、能耗低的优点，每个座位的能耗仅为飞机的1/3、汽车的70%，它运行时噪声小、安全舒适、不烧油、污染少。

中国乃至世界上第一条高速磁悬浮铁路商业运行线是2001年3月1日开工建设的上海磁悬浮列车示范线。上海磁悬浮列车示范线西起上海地铁2号线龙阳路车站南侧，东到浦东国际机场一期航站楼东侧，线路总长31.17km，设计时速和运行时速分别为505km和430km，总投资89亿元。上海磁悬浮列车如图1-4所示。目前，德国、日本等一些国家也正在规划建设城市磁悬浮交通。

图 1-4　上海磁悬浮列车

中低速磁浮列车时速约为一两百公里。一般认为，高速磁悬浮适合远距离交通，而中低速磁悬浮适合近距离交通。北京地铁的中低速磁悬浮交通示范线——S1线（石门营—苹果园）于 2011 年 2 月动工。S1 线作为北京地铁 6 号线的西延段，连接通州和门头沟，全线长近 20km，行车最高时速为 100km 左右，每公里投资超过 6 亿元人民币。北京地铁 S1 线采用的中低速磁悬浮列车如图 1-5 所示。

图 1-5　北京地铁 S1 线采用的中低速磁悬浮列车

（二）按路权使用及列车运行控制方式分类

根据城市轨道交通系统的路权使用情况不同，分为路权专用与路权混用。路权专用是指轨道交通系统的道路为独立道路系统，不与其他任何道路存在干扰；路权混用则指轨道交通线路与其他交通车辆共用道路，并且还与其他线路存在平面交叉。

根据列车运行控制方式的不同，城市轨道交通系统分为按信号控制列车运行和按视线可见距离控制列车运行两种方式。按信号控制列车运行方式安全性能好，可满足列车快速行驶；按视线可见距离控制列车运行方式安全性能较差，列车不宜快速行驶。

根据这两方面的分类组合，城市轨道交通系统就分为路权专用结合按信号控制列车运行类型、路权专用结合按视线可见距离控制列车运行类型和路权混用结合按可视距离控制列车运行类型三种。

路权专用结合按信号控制列车运行类型是市郊铁路、地下铁道、高技术标准的轻轨普遍采用的类型；路权专用结合按视线可见距离控制列车运行类型主要适合中低技术标准采用；路权混用结合按可视距离控制列车运行类型一般只在有轨电车这样低技术标准的轨道采用。

（三）按高峰小时单向运输能力分类

根据城市轨道交通系统高峰小时单向运输能力的大小，轨道交通系统可分为高运量、中运量和低运量等类型。

高运量轨道交通系统的高峰小时单向运输能力在 30 000 人次以上，该种类型的轨道交通系统主要有地下铁道和高技术标准的轻轨铁路。

中运量轨道交通系统的高峰小时单向运输能力为 15 000～30 000 人次，该种类型的轨道交通系统主要有轻轨铁路和独轨铁路。

低运量轨道交通系统的高峰小时单向运输能力为 5 000～15 000 人次，该种类型的轨道交通系统主要有低技术标准的轻轨铁路和有轨电车。

应当指出以上分类并不是绝对的。事实上，在一些不同类型城市轨道交通系统之间并没有明确的、清晰的界限。专业文献资料表明，国外对同一种轨道交通系统有轻型地铁和轻轨等不同称呼的情况。

本书中后续项目所讲到的线路、轨道、道岔、车站、车辆段等，如无特殊说明，均是指轮轨运转技术体系的城市轨道交通。

现代有轨电车

20 世纪 70 年代以来，以汽车为主导的交通模式所带来的问题日显严重，能源危机、环境污染、土地紧缺、交通拥堵等问题，迫使欧洲发达国家重新将大容量的轨道交通作为发展城市公共交通的重点。由于中、小城市无法负担地铁的巨额投资，于是现代有轨电车在欧洲中、小城市应运而生。现代有轨电车应用以来，以其便捷性、舒适性及美观性受到市民和政府的肯定。在 1978—2005 年间，欧洲有数十座城市发展了现代有轨电车。

现代有轨电车运行可靠、舒适、节能、环保等特点，且其技术特性已与轻轨基本无异，如今多地方也开始在城市中改建或新增现代有轨电车线路，如法国斯特拉斯堡、瑞士日内瓦、西班牙巴塞罗那及我国的广州等城市。

现代有轨电车作为城市新兴的一种先进的公交方式，已完成了从传统到现代化的转变，在世界范围被普遍推广也充满了光明的前景。

现代有轨电车其形式呈现多样化，例如，Metrotram（专用路权的有轨电车）、Tramtrain（与铁路共享路权的有轨电车）、Cargotram（货运有轨电车）等运营理念的实现；第三轨供电的实践；单轨导向橡胶轮胎走行的导轨电车的诞生；低地板车辆生产技术、信号与控制技术的进步等。现代有轨电车往往成为城市的骨干交通模式，线路几乎全部穿过市中心。如哥德堡（Gothenburg）的有轨电车线网为明显的放射型，线路从市中心向郊区辐射。

现代有轨电车已成为中、小城市公交的骨干模式。欧洲的城市根据自己不同的经济实力及有轨电车的发展历史，采取了不同方式来更新、建设有轨电车线路，其主要方式有以下几种。

（1）改造原有有轨电车线路或废弃铁路。

（2）新建有轨电车线路。

（3）有轨电车与干线铁路共享轨道。

纵观欧洲的现代有轨电车系统，多数城市采用了旧线改造与新建线路相结合的方式。这种方式一方面可充分利用现有资源，降低建设成本；另一方面又可按需供给，在适当的地区布设新线，提高线路或整个网络的服务水平。同时在规划线路时，就要考虑到现代有轨电车与其他轨道交通（包括干线铁路与城市地铁）的兼容，为今后的灵活运营打下基础。现代有轨电车与旧式有轨电车的一个重要区别就是大量采用独立路权。

一般新建线路的独立路权区段占50%以上,从而保证了现代有轨电车的旅行速度在一个较高的水平。独立路权的形式又有很多种。

(1)原有市郊铁路或工业铁路改造的线路,保留有碴轨道,因此线路与其他交通方式完全隔离。

(2)采用草坪绿化带作为隔离物的专用路权。

(3)轨道两侧铺设路缘石,高度适宜,平时起到提供独立路权的作用;当发生机动车严重堵塞或其他意外事故时,机动车又能够驶过路缘石,运行在有轨电车的线路上。现代有轨电车的另一个特点是对行人非常"友好"。

现代有轨电车与其他机动车相比,有固定的轨道,对于行人更加安全;且尾气排放少,噪声低,行人的步行环境更佳。因此商业街区常采用机动车禁行,而只允许"行人+有轨电车"的模式。此外,还有一些城市(如阿姆斯特丹)将有轨电车与公交车的路权共享。这种方式是一种新的尝试。尽管其维护费用比单纯运行有轨电车时高,但较好地保障了同一通道上公交车的优先权,使得原本是有轨电车专用的道路空间利用率大大提高。

任务二　城市轨道交通线网规划

学习目标

(1)了解城市轨道交通线网规划的过程。

(2)了解城市轨道交通线网规划的方法。

(3)了解城市轨道交通的线网结构。

学习任务

学习城市轨道交通线网规划的一般原则,学习城市轨道交通线网规划的过程和方法,学习城市轨道交通的线网结构。

工具设备

城市轨道交通资料图片及仿真三维立体图多媒体课件。

教学环境

轨道交通理实一体化教室,城市轨道交通企业现场。

基础知识

城市轨道交通是建设周期最长、投资最大的交通基础设施。一旦建成,很难改变。众所周知,交通与城市用地是密不可分的,城市轨道交通线网系统作为城市客运交通的大动脉,其线网规划的优劣不仅在很大程度上决定了线路建设工程投资大小和难易度、系统运营的效率与服务水平,而且直接影响城市的总体布局形态,进而影响城市社会经济发展和人们的生活方式、土地资源节约与环境生态的保护等问题。因此,城市轨道交通线网规划(以下简称线网规划)是城市轨道交通建设至关重要的环节,受到极大重视,也是某条城市轨道交通线路通过国家建设项目立项审批的主要依据之一。

一、线网规划概述

（一）线网规划的性质

线网规划是宏观性的控制性规划，决定了城市轨道交通最终的线网规模和结构。线网规划中的实施规划确定了可操作的实施方案，因此它又是指导性实施规划。而线网的分段建设又影响着城市分阶段的发展实现程度，因此根据线网规划年限，可分为近期规划与远景规划，是近远兼顾的长远性规划。

作为城市总体规划中的一项重要专业规划，线网规划的指导思想是"依据总体规划、支持总体规划、超前总体规划、回归总体规划"。这充分体现了线网规划与总体规划是"枝与根"的关系，线网规划既要适应和支持城市总体规划，又要适当超前性和滚动性，引导和推动总体规划的实施，使两者相辅相成。

同时，规划从来都是不断完善的，城市轨道交通路网规划一旦编制完成之后，在实施过程中会根据变化了的情况进行调整，原因如下。

（1）城市的发展过程中可变因素较多。

（2）工程技术的发展和轨道交通技术装备的发展日新月异，可能直接引起路网的修正。

（3）人们的认识也是不断发展的，不会停止在同一个水平上。

基于上述原因，城市轨道交通路网规划应该看成一个过程，而不是一件一劳永逸的事。

（二）线网规划的目的和意义

城市轨道交通对于城市的发展、居民生活水平改善有着重要作用，系统建设具有不可逆性。如果城市轨道交通线网规划不好，不仅起不到积极的作用，还会导致城市无序发展、交通网络系统不协调、线路客流量少、投资无法收回等问题。因此线网规划的目的是保证建成线网能够对城市发展起积极作用，指导城市轨道交通工程持续发展，为政府部门决策提供可信的依据，保证今后工程建设的可实施性。

线网规划的目的和意义主要体现在以下几个方面。

1. 引导城市用地合理布局

由于城市轨道交通对城市土地开发有强大的刺激作用，将会对城市土地发展的方向、功能和强度产生深远的影响，因此，可以通过合理的线网规划引导城市有计划的向良好的城市布局和形态发展。例如，卫星城的建设可以利用城市轨道交通引导本区域开发；多条城市轨道交通线路提供的交通便利性保持城市中心区的繁荣等。

2. 支撑城市总体规划

城市轨道交通规划是城市总体规划的重要组成部分和环节，其建设需要在城市总体规划的背景下进行，同时城市总体规划的实施和发展也需要城市轨道交通的支撑。城市的健康发展不仅受到区域土地利用、规划方式的影响，还受到周边交通条件的影响。除了城市土地利用和其他城市交通方式以外，城市轨道交通规划还对区域经济的发展起着强大的支撑作用，成为城市总体规划中的重要组成部分。

3. 引导城市交通合理结构和布局

城市轨道交通线路建设发展往往是百年大计,作为城市交通的骨干,其他的交通需要与其协调配合。在既定城市轨道交通线网的基础上规划其他交通方式,能确保这些交通方式规划建设的合理性,避免重复建设和无序发展,最终达到整个城市交通系统的规模适中、结构合理、布局适当。

4. 引导线路建设相关用地规划

首先,城市轨道交通工程本身的线路建设用地需要预留,同时沿线的建筑及其他设施的建设需要有严格的要求,要与城市轨道交通工程在规划设计上协调配合,不能影响将来线路的建设。另外,还要充分考虑线路建设过程中的地面交通量的转移,否则会带来施工工程中施工难度大、拆迁费用高、交通拥堵、民众抱怨等问题。其次,有了线网规划,城市的一些公用设施,如道路立交桥、大型地下管线等的建设就可以与城市轨道交通建设相互协调、有机配合、协调发展。

5. 为城市轨道工程立项建设提供依据

在我国,城市轨道交通系统的建设大体划分为立项、可行性研究、设计、工程实施、运营接管、正式验收六大阶段。线网规划是立项阶段准备的项目建议书的重要组成部分。

(三)线网规划的原则

城市轨道交通线网在规划和设计过程中必须遵循以下原则。

(1)线网规划与城市发展规划紧密结合,留有发展余地,是城市轨道交通线网规划的基本原则。城市轨道交通线网规划是城市总体发展规划的重要组成部分,线网规划能够引导城市结构发展,有助于城市发展与城市结构调整的战略目标的实现,并与城市发展走廊相适应。因此,城市轨道交通的规划应结合城市的地理结构、人文景观、城市人口规模、用地规模、经济规模和基础设施规模等制定,并考虑城市规划发展方向留有向外延伸的可能性,适应城市的未来发展,充分考虑土地利用和交通的相互影响关系,处理好满足需求和引导发展的关系。

(2)满足城市主干客流的交通需求是轨道交通线网布线的根本原则。建设轨道交通的根本目的是要满足城市的交通需求,提高轨道交通分担率,调整城市结构和交通结构,解决交通拥挤、人们出行时间过长及乘车难等问题。因此线网规划应重点研究城市土地利用形态、人口与产业分布特征、现状及未来路网客流分布特点,使城市轨道交通能够最大限度地承担起骨干交通方式的作用,提高轨道交通的分担率。

(3)根据预测客流量和分布规律规划路网的形式和控制线网的密度,是路网规划的基本方法。城市轨道交通路网规划的效果主要体现在两方面:一是提高城市交通的供给能力,满足大容量交通出行的需要;二是使乘客享受到快速、方便、准确、安全、舒适的交通服务。城市居民每天出行的交通流向与城市的工作时间、形态、布局有密切联系,根据城市交通客流的预测结果,能够初步确定城市各主干道各时段高峰小时客流量和分布,以此为基础规划路网的基本形态,确定各线路的走向和规模。

(4)线路规划走向力求沿城市干道布设,各条线路上的客运量要尽量均衡,是线路规划应遵循的基本要素。城市干道，尤其是主干道交通最繁忙，是客流汇集的地方，在主干道下布设城市轨道交通线路，有利于分流地面交通压力，和地面交通结合，形成立体交通体系。主干道地面空间较宽广，在工程实施时，能够减少拆迁量，工程量较少，对居民的干扰也相对要小一些。所以，在规划线路时，要尽量使线路沿城市干道布设，并且要以最短的线路连接大型交通枢纽（包括对外交通中心，如火车站、飞机场、码头和长途汽车站等）、商业中心、文化娱乐中心、生活居住小区等客流集散量大的场所，以减小线路的非直线比例，并缩短居民的出行时间。线路客运量要尽量均衡，便于设施利用和行车组织，降低运营成本；各条线路规划时，要统筹考虑均衡吸引客流能力范围，例如，穿越和停靠大规模客流集散点的次数大致均匀。

（5）城市常规公共交通网与城市轨道交通线网要衔接配合好，充分发挥各自的优势。常规公共交通是城市轨道交通的有力补充，接近于"门到门服务"，若能与轨道交通合理衔接，既方便了乘客，使其缩短出行时间，又能为轨道交通集散大量客流，使其充分发挥运量大的特点。只有这样才能充分发挥各自的优势和轨道交通的骨干作用。同时，线网端点处应尽量与市郊铁路相连接，未来的理想状态是不仅考虑换乘方便，而且应该考虑直通运行。例如，日本东京的地铁与市郊铁路制式相同，乘客不用换车即可到达郊区的目的地。

（6）线网要因地规划，与城市的性质、地貌地形相联系，确定合适的规模，合理的线路走向与埋深选择。根据所处地段城市布局的形态、沿线地面建筑、工程地质和工程水文条件、地貌地形特征、地下埋设物、拟采用的施工方法等情况，进行综合经济技术论证。另外，还要特别注意重点地下文物古迹保护、城市环境保护、施工地段交通组织、不良地质地段处理措施、重要地下管线和地下构筑物保护和迁移，以利于工程规模和工程投资的控制。

（7）合理规划城市轨道交通路网的附属设施。除了城市轨道交通的运营线路之外，线路的附属设施包括车辆段、牵变电所、行车调度控制中心。在规划线路时，合理规划好其位置和用地范围是十分重要的。例如，车辆段是线路的必要设施，不但要保证配属营运列车的停放需要，还要考虑检修专用线、设备维修车间、材料供应库等设施的设置。车辆段占地面积较大，尤其在城市用地十分紧张的情况下，应提前进行用地规划。牵变电所是为列车运营提供电力的重要设施，不但要位置合理，还要与城市供电网络相结合。

（8）保证规划的可持续性。

城市轨道交通线网中各条线路的规划与建设，要充分考虑城市近期与远景建设规划，与城市的发展和改造计划有机结合；路网建设与城市发展相匹配，以保证线网工程建设计划实施的连续性和整体性，工程技术经济上的可能性和合理性。

城市轨道交通线网是城市建设的百年甚至千年大计，它对城市发展的形态、规模、产业布局、居民出行乃至生活方式都会产生深远的影响。合理的路网规划能够促进城市土地利用的合理发展，避免城市基础设施（如交通设施、建筑、地下管线）的重复建设，减少线路建设阶段出现的问题。

二、线网规划过程

（一）线网规划特点

线网规划强调稳定性、灵活性、连续性的统一。稳定性就是规划核心在空间上（城市中心区）和时间上（近期）要稳定；灵活性是指规划延伸条件在空间上（城市外围区）和时间上（远期）要有灵活变化的余地；连续性是指线网规划要在城市条件不断变化的情况下进行不断地调整、完善。

城市轨道交通线网规划具有如下特点。

（1）线网规划虽是一项专业规划，但最终还是要回归城市总体规划，所以它必须依托城市内诸多因素的支持，相应的研究基础包括城市总体规划、城市社会经济发展目标和战略、城市综合交通规划和城市轨道交通建设现状。

（2）线网规划是综合性的专业交通规划，同时又是城市综合交通规划的延续和继承。由于城市轨道交通的规划和建设均会对城市规划格局产生相当程度的影响，因此，线网规划既要有相对的独立性，又要与城市总体规划有机地融为一体。

（3）线网规划体系涉及城市规划、交通工程、建筑工程及社会经济等多项专业，是一个包含多项子方法的集合体系。单纯依靠某项理论来指导整个研究过程是不现实的。线网规划是一个探索性很强的工作，关键在于探索一条统一的技术路线，将各子系统的研究有机地结为一个整体。

（4）线网规划作为一项复杂的系统工程，除本身各子系统具有复杂关系外，各种外界的影响因素和边界条件也会对线网规划产生不同程度的影响。因此，不能把线网规划作为一个孤立的系统进行规划，在线网规划过程中，既要重视其自身的建设运行机制，又要注重与外部环境及各影响因素的协调关系。

（二）规划内容

从规划实践来看，线网规划主要内容包括规划背景、线网构架研究和实施规划研究，后两者是线网规划的核心内容。

1. 规划背景研究

1）线网规划现状调研

这是整个城市轨道交通线网规划的基础，包括城市现有的人文特征、自然条件、城市用地、城市经济发展程度、交通背景等方面的研究，分析城市轨道交通发展的必要性和可行性，确定线网规划的特殊性和针对性，明确需要解决的问题，如城区道路交通拥挤、区域间联系不足等，由此形成线网规划基础。

2）确立轨道交通线网规划方向

线网规划的主要依据是城市总体规划和综合交通规划等。在分析城市总体规划、综合交通规划等相关规划的基础上，充分理解城市发展战略要求，轨道交通线网的规划需要同城市发展战略相一致，有时还要超前于城市发展，促进城市朝着规划的方向发展。特别是对于形成城市副中心的发展要求，城市轨道交通线网作用巨大。

3）相关政策分析

分析已有的城市土地开发政策和交通政策体系，如交通需求管理政策、交通系统管理政策、轨道交通经营政策研究和不同交通方式之间衔接等，研究城市轨道交通线网规划的原则和技术手段。

2. 线网构架规划研究

线网构架规划研究是线网规划的核心部分，在规划背景研究的基础上，研究如何使线网规模与人们的出行需求相符合，线网几何结构与城市结构形态、城市发展规划相符合，并通过客流预测结果和评价方法对多个线网规划方案进行比选，确定最终的规划方案。规划方法要遵循科学性和公正性，规划的线网方案要体现层次性、稳定性和灵活性等。这部分研究的内容主要包括线网合理规模确定、线网构架设计、线网方案综合评价及作为评价依据的线网规划方案的客流预测。

3. 线网实施规划

线网实施规划是城市轨道交通线网规划可操作性的关键，如果由于缺乏线网实施规划致使可操作性不强，频繁改动造成线网不稳定，这就等于没有线网规划。线网实施规划体现了轨道交通工程的专业性和系统性，从工程、用地、经济方面研究推荐方案的可操作性，其具体内容及作用如下。

1）线网用地范围的确定

为了预留线路的建设用地需要，要要根据专业的要求绘制轨道交通线路的合理红线，根据轨道交通站点的功能和规模提出合理用地范围。

2）综合基地的选址与规模研究

由于综合基地规模巨大，在城市中选址征地难度很大。因此，进行车辆基地选址和落实详细的专业规划是线网规划得以实施的前提。

3）线路敷设方式及主要换乘节点方案研究

通过详细的线路敷设方式规划能够为下阶段土地详细控制规划提供必要的条件，通过确切的换乘节点方案，保证同一节点上不同时期建设的线路站点统一规划，降低相交时的工程难度。

4）联络线分布研究

在城市轨道交通线网中，线路大多是独立运行的，与其他线路不互通列车。那么，通过联络线的建设能够使线网形成有机的整体，使得各条线路可以互通列车。在编制线网规划时，认真规划好联络线的分布位置，不但能够建立线网各条线路之间的联系，而且能够机动灵活地实现各线路的资源调配。

5）修建顺序规划研究

城市轨道交通线路的修建顺序不仅对网络建设的可操作性起决定作用，而且直接影响城市轨道交通系统的运营效益，甚至影响城市交通的整体运行。

6）城市轨道交通线网的运营规划

城市轨道交通规划、建设的最终目的是安全、快速、便捷地运送乘客，而与乘客直接接触的阶段就是运营阶段，乘客的需求最终体现在运营的需求上，因此前期的规划、建设都需要考虑建成后线网的运营，如此才能使城市轨道交通社会效益最大化。

（三）规划步骤

城市轨道交通线网规划的过程如同其他系统工程问题的解决方法一样，也需要经历系统问题分析，明确规划目标；制定解决所存在的问题及实现所提出目标的规划备选方案；评价各个备选方案，提出推荐方案；实施和修订规划等阶段。

城市轨道交通线网规划涉及城市轨道交通需求分析和预测、城市轨道交通线网规模分析和估算、城市轨道交通线网方案设计和分析、城市轨道交通线网方案评价和选择等过程。现将城市轨道交通线网规划可以划分为以下几个步骤。

（1）收集和调查历年社会经济数据（GDP、人均收入）、土地利用数据（居住人口及岗位分布、流动人口）、路段交通量、OD流量及流向资料，为现状诊断及客流预测提供基础数据。

（2）通过对轨道交通线网各路段的交通量（观测交通量或理论分配交通量）、拥挤度（或饱和度）、车速、行程时间等指标分析，对现状交通线网进行诊断分析，发现可能存在的问题。只有深刻认识到城市交通的关键问题所在，才能制定出合理且具针对性的规划目标，提出切实可行的规划方案。

（3）分析未来城市的人口总量（包括常住人口、流动人口）、居民出行特征（频率、距离、方式）、交通结构等方面的情况，对轨道交通客运需求进行预测，这是方案设计和评价的基础。

（4）城市发展战略研究。由于城市总体规划时限不超过20年，不能适应城市轨道交通线网规划时限（30~50年）的要求，因而需要对远景的城市发展战略目标进行分析论证。分析论证的重点包括远景城市人口、工作岗位的数量及分布，城市发展形态与布局结构，中心区、市区范围的人口密度及岗位密度。

（5）城市综合交通战略研究。从城市交通总能耗、总用地量、总出行时间等角度论证不同时期的城市轨道交通客运份额的合理水平，确定不同时期城市轨道交通客运总量目标值。

（6）在现状诊断和需求预测的基础上，结合城市综合交通战略、城市轨道交通建设资金供给等方面确定未来（可以分为若干规划期）的城市轨道交通线网发展规模。

（7）根据城市轨道交通线网规模，结合客流流向和重要集散点编制线网规划方案。由于城市轨道交通枢纽需要具备一定的用地规模、施工条件及公交配合条件，因此，线网编制时往往需要先考虑重要换乘枢纽的站点位置。不同的规划方案可能对未来城市发展产生不同的影响，进而影响城市客流流向和流量，因此方案设计与客流预测相互作用，在具体预测过程中需要不断重复上述过程。

（8）针对各线网方案，利用预测的客流分布结果进行客流测试，得到规划线路各断面、各站点的客流量、换乘量及周转量等指标，为方案评价提供基础数据。

（9）建立评价指标体系，对各方案进行定性、定量的分析和比较。

（10）选择较优方案，并结合线路最大断面流量等因素确定城市轨道交通的系统模式。

值得注意的是，上述各步骤都是相互作用的，都可能反复循环。例如，在规划方案评价时，在深入分析既有方案的时候，可能会发现新的更具竞争力的方案；又如新情况出现、新政策的出台必然会影响需求预测结果的变化，这种反复并不少见。一个好的规划方案是在不断反复的过程中逐步完善的，通过这种反复循环的过程使得规划方案更加切合实际。但是，必须认识到规划的严肃性，规划方案一旦实施就不能轻易调整。

三、线网规划方法

线网规划是城市总体规划中的专项规划，在城市规划流程中，位于综合交通规划之后、专项详细控制性规划之前。线网规划是长远的、指导性的专项宏观规划。

（一）规划范围与年限

线网规划的研究范围一般是规划的城市建成区。在研究范围内，还应进一步明确重点研究区域，即城市轨道交通线路最为集中的规划难点区域，重点研究范围应根据具体城市特点确定。

从规划年限来看，线网规划可划分为近期规划和远景规划。近期规划主要研究线网范围内修建顺序及对城市发展的影响，其年限应与城市总体规划的规划年限一致。远景规划是研究城市理性状态下（或者饱和状态），城市轨道交通系统合理的规划，因此没有具体年限。一般可以将城市总体远景发展规划、城区用地控制范围及其推算的人口规模和就业分布作为基础，确定线网远景规模的控制条件。

（二）线网规划层次

城市轨道交通线网构架规划是一个庞大而复杂的系统工程，因此，线网构架方案研究必须分类、分层进行分析。"面"、"点"、"线"既是3个不同的类别，又是3个不同层次的研究要素。线网规划研究可分为以下3个层次。

1. 面

面指的是整体性研究，这既包含了对整个研究区域的整体性研究，也包括对规划范围的影响分析。面的研究主要包括以下内容。

（1）区域内土地配置情况和功能定位。

（2）区域内交通分布和方式划分。

（3）城市轨道交通的需求和供给分析。

（4）城市轨道交通线网整体形态。

（5）线网构架内各线路的功能分析和线网结构整合。

（6）线网中各线路的功能分析、相对关系、建设顺序、制式搭配、系统运营情况等。

2. 点

点是局部研究。点的研究主要包括以下内容。

（1）大型交通量的吸引、发生点分布。

（2）具体工程实施方案及工程难点。

（3）研究区域内需要快速轨道交通疏解的交通瓶颈区。

3．线

线是城市客流流经的主要路线，是城市主要交通走廊，是串联"点"、构成"面"的途径，线的研究主要包括以下内容。

（1）大型交通量的吸引、发生点。

（2）城市客运交通走廊分布。

（3）交通走廊沿线的土地利用和客流发展。

（4）交通走廊敷设快速轨道交通的工程条件。

以上"面"、"点"、"线"的关系，实际上就是整体和局部、宏观和微观、系统和个体之间的循环分析过程。以整体指导局部，以局部支持整体，这实际就是线网规划的研究思路。

（三）线网规划方法

城市轨道交通线网架构研究是线网规划中非常重要的一项工作，同时也是一项综合性很强、难度较高的工作，近年来随着城市轨道交通规划的研究和实践，许多单位和学者对线网构架的规划方法进行了积极的探索，由于线网构架研究出发的角度不同，形成了不同的方法。

1．主要规划方法

1）Delphi 方案整合法

聘请具有经验的专家，提出线网构架规划的目的和要求，组织专家对规划的要素、影响因素等进行讨论，然后分别匿名提出若干个初始构思方案。研究这些方案的共性部分，奠定构成线网构架方案研究的基础。对不同的部分再组织专家进行讨论，再一次提交方案，并由组织者进行归纳提炼。如此反复，直到获得专家们都认可的方案。或者也可以在得出一些预选方案之后，用简单的交通模型对其进行测试，最后选出推荐方案并进行改进完善。这种方法对于客流资料不足的城市简单易行，但线网备选方案的选择及提炼与人的经验直接相关，增加了人为的不确定性。

2）数学模型法

交通与城市的土地利用、经济发展、人口等有联系，一个合理的城市轨道交通线网能适应城市土地利用开发、经济发展、人们出行的需要，从这个角度出发，有些学者提出根据城市人口、土地资料、经济资料等，用运筹学的图论等数学规划的方法建立目标函数，确定线路走向。但是城市轨道交通网络规划影响因素众多，致使数学方法变得非常复杂，而且有些因素如城市的发展战略等是没有办法量化体现在模型中，因此说单纯的数学模型法的效果有待加强，但它可以作为一种辅助手段，在决策要素不多时可以使用。

3）形态归纳法

现有的世界各大城市轨道交通路网规模和形态，无疑对我国的线网规划研究具有一定借鉴意义，因此有些学者想从线网形态分析的角度，对网络的换乘情况、覆盖情况等进行归纳分析，寻找网络构成的共同一般规律。但是世界上各大城市有自己特定的背景，很难获得理想的参考数据,这种方法应该说目前还只是阶段性成果。而且实际的线网规划要考虑的因素比脱离城市背景的单纯形态要复杂很多,因此这种方法并不适用于形成初期线网方案,但在生成初期线网后的形态调整及评价路网的优劣方面,具有一定意义。

4) 线网规模盈利规划法

由于目前绝大部分的轨道交通是亏本运营,造成了一些问题,因此有些学者试图从经营的角度,提出了路网合理规模。在分析规划影响因素基础之上,建立一个以运营收入大于运营支出为原则的模型。通过模型测算出盈利平衡点、最小的日客运量等要素。而后根据轨道交通的出行需求,计算可以盈利的线网规模,或者是确定某条线路载客能力。这种方法同样不适用于形成初期线网方案,但可以从线路运营收益方面对初期线网进行优化和评价。

5) 客流评价法

这是一种最传统的规划方法,它的理论基础是交通工程学。以 Delphi 方案整合法为基础的线网规划中很多因素很难量化,最优方案很难准确确定,而加入客流数据对线网进行评价可以做到定量的客观评价。这种方法是在 Delphi 方案整合法的基础上加入了大量客流资料的分析,可以做到定量分析,避免主观臆断,同时在初始方案集的形成过程中,又避免了过于依赖模型而失去对模糊边界条件合理的控制。

具体做法是在备选草案确定之后,根据已知的客流资料(OD 资料),在整个路网上进行交通流分配,对各线网进行多个客流运行指标(如旅行时间、换乘次数、拥挤度等)的综合评价,对各线网的服务水平进行比较,产生最佳线网,并对路网进行提炼改善,形成最终的规划方案。它是定性经验和定量数据相结合的动态规划过程。这个方法由于是从交通工程的角度出发,尽可能多的考虑各种因素的影响,轨道交通作为城市的公共设施,其最主要的目的是运送客流,因此用客流运行状态来评价线网的优劣无疑是最合理的,而且在评价过程中还可以有选择的加入各种其他因素,如线网覆盖率、线网营运效益等,即把客流评价法作为主要方法,而形态归纳法、线网规模盈利规划法等可以作为辅助方法。

2. 方法选择原则

在应用以上方法进行线网规划的过程中,线网规划应该做到以下几点。

1) 交通分析为主导

以交通模型为基础、交通预测为核心的交通规划方法是线网规划研究的基本方法。从交通规划入手,以交通引导城市土地利用和工程方案规划是线网规划的主导思路。

2) 定性分析和定量分析相结合

线网规划既要有专业性,又要有综合性;既有规律性,又有不确定性;既有模型计算,也要有经验判断。所以在本项研究的各子系统中,均应采用定性分析和定量分析相结合;专家经验和模型预测相结合的系统分析。这也可以理解为要做到规划师、工程师和模型师的理想组合。

3) 静态和动态相结合

交通规划实际是出行需求与交通供给这一对矛盾因素的动态平衡过程,也就是针对这一动态过程的规划。交通规划与某城市交通发展密切相关,是侧重远期的长远规划,在这一过程中又有许多影响因素,因此在进行方案研究中,在利用交通模型测试时,要充分估计不确定因素的影响和客流自然调节平衡的可能,以及注重各种因素的不稳定性,进行动态的层次分析。虽然因素分析及预测主要针对远景年份,但其中仍然存在规律性,这为静态前提下的宏观分析计算提供了可能。因此在规划方法上应注意静态和动态相结合。

4)近期规划与远景方案相结合

线网规划主要目的是勾画远景,可操作性是规划成败的关键,因此要考虑设计的阶段性和连续性,进行科学的近期实施规划,并使近期实施与远期规划之间有科学合理的过渡和延伸,才能保证远景规划的实现。另一方面,近期的交通治理或工程建设,都应在远景规划指导下进行,脱离远景目标的规划建设往往是没有生命力的。

总体来看,在线网规划的过程中,采用定性和定量分析相结合、以定性分析为主的方法进行。

四、线网结构分析

线网结构分析是指在一定的线网规模条件下确定线网形态及各条线路的走向。不同的线网形态对线网运营效率及城市发展都有非常重要的影响。

(一) 城市轨道交通网络基本结构形态

城市轨道交通系统网络从广义上讲,是由各条轨道交通线路形成的综合性整体网络。轨道交通线路的连接方式有直接和间接两种形式。根据线路不同的连接方式可将城市轨道交通网络分为连通型和非连通型两种。根据运营组织方式,可分为共线和独立两种方式。乘客的出行过程则存在换乘与不换乘两种方式。

从整体网络形式看,其形态多种多样,与各自的城市结构相互适应、相互影响。轨道交通线网的规模与形态虽然各不相同,但其基本结构形态可归纳为5种不同运输特性的类型,如图1-6所示。

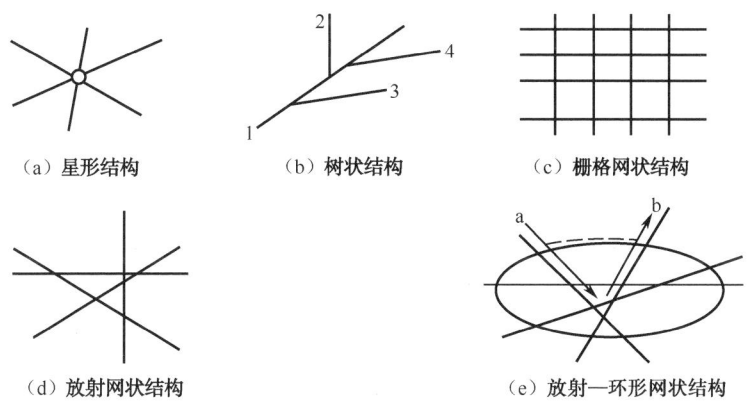

图1-6 城市轨道交通线网的5种基本类型

(1)星形结构是指线网中所有线路只有一个交点的结构,如图1-6(a)所示。其唯一的换乘站多位于市中心的客流集散中心。这种结构中,所有的线路都通达市中心,市郊与市中心联系便利，所有线路间都可以实现直接换乘，是换乘次数最少的一种形式。但同一换乘站上客流过于集中，换乘客流间相互干扰大，容易引起混乱与拥挤，且市郊之间的联系不便，必须经过市中心换乘。

（2）树状结构是指 N 条线路只有 $N-1$ 个交叉点且在网络中没有形成网格结构，形同树枝状，如图1-6（b）所示。这种结构连通性差，线路间换乘不便，多数线路间至少需要换乘2次才能实现互通。这种线路上客流分布不均，同一线路上换乘站之间的路段因为担负着大量的换乘客流，客流量明显比换乘站外侧路段高，给线路的行车组织带来较大困难。

（3）栅格网状结构是指线路（至少4条）大多呈平行四边形交叉，所构成的网格多为四边形的线网结构，形同棋盘，如图1-6（c）所示。这种结构的线路在中心城内分布比较均匀，结构连通性好，乘客的换乘选择较多，线路平行分布，能提供较大的输送能力，线路和换乘站上的客流分布较均匀。但平行线路之间的换乘至少需要两次，而且由于没有通达市中心的径向线，市郊到市中心的出行不便。

（4）放射网状结构是指线路（至少3条）多为径向线，且线路交叉所形成的网格多为三角形的路网结构，如图1-6（d）所示。线路在市中心区发生三角形交叉，市中心线路和换乘站密集而均匀，网络连通性好，乘客换乘方便。这种结构各个方向都有线路通达市中心区，市郊到市中心的出行方便，缺点是市郊间的出行必须到市中心的换乘站换乘。

（5）放射—环形网状结构是在放射网状结构的基础上增加环线而形成的路网结构，常见于一些规模很大的系统，如广州地铁规划图（至2020年），11号线即为环线，如图1-6（e）所示。这种结构具有放射网状结构的全部优点，环线与所有径向线都能直接换乘，整个网络的连通性更好，线路间换乘更方便，而且能有效地缩短市郊间乘客利用轨道交通出行的行程和时间。

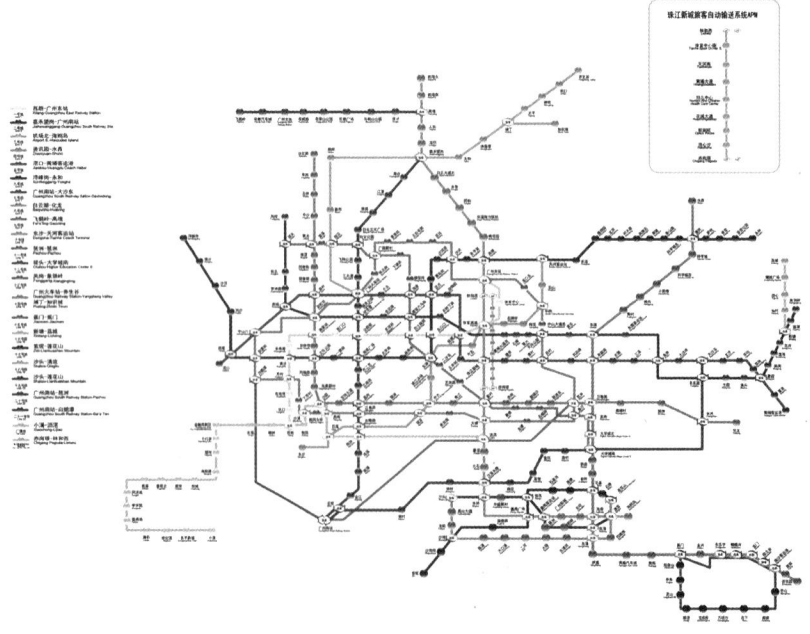

图1-7 广州地铁线网规划图（至2020年）

（二）连通型城市轨道交通网络

在城市轨道交通网络中，采用不同技术设备和运输组织方式的轨道交通线路之间往往具有相对独立性，而在采用相同技术设备和运输组织方式的线路中，则存在相互连通的可能性。据此，可将城市轨道交通网络分为连通型和非连通型两种结构。

1. 连通型和非连通型网络结构

非连通型城市轨道交通网络由不同技术设备条件和采用不同运行组织方式的轨道交通线路组成。由于这些不同的轨道交通线路相对独立，相互之间不存在直接联系，列车不能跨线运行，故一般采用分线独立运行。

在非连通型城市轨道交通网络中，不同线路上的列车独立运行，相互之间不存在交叉干扰，这种形式较为简单，在本书中不详细讨论。下文中如无特别说明，所有的轨道交通网络均指连通型轨道交通网络。

连通型城市轨道交通网络是指由相同技术设备条件和采用相同运行组织方式的轨道交通线路所组成的城市轨道交通网络。这些轨道线路通过联络线在交汇站相互接轨，线路之间存在直接联系，列车可以跨线运行。根据连通型城市轨道交通网络的线路形式，可进一步将连通型城市轨道交通网络分为树状连通型和环状连通型城市轨道交通网络。

2. 树状连通型城市轨道交通网络

树状连通型城市轨道交通网络结构示意图如图 1-8 所示，a、b、c、d 为线路的接轨站，A-a、C-a、F-b、D-c 分别在接轨站 a、b、c 与线路 B-E 接轨，G-d 在接轨站 d 与线路 D-c 接轨。在这样的连通型网络上，若列车采用在共线段 a-b 上共线运行方式，则 A、B、C 往 E 方向的客流无须换乘，即可到达目的地；而 D、E、F、G 往 B 方向的客流也无须换乘，即可到达目的地。

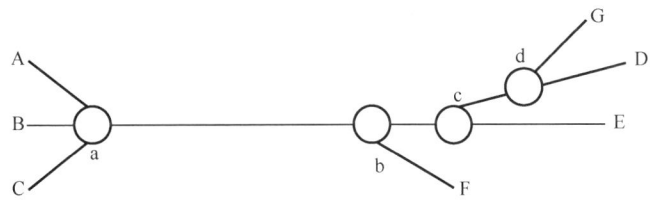

图 1-8 树状连通型城市轨道交通网络结构示意图

美国亚特兰大市轨道交通线网平面图如图 1-9 所示，可以看出，该线网结构属于典型的树状连通型网络结构。该网络两端四条线路分别连接不同的城市小区，两端乘客出行均无须换乘即可到达市中心或另一端所连接的城市区域。

3. 环状连通型城市轨道交通网络

环状连通型城市轨道交通网络结构示意图如图 1-10 所示，a、b 为线路的接轨站，A-a、B-b 分别在这些接轨站与环线接轨。在这样的连通型轨道交通网络上，若列车采用在环线上部分区段（如左半环）共线运行方式，则共线运行区段到非共线区段（如右半环和两条尽头线）的客流可通过环线上共线运行的列车，无须换乘，即可到达目的地。

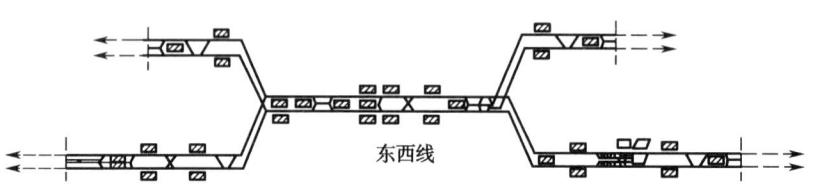

图 1-9　美国亚特兰大市轨道交通线网平面图

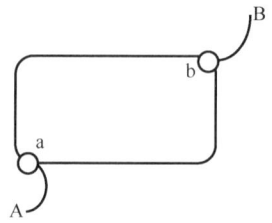

图 1-10　环状连通型城市轨道交通网络结构示意图

城市轨道交通与城市的发展关系非常密切，轨道交通在促进大城市卫星城发展和加强与卫星城之间联系方面具有巨大的优势。而建设过多的穿越市中心的轨道交通线路投资大、难度高，并且还会对城市中心的建设和发展造成影响。因此，大多数城市在发展轨道交通的过程中，会逐步形成部分轨道交通线路相互连通，列车在部分区段共线运行（指在连通型城市轨道交通网络中，组织不同线路上的列车通过接轨站跨线运行，并在部分线路的部分区段共线运行）的方式，这样不仅能满足市民出行的需要，而且可以实现设施和资源的共享，节省建设投资和运营成本。图 1-11 是上海轨道交通 3、4 号线组成的轨道交通线网平面图，可以看出，该线网结构属于典型的环状连通型网络结构。

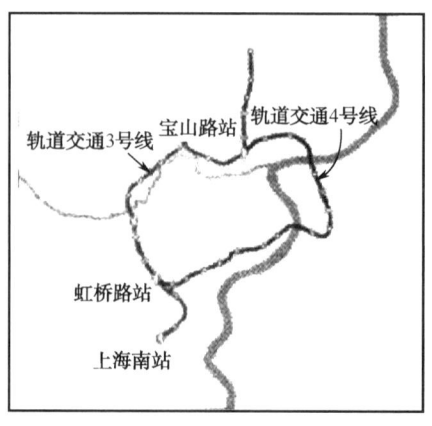

图 1-11　上海轨道交通 3、4 号线网平面图

思考与练习

1. 城市轨道交通的特征是什么？
2. 城市轨道交通有哪些类型？
3. 现代有轨电车的建设形式有哪些？其独立路权形式有哪些？
4. 城市轨道交通线网规划的目的和意义是什么？
5. 城市轨道交通线网规划的原则有哪些？
6. 城市轨道交通线网规划的特点有哪些？
7. 城市轨道交通线网规划的方法有哪些？

项目二 城市轨道交通线路

线路是城市轨道交通系统的重要组成部分,承受着来自机车车辆的巨大压力,并起着引导列车运行的重要作用。

任务一 城市轨道交通线路基础知识

学习目标

(1) 了解城市轨道交通线路的分类。
(2) 了解城市轨道交通线路的特点。
(3) 了解城市轨道交通线路的设计。
(4) 了解城市轨道交通线路的空间布局。
(5) 了解城市轨道交通线路标志及信号标志。

学习任务

学习掌握城市轨道交通线路的正线、折返线、渡线、联络线、停车线、出入段/场线、安全线、车场线等;了解城市轨道交通线路设计的一般规定和步骤;掌握城市轨道交通线路标志及信号标志的设置和意义。

工具设备

城市轨道交通资料图片及仿真三维立体图多媒体课件。

教学环境

轨道交通理实一体化教室、城市轨道交通企业现场。

基础知识

城市轨道交通线路按其在运营中的地位和作用,分为正线、辅助线和车场线。正线是供列车运行的线路,包括区间正线和站内正线;辅助线是为列车折返、停放、检查、转线及出入车辆段(停车场)服务的线路,包括折返线、渡线、联络线、停车线、出入段/场线、安全线等。

一、城市轨道交通线路

不同类别线路有相应的技术标准,以达到既能保证运营要求又能降低工程造价的目的。线路的选定应根据城市轨道交通线网规划进行。

（一）正线

正线连接并贯穿所有车站、区间，贯穿于运营线路的始点、终点，是列车运营的线路。正线一般均设计为双线，采用上、下行分开运行（上行、下行方向由该城市主管运营的有关部门决定，通常以线路走向来决定上行、下行方向，例如，由南往北为上行、反之为下行，由西往东为上行、反之为下行）。与铁路不同，城市轨道交通一般实施右侧行车惯例，以便与城市地面交通的行车规则相吻合，体现其城市公共交通的属性。正线行车速度高、密度大，且要保证行车安全和舒适，因此线路标准较高。

（二）辅助线

辅助线是为保证列车正常运营、合理调度列车而设置的线路，包括折返线、渡线、联络线、存车线、出入段/场线、安全线等，是为保证正线运营而配置的线路，一般不行驶载客列车，速度要求较低，一般最高运行速度限制在35km/h，故线路标准也较低。

1. 折返线

折返线是在线路两端终点站、开行折返列车的区间站，设置的专供列车折返的线路。

折返线可分为单折返线与双折返线，如图2-1所示。

利用折返线折返，端点站既可有效组织折返（如双折返线可明显降低折返时间），又可备有存车线供故障停车、检修、夜间停车等作业使用。

折返线要有足够的长度，这对保证列车折返安全和折返能力是必要的。折返线的有效长度宜为远期列车长度加40m（不含车挡长度），折返线的长度主要从以下因素进行考虑：停车线端距道岔基本轨端留有必要的距离，如该距离太短，将影响列车加速，从而影响列车折返能力。

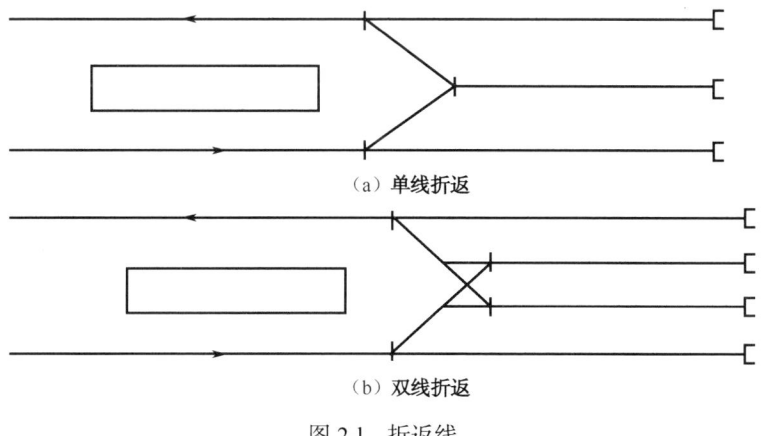

图 2-1 折返线

列车进入折返线通过最后一组道岔时，不希望降低速度以尽快开通其他通路，为此折返线的长度不能太短。当存车线末端与正线接通时，可设置列车防溜设备。

2. 渡线

当线路两端客流不平衡，需要中间折返时，在折返站应设置渡线。渡线是在上行、下行正线之间（或其他平行线路之间）设置的连接线，通过一组联动道岔达到转线的目的。

渡线单独设置时，用来临时折返列车，增加运营列车调度的灵活性；在与其他辅助线合用时，完成并增强其他辅助线的功能。渡线的设置位置分为车站前渡线和车站后渡线两种情况，渡线的设置类型又分为单渡线和交叉渡线，如图2-2所示。

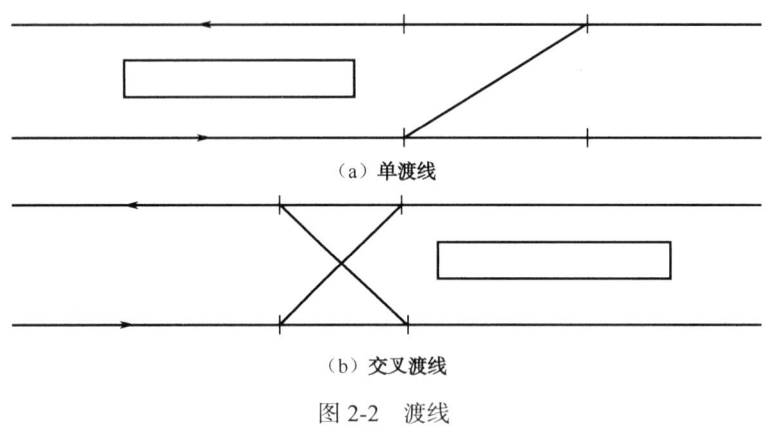

图 2-2　渡线

利用渡线可进行折返作业。利用渡线折返需要修建的线路最少，节省投资。然而，列车进出车站与折返作业有严重干扰。尤其是在折返站利用渡线进行区间列车折返，要占用正线进行作业，对运营管理要求十分严格。且列车运行间隔时间受其制约较大，导致线路通行能力下降。所以，在列车运行速度较高、运行间隔时间较短、运量较大的线路，不宜采用此类办法。

3．联络线

联络线是指两条线路间的连接线，以及城市轨道交通线路与铁路之间的连接线。

城市轨道交通线路之间应根据线网规划设置联络线，以满足车辆调配和处理其他事项时转线运行的需要。因为有时一个车辆段要承担两条或两条以上线路的车辆检修业务；有的线路没有条件与铁路接轨，无法直接运送车辆与大型设备；有的线路采取分段修建和运营时，车辆段一时未建，车辆检修业务要临时由其他车辆段承担等情况，这些都要借助联络线转运。此外，联络线还可保证在特殊情况下，列车可由一条线转入其他线路运行，增加处理事态的灵活性。

就总体而言，转线运行机率较少，且不载客运营，故联络线通常采用单线；近期阶段性兼作运营线的联络线的标准仍按联络线标准设计，但要设计成双线，只有在增加工程投资很少的情况下，可按正线标准设计。

联络线如图2-3所示。

因连接的轨道交通线往往不在一个平面上，联络线有较大的坡道与较小的曲线半径，列车在联络线上运行，速度不可能很高。如果在地下建设联络线，施工难度较大，投资也随之加大。

4．停车线

停车线一般设置在端点站，是专门用于停车、进行少量检修作业的尽端线。

项目二　城市轨道交通线路

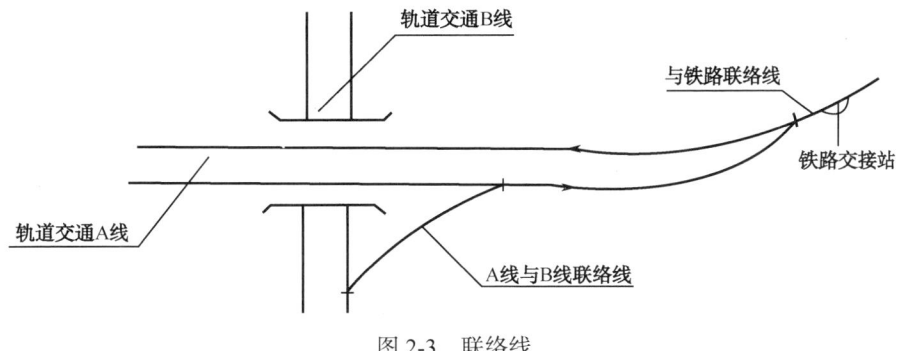

图 2-3　联络线

5．出入段/场线

出入段/场线是车辆段/停车场与正线车站联系的线路，专供列车进出车辆段/停车场。一般分为入段/场线和出段/场线。出入段／场线的几种情况如图 2-4 所示。

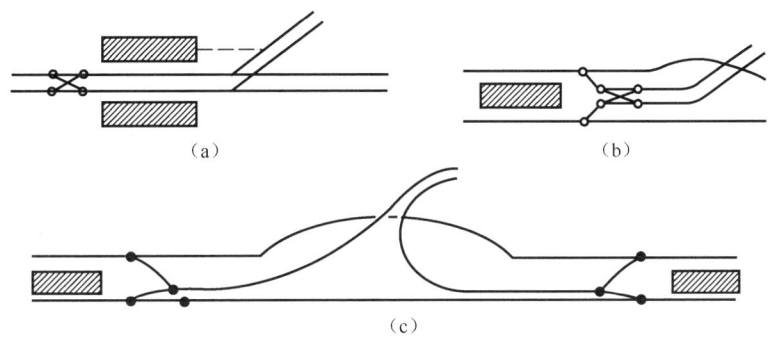

图 2-4　出入段／场线的几种情况

6．安全线

为了防止在车辆段／停车场出入线、折返线、停车线和岔线（支线）上，行驶的列车未经允许进入正线与正线列车发生冲突，当遇到下列情况时，宜设安全线或其他隔开设备（脱轨器、脱轨道岔和车辆防溜等），以保证列车安全、正常地运行。

（1）当车辆段/停车场出入线上的列车在进入正线前需要一度停车，且停车信号机至警冲标之间小于列车制动距离。

（2）折返线末端与正线接通。

（3）岔线（支线）与正线接轨，当与正线间为岛式站台，且站台端至警冲标间的距离大于或等于 60m 时，可不设列车运行隔开设备，若为侧式站台宜设道岔隔开设备。

（4）安全线的长度一般不小于 40m。在困难条件下，可设置脱轨道岔。

（三）车场线

车场线是车辆段/停车场区作业的线路，包括停车线、检修线、试车线、牵出线等，用于停车、调车、修车、试车及指定用途。每一线路根据其用途独立命名。车场线行车速度低，故线路标准只要满足场区作业即可。

1. 停车线

在车辆段/停车场拥有众多的专用停车线，以供夜间停止运营后的列车停放。要进行检修作业的停车线设有地沟。

2. 检修线

检修线设在车辆段检修库内，是专门用于检修车辆的作业线，设有地沟，配有架车设备、检修设备。

3. 试车线

试车线设在车辆段，用于对检修完毕的轨道交通车辆进行运行状态检测试验，为了使列车达到必要的运行速度，试车线要有一定长度和平纵断面。

此外，还有为进行列车连接、摘挂与解体作业的调车线；设在站场的一端，作为临时牵出车辆的牵出线；为进行货物装卸的材料线，以及静调线、洗车线、镟轮线等。

二、城市轨道交通线路的特点

与铁路比较，城市轨道交通线路有如下特点。

1. 线路难以改建，线路设计要进行长期考虑

城市轨道交通线路一经建成，无论在地下、地面还是高架，线路位置的改变都十分困难。除了隧道与高架线路的改建困难，地面线路建成后因涉及周围建筑、道路等，其改建还会引起很大的拆迁工程，并破坏多年来逐渐形成的环境，因此城市轨道交通的设计年限较长，近期为交付运营后 10 年，远期应符合城市总体规划规定的年限，且不少于交付运营 25 年。

2. 线路允许的坡度较大

线路主要用于客运，列车质量较小，不受车辆牵引力的限制，没有限制坡度的概念。

3. 线路为双线，车站一般无配线

城市轨道交通客运量大，必须采用双线分方向追踪运行。一般车站只有正线，但是在开行快慢车交替运行的线路上，必须设置一定数量的越行站，越行站内须设有到发线，供慢车停靠待避快车。

4. 站点密

城市轨道交通运距短，且分布在整个城市区域内，为保证线路的客流吸引力，通常站距在 1~2km。短站距制约了列车的最大速度。

5. 车站长度较短

城市客流可容忍的等待时间较短，要求发车间隔时间不能太长。由于线路各站点的吸引范围小，聚集的客流量有限，列车编组长度通常为 4~8 节。这样，供乘客上、下车的站台长度就短了，通常在 100~200m。

鉴于城市轨道交通的载重量小、车速中等、列车短、运距短、停站频繁等特点，故其设计标准与铁路有所不同。例如，区间线路与站线的曲线半径及坡度要求不同；车辆类型决定线路的横断面限界；地下隧道形式的线路对排水、通风等要求与地面或高架线路有明

显差别。

三、城市轨道交通线路的设计

（一）城市轨道交通线路设计的一般规定

（1）城市轨道交通线路按其在运营中的作用，应分为正线、辅助线和车场线。辅助线包括折返线、渡线、联络线、停车线、出入段线、安全线等。

（2）城市轨道交通线路的选定应根据城市轨道交通线网规划进行。

（3）城市轨道交通的线路敷设方式应根据城市总体规划和地理环境条件因地制宜地选择，一般在城市中心地区宜采用地下线，其他地区条件许可时宜采用高架线或地面线。

（4）城市轨道交通的线路平面位置和高程应根据城市现状与规划的道路、地面建筑物、管线和其他构筑物、文物古迹保护要求、环境与景观、地形与地貌、工程地质与水文地质条件、采用的结构类型与施工方法、运营要求等因素，经技术经济综合比较后来确定。

（5）城市轨道交通的线路宜按独立运行进行设计。根据客流需要并通过论证，线路可按共线运行设计，但其出岔站汇入方向的线路应设平行进路。城市轨道交通线路之间应根据线网规划需要设置联络线。联络线应采用单线，但近期阶段性兼作运营线的联络线应设双线，有条件时宜按正线标准设计。

（6）城市轨道交通的线路之间、与其他轨道交通线路之间的交叉处，应采用立体交叉。两线接轨应避免造成双向敌对进路。

（7）城市轨道交通车站应设置在交通枢纽、城市轨道交通线路之间、商业、居住、体育、文化中心等大的客流集散点。车站间的距离应根据现状及规划的城市道路布局和客流实际需要确定，一般在城市中心区和居民稠密地区宜为1km左右，在城市外围区应根据具体情况适当加大车站间的距离。

（8）地面线路和高架线路距建筑物的距离应根据行车安全、消防、减震、降噪、景观和居民隐私等相关要求，以及采取相应的防范措施等因素，经综合比较后来确定。

根据防火要求，线路路肩边缘和高架结构外缘与民用建筑间的最小距离应符合现行国家标准《建筑设计防火规范》和《高层民用建筑设计防火规范》的规定。当城市轨道交通与地面建筑合建时，应加强防火、减震、降噪和结构安全措施。

线路设计阶段的任务是在规划线网和预可行性研究的基础上，对拟建的城市轨道交通线路的平面和竖向位置，通过不同的设计阶段，逐步由浅入深，不断比较线路平面、纵断面和坡度、线路与车站的关系，最后得到城市轨道交通线路在城市空间中的准确位置。

（二）城市轨道交通线路设计的步骤

线路的设计阶段一般可分为4个阶段，即可行性研究阶段、总体设计阶段、初步设计阶段和施工设计阶段。

（1）可行性研究阶段主要是通过线路多方案比选，完善线路走向、路由、敷设方式，稳定车站、辅助线等的分布，提出设计指导思想、主要技术标准、线路平纵断面及车站的大致位置等。

（2）总体设计阶段是根据可行性研究报告及审批意见，通过方案比选，初步稳定线路平面位置、车站位置、辅助线形式、不同敷设方式的过渡段位置，提出线路纵断面的初步标高位置等。

（3）初步设计阶段是根据总体设计文件及审查意见，完成对线路设计原则、技术标准等的确定，稳定线路平面位置、基本稳定车站位置及线路纵断面设计。

（4）施工设计阶段是根据初步设计文件及审查意见，有关专业对线路平纵断面提出的要求，对部分车站位置及个别曲线半径等进行微调，对线路平面及纵断面进行精确计算和详细设计，提供施工图样说明文件。

四、城市轨道交通线路的空间布置

城市轨道交通的线路之间的交叉处，应采用立体交叉，以保证城市轨道交通高效、安全运输。城市轨道交通线路按敷设方式，分为地下线路、高架线路、地面线路，应根据城市总体规划和地理环境条件因地制宜地选择。

在同一条轨道交通路线上可采用上述 3 种不同的空间布置方式。在城市中心区，建筑密集，道路狭窄，交通拥挤，人口众多，为减少建设中的困难和噪声、震动等对城市的有害影响，城市轨道交通线路一般设在地下，也可适当布置为高架方式。城市轨道交通线路进入地面建筑稀少、路面宽阔的城市边缘区及郊区，可考虑设在高架线或地面线以降低工程造价。城市轨道交通线路由正线通往车辆段/停车场时，线路由地下或高架延铺至地面。城市与卫星城之间的快速轨道交通应以地面为主。

1. 地下线路

地下线路铺设于地下隧道内，轨下基础为带枕浇筑式的整体道床。地下线路的优点是与地面交通完全分离，且不占城市地面与空间，基本上没有气候影响；不足之处在于需要较大投资，较高的施工技术，较先进的管理，完善的环控、防灾措施与设备，建设过程仍会影响地面交通，运营成本较高，改造调整与线路维护均较困难。地下敷设方式如图 2-5 所示。

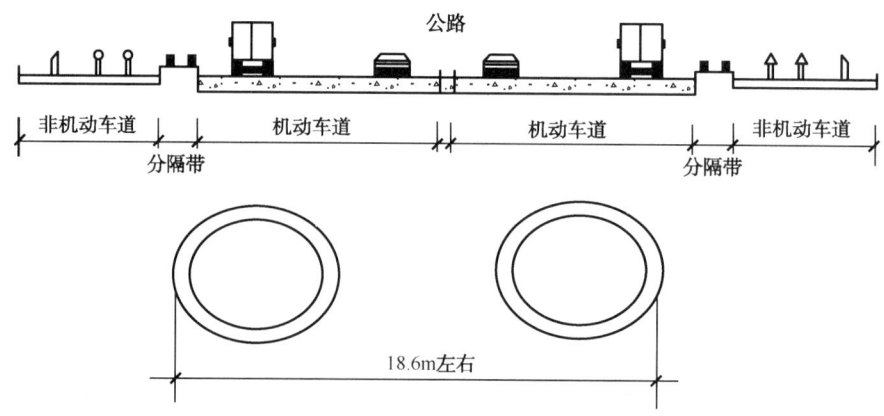

图 2-5 地下敷设方式

地下线路的一般设计原则是线位尽可能沿城市道路敷设，尽量不侵入两侧的规划红线，在偏离道路或穿越街坊时，主要考虑躲避沿线的构筑物桩基础和地下各种市政管线，以确保安全和减少拆迁。

2．地面线路

地面线路建在较空旷的地带，道路和建筑都比较稀少。它是采用类似普通铁路的路基作为轨道基础的线路形式。地面线路的敷设方式如图 2-6 所示，其上部结构保留了铁路线路的特点，轨下基础也基本保留了传统的碎石道床。地面线路的优点是：弹性好，造价低，施工简便，运营成本低，线路调整与维护较易；不足是：不稳定，在列车碾压和冲击下，几何尺寸较易变形，必须进行经常性的养护和矫正，占地面积较多，线路封闭给地面带来的隔离影响，破坏城市道路路面，使城市道路交叉复杂化，容易受气候影响，乘车环境难改善，有一定的污染负效应（如噪声、景观等）。

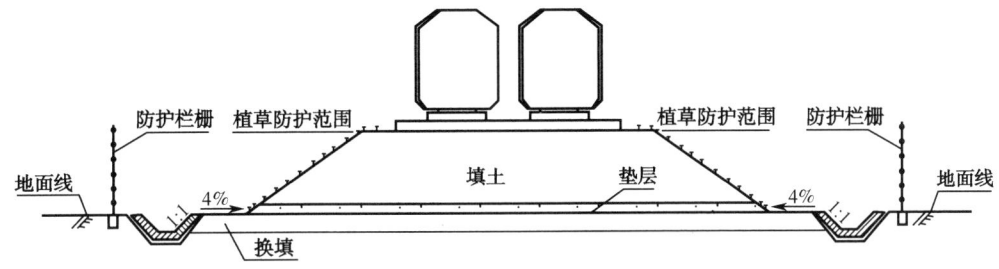

图 2-6　地面线路的敷设方式

地面线路的路基高度一般要高出通过地段的最高地下水位和当地 50 年一遇的暴雨积水水位，以免路基出现淹没、翻浆冒泥而影响运营。

3．高架线路

高架线路铺设于高架结构物上，轨下基础为支承块式的整体道床。高架线路与地面交通无干扰，造价介于地下与地面之间，施工、维护、管理、环控、防灾诸方面都较地下线路方便；但要占用一定的城市用地并有光照、景观、噪声等负效应，也受气候变化的影响。

高架线路一般在市区外建筑稀少及空间开阔的地段采用。其线位一般沿道路的一侧或路中布置，具体设在路侧还是路中要根据规划和设站情况来决定，并结合具体情况进行深入研究和经济比较。

地面线路和高架线路对乘客来讲比地下线路安全感好，噪声小，豁亮通畅，可饱览市容，乘车比较舒服，但会对沿线居民产生不良影响。所以，在定线时一定要充分考虑行车产生的震动、噪声及乘客视线对居民生活的影响，同时要防止建筑物内废弃物投掷到线路上而影响行车安全。在建筑、结构、供电设计中更要处理好景观对城市的影响。地面线路和高架线路距建筑物的距离，应根据行车安全、消防、减震、降噪、景观和居民隐私等相关要求，以及采取相应的防范措施等因素，经综合比较后确定。由于根据相关规范要求所采取的防范措施不同，线路离建筑物的距离也不相同，但最小距离不得小于防火规范的要求。当轨道交通与地面建筑合建时，除满足防火规范的要求外，还要从结构、轨道等方面加强减震、降噪措施,并要防止因建筑结构设计不当而影响行车安全。

五、城市轨道交通线路的形态

城市轨道交通线路的形态有直线形、环形和"Y"字形。

直线形线路包括穿越市中心的直径线和从市中心发出的放射线(这里说的直线,不是几何意义的直线,包括曲线)。多数城市轨道交通线路是直线形。

环形线是环绕市区的、首尾相接的线路。例如,北京地铁 2 号线和 10 号线、上海轨道交通 4 号线、广州地铁 11 号线(规划中)是环形线。

"Y"字形线是设置支线的线路,从主线某站分叉,形成"Y"字线路。例如,上海轨道 10 号线、11 号线,广州地铁 3 号线是"Y"字形线。

城市轨道交通的线路宜按独立运行进行设计。在客流需要的情况下,确实需要设置支线时,通过论证,在不影响主线运输能力并确保安全的情况下,可以考虑共线运行。具体安全保障措施不限于汇入方向线路的平行进路,还可结合停车线、折返线等双向均设平行进路。

由于历史原因,上海轨道 3 号、4 号线采用共线运行,在共线部分有 9 个车站,这样就严重影响各条线路的通过能力。在上海轨道交通不断发展的情况下,作为环形线的 4 号线,其换乘客流日趋增多,运能和运量的矛盾非常突出。从长远着想,这条线必须分线运行,已有 3 号线重新建设的规划。近期,拟在宝山路站和上海火车站之间增设两条线路,以暂时缓解这一矛盾。

六、城市轨道交通线路命名

(一)城市轨道交通建设线路命名

在城市轨道交通规划和建设过程中,有关管理部门用城市轨道交通线路的性质来命名。线路序号前分别冠以"M"、"R"、"S"、"L"字头。

1. M 线

市区地铁被冠以"M"字头,"M"是 Metro 的缩写,M 线一般分布在城区,最高时速为 80km,站距为 1km 左右。一般使用 A 型车或 B 型车,6 节或 8 节编组。

M 线主要穿过市区繁华的中心地带,并和 R 线融为一体。

2. L 线

轻轨被冠以"L"字头,"L"是 Light Rail 的缩写,一般分布在近郊。L 线最高时速为 80km,站距为 1km 左右,一般使用 C 型车,4 节或 6 节编组。

L 线主要用于城市内人口密集度较低的地区,作为 M 线网的补充。

3. R 线、S 线

市域轨道交通线被冠以"R"、"S"字头,是指联系中心区与市郊各新城及新镇的轨道交通线。例如,北京市市郊铁路被冠以"S"字头,上海市市域轨道交通线被冠以"R"字头。设计最高时速在市中心约为 80 km,在郊区可达到每小时 100~120km。

R 线、S 线主要连接市中心和市郊卫星城。

北京轨道交通由 M 线、L 线、S 线组成，远景轨道交通规划线网由 16 条地铁（M 线）、6 条轻轨（L 线）和 6 条市郊铁路（S 线）组成。

北京市轨道线网的功能分级和所对应的技术参数见表 2-1。

表 2-1　北京市轨道线网的功能分级和所对应的技术参数

线网分段	主要功能	运量	最高速度（km/h）	运行速度（km/h）	站间距（km）
R 线	长距离、大运量、站间距大	大	100~120	60~80	市区为 1~2 近郊为 2~3 远郊大于 3
M 线	中距离、大运量、站间距大	大	80~100	40~70	1~1.5
L 线	中小距离、大中运量	大、中	60~80	25~40	0.6~1.5

上海轨道交通网由市域级快速线（R 线）、市区级地铁（M 线）和市区级轻轨（L 线）3 个层次组成。

（二）城市轨道交通运营线路命名

城市轨道交通运营线路有不同的命名方法，主要有序号命名法和地域命名法，以及两者的结合。

1. 序号命名法

大多数城市采用序号命名法，即以序号命名为一号线、二号线、三号线……例如，上海不管地铁还是轻轨，一律命名为轨道交通×号线，目前已经运营线路为一号线~十一号线和十三号线。天津、广州、南京、武汉、重庆、长春、大连、沈阳、杭州、苏州、昆明、西安、成都、哈尔滨、宁波、无锡、福州、南昌、长沙、郑州、青岛都采用这一命名法。

2. 地域命名法

少数城市采用地域命名法，即以线路所经过的地区或者终点地名命名。例如，深圳地铁将原一号线~五号线分别命名为罗宝线、蛇口线、龙岗线、龙华线、环中线。香港地铁采用地域命名法，有东铁线、西铁线、观塘线、荃湾线、港岛线、东涌线、将军澳线、马鞍山线、迪士尼线、机场快线。台北捷运（地铁）采用地域命名法，有木栅线、淡水线、新店线、中和线、板南线、新北投支线、小南门支线。

3. 序号和地域结合命名法

北京的市区地铁采用序号命名法，如地铁一号线、二号线、三号线……，郊区地铁采用地域命名法，有机场线、亦庄线、大兴线、房山线、昌平线、西郊线等，八通线则采用与铁路相同的命名法，以线路的起点和终点地名命名，即八王坟—通州。

此外，高雄捷运则用车辆的颜色命名，有红、橘两条运营线路。

七、线路标志及信号标志

依据城市轨道交通运营情况,应设线路标志及有关标志。视实际情况,可减少和增加所需要的标志。

1. 线路标志

线路标志有百米标、公里标、坡度标、曲线要素标、圆曲线和缓和曲线始终点标、竖曲线始终点标、道岔编号标、水准基点标、桥号标、涵洞标、水位标等。线路标志在单线上顺计算里程方向设于线路左侧,在双线上各设于本线列车运行方向左侧。

2. 信号标志

信号标志包括限速标、停车位置标、进站预告标(分别设于距站界100m、200m、300m位置)、警冲标、连锁分界标等。信号标志顺列车运行方向设于线路左侧。

为司机瞭望清晰,百米标、坡度标、限速标、停车位置标、警冲标等标志,宜采用反光材料制作,并安装在司机易见的位置上。其他标志材料可采用搪瓷板制作。所有标志应不侵入设备限界。

地面线的标志埋设于线路路肩以外,隧道的标志安装于隧道的侧墙,高架桥面的标志安装于桥面的整体道床。不管哪种标志的安装,都必须严格执行限界的规定,并要安装牢固。

各种标志(警冲标除外)应设在钢轨头部外侧不小于2m处。不超过钢轨顶面的标志,可设在距钢轨头部外侧不小于1.35m处。警冲标设在会合线路两线间距为4m的起点处中间,有曲线时按限界加宽办法加宽;两线间距不足4m时,应设在两线最大间距的起点处中间。

任务二 城市轨道交通线路选线

学习目标

(1)了解城市轨道交通线路选线设计的主要原则。
(2)了解城市轨道交通线路选线的具体实施。
(3)了解城市轨道交通线路走向及路由的确定。
(4)了解城市轨道交通线路的车站分布。

学习任务

学习掌握城市轨道交通线路选线设计的主要原则,了解城市轨道交通线路走向及路由的确定,了解城市轨道交通车站的分布及辅助线的分布。

工具设备

城市轨道交通资料图片及仿真三维立体图多媒体课件。

教学环境

轨道交通理实一体化教室、城市轨道交通企业现场。

 **基础知识**

城市轨道交通线路的走向设计、车站位置的分布设计等都关系到城市轨道交通线路所吸引的客流量大小，决定了其在城市公共交通中所发挥的作用，因此线路的选线设计十分重要。

城市轨道交通是一项具有多学科、综合性、接口复杂的工程项目，作为城市的百年工程，对城市外围组团发展和城市内部总体规划的推动具有极其重要的作用。城市轨道交通的线路选线工作是城市轨道交通设计的"龙头"，具有牵涉面广、复杂性强、劳动强度大、责任重大等特点，应做到宏观控制、微观分析、分层规划、可持续发展。

一、线路选线设计主要原则

（1）线路走向应符合城市总体规划、线网规划的要求，合理选择线路路径，并协调好与其他线路的衔接、换乘关系，使轨道交通充分发挥其交通骨干线路的作用。

（2）坚持以人为本的设计理念，根据工程沿线的城市规划、地形、地貌、工程地质及水文地质条件、地面与地下建（构）筑物和地面交通状况等情况，在复杂地段进行多方案优化选取，合理选定线路走向及车站站址分布。

（3）线路总体方案应结合其他后续的轨道交通工程，整体构思，统筹考虑，远近结合，并为后续工程的实施创造条件。

（4）车站位置应与轨道交通网、城市道路网及公共交通网相结合，保持合理站间距，确保较快旅行速度，提高服务质量。

（5）线路平面应在满足功能的前提下力求顺直，尽量采用较大的曲线半径。

（6）根据行车组织的要求，结合线路现场具体条件，合理设置辅助线，满足列车正常运行、折返能力和线网中各线联络功能的需求。

二、线路选线具体实施

城市轨道交通与城市规划、交通、水利、文物等各部门关系复杂，这决定了线路选线不可能一蹴而就，而是需要在反复的比较、优化中选出一条"适应规划、促进发展、实现社会效益和运营效益最大化相结合"的最佳线位，具体实施步骤如下。

1. 确定初步线站位方案

在对城市总体规划、城市交通规划、线网规划等基础性文件充分研究的基础上，明确线路功能定位，结合沿线主要客流集散点，确定初步线站位方案。

2. 现场踏勘

线路选线的最终目标是把方案"画在图上，落到地上"，因此，需要深入了解城市轨道交通沿线的城市现状及规划特征确定初步方案。初步方案确定后，应组织行车、建筑、结构、区间、暖通、车辆等相关专业沿线踏勘，确定工程的重点和难点。

3. 方案优化

结合踏勘情况，进行规划、道路红线、管线、文物及其他控制性建（构）筑物基础资料的收集。根据客流预测资料，初步确定列车编组、交路、有效站台长度、限界等边界条件，对初步线路方案进行优化调整。针对重要节点应做多方案比较，必要时应多次踏勘现场。

4. 征求规划部门意见

线路方案初步稳定后，由业主组织，向规划部门汇报全线线站位和场段、控制中心、主变电站等选址方案，并向市环保、交通管理、文物、园林、重要建筑物业主等征求意见，进行协调。根据相关部门意见，进一步完善线路、车站和场段方案。

5. 坐标定位

待可研评审确定列车编组、交路等边界条件后，基本确定线路走向及车站分布方案。及时开展沿线各控制性建（构）筑物坐标、基础类型、埋深等测量工作，核实既有资料，结合道路红线、坐标定线，进一步稳定线路方案，确保工程的可实施性。

以上步骤是正常的轨道选线流程，在实际的设计过程中还应根据不同城市、不同线路的不同特点进行相应的线路设计，最终达到系统功能、工程造价、运营能力等综合性能最优的目的。

线路选线既是路网规划及预可行性研究阶段的内容，也是可行性研究阶段的内容，包括线路走向、线路路由、车站分布、辅助线分布、线路敷设方式、线路交叉形式等的选择。

城市轨道交通线路选线主要有两种方法：经济选线和技术选线。

经济选线就是选择行车线路的起始点和经过点。一般，线路起始点往往选择在换乘量大的地方，如火车站、汽车站、码头、飞机场、城郊结合部等。城市轨道交通线路应尽量经过一些大的客流集散点，如商业区、政治文化经济中心、居民生活集中区、工矿区、地面交通枢纽等。为了吸引最大客流，发挥线路最大的作用，方便市民搭乘轨道交通，放弃控制点间的最短路由方向。

技术选线是按照行车线路，结合有关设计规范平面和纵断面设计要求，确定不同坐标处线路位置，一般遵循先定点、后连线，点线结合。定点就是选定车站的位置，两条轨道交通线路交叉时，应在交叉点上设乘客的换乘站。

三、线路走向及路由

线路走向是指轨道线路的基本通往和经由方向，主要由线路各控制点（起点、中途必经据点和终点）间的相互位置决定。当控制点只有起点和终点时，其走向即为两点间连线。若控制点为3个或3个以上时，即除起、讫点外，尚有一个或一个以上中途必经据点时，尽管其总走向仍受其起点与终点连线走向的严格制约和控制，但在各个地段仍有可能出现两个或两个以上的不同走向方案。

无论是从城市轨道交通运行的经济效益，还是从方便市民搭乘城市轨道交通的社会效益考虑，都要求最大限度地吸引客流，线路应可能多地经过一些大的客流集散点，为此，在线路选线时，往往会放弃控制点间的最短路由方向。例如，上海轨道交通1号线衡山路至人民广场之间，长度约为5km，分别有复兴中路、淮海中路和延安中路3条路由可以选择，其中复兴中路方案为最短，施工干扰也小，但最终却选定线路长200m的淮海中路方案，主要理由就是淮海中路是全国著名的繁华商业街，吸引客流比复兴中路大50%。

一般对城市轨道交通产生3万上下车人次/h或20万上下车人次/日及以上客流量的地点，称之为特大型客流集散点。对于特大型客流集散点，城市轨道交通线路必须照顾到，并在乘客使用方便的地点设站。当特大型客流集散点离开线路直线方向或经由主路时，线路路由有下列方式可供选择。

1. 路由绕向特大型客流集散点

这是一种主要的选择方式，能为特大型客流集散点提供两个方向的服务，给乘客提供较大的方便，宜尽量选用。例如，北京地铁2号线，为照顾北京火车站，线路在崇文门至建国门之间，离开城市主路，穿越街区建筑群，在北京火车站站前广场设地铁北京站。

2. 采用支线连接

特大型客流集散点位于郊区，线路如果绕向它，长度会增加过多，且不利于直通客流，这时可以考虑采用支线连接。

3. 延长城市轨道交通车站出入口通道，并设自动步道

若特大型客流集散点距线路不超过300m，但线路绕向它很困难时，可以考虑自动步道方案。

4. 调整线网部分线路走向

这种方式在北京新建的铁路西站地铁线路预留工程中已采用，如图2-7所示。原规划的地铁线网中，距西客站南侧约709m处，有东西走向的7号线，距西客站西侧约1km处，有6号线，为了使7号线经过北京西站，对规划线网进行了调整。7号线拐向北京西站，丰台方向来的线路拐向北京西站后，继续向北至白石桥与M4线换乘。在北京西站地下建换乘站一座，供广安门线（M7线）及丰台线（M9线）相互换乘。

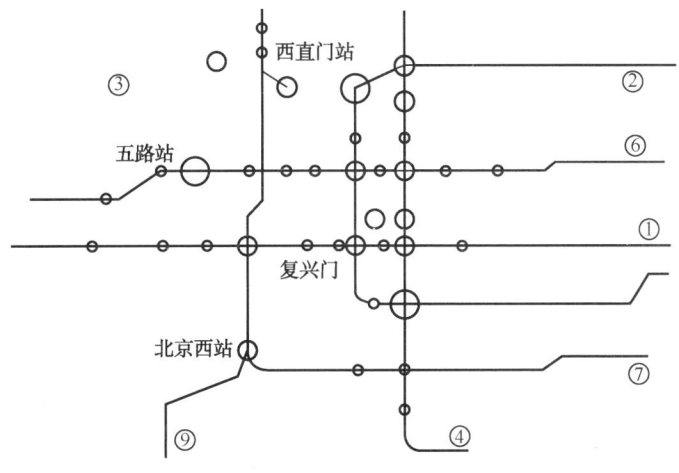

图2-7 北京西站地铁线网调查方案

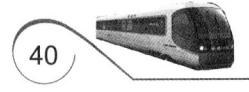

5. 调整特大型客流集散点

线网确定后，规划及拟建中的特大型客流集散点应主动靠近城市轨道交通车站，统一规划，综合设计，分步实施，可以节省建设资金并给乘客带来方便。

城市轨道交通路由于对城市轨道交通工程建设和城市发展影响重大，应多进行路由方案比较。主要应从吸引客流条件、线路条件、施工条件、施工干扰对城市的影响、工程造价、运营效益等多个方面进行综合比较。吸引客流条件包括客流量大小、吸引范围内居住及工作人口多少、照顾客流量集散点的多少、乘客便利条件及与其他交通工具换乘条件等。线路条件包括线路长度、曲线半径大小及曲线总转角大小、车站数目、车站设置条件等。施工条件包括施工方法、施工场地安排、施工运输道路及施工难易条件的评价。施工干扰包括房屋、地下地上管线等拆迁量大小，对道路交通的影响，对商业经营的影响等。对城市的影响，主要是评价城市轨道交通与城市改造发展规划的一致性及结合程度。

四、车站分布

在通常情况下，车站宜设在广场、干线街道交叉点、铁路车站、运动场或公园附近；在轨道交通线路交叉点上，最好设置车站，以便换乘。

（一）影响车站分布的因素

1. 大型客流集散点

大型客流集散点往往是城市的政治、经济活动中心，是城市的窗口地段。该地段不但客流数量大，而且集中，地面交通压力很大。城市轨道交通可以通过车站吸引这些客流，充分发挥自身的效能，并且对解决城市交通能够起到积极作用，所以在大型客流集散点上必须设车站。

2. 城市规模大小

城市规模大小包括城市建成区和规划区面积及人口。城区面积越大，人口越多，线路上客流量大、乘距长时，城市轨道交通应以长距离乘客为主要服务对象，车站宜稀一些，以提高城市轨道交通乘客的交通速度。反之，车站分布宜密一些。

3. 城区人口密度

人口密度大，在同样吸引范围内发生的交通客流量大，因此车站分布宜密一些。

4. 线路长度

一条线路的长度，短则几千米，长则几十千米，不同的线路长度，车站的疏密也有所不同，短线路宜多设站，长线路宜少设站。

5. 城市地貌及建筑物布局

城市中的江、河、湖、山和铁路站场、仓库区等，人口密度低，甚至无人，城市轨道交通在穿越这些地区时可以不设站，但若有开发公园条件，则应在主出入口处考虑设站。

6. 城市轨道交通线网及城市道路网状况

两条城市轨道交通线路交叉时，在其交叉点应设乘客换乘站；城市轨道交通与城市主干道交叉时，在交叉点处也应设车站。

7. 人们对站间距离的要求

在车站分布数量上，除了大型客流集散点应设换乘站外，其他车站的设置，主要受人们对站间距离要求所支配。对于平均站间距离，世界上有两种趋向，一种是小站间距，平均为1km左右；一种是大站间距，平均为1.6km左右。香港地铁平均站间距为1050m，其中港岛线为947m；莫斯科地铁平均站间距为1.7km左右。我国城市轨道交通在吸收世界地铁建设经验的基础上，在《地铁设计规范》中规定"车站间的距离应根据现状及规划的城市道路布局和客流实际需要确定，一般在城市中心区和居民稠密地区为1km左右，在城市外围区根据具体情况应适当加大"。

除上述因素外，线路平面、纵剖面、车站站位的地形条件，城市公交车线路网及车站位置，也会对地铁车站分布数目造成一定的影响。

（二）车站分布对市民出行时间的影响

就一条线路而言，车站数目的多少，直接影响市民乘坐城市轨道交通的出行时间。车站多，市民步行到车站的距离短，节省步行时间，可以增加短程乘客的吸引量；车站少，则恰恰相反，提高了交通速度，减少乘客在车内的时间，可以增加线路两端乘客的吸引量。

（三）车站分布的比选

车站分布应根据上述内容经科学的综合分析、详细的方案比选后确定。这里还要强调一点，城市轨道交通车站数目多对建设费用、运营成本、施工干扰等都有很大影响，在市场经济条件下，车站分布一定要进行经济效益的比较。在布设车站时，除了考虑合理站间距之外，还应注意以下几点。

（1）站间距离应尽量均衡。

（2）站位应设于汇集大量客流的重要场所附近，并保证与其他交通工具换乘的方便。

（3）设站要考虑该地区的发展，与城市规划相协调。

（4）具体站位还要考虑施工条件、道路状况、交叉口等道路形态及地面交通情况。

五、辅助线的分布

每条线路或每期工程的起止点，因列车要转线返回，必须设置折返线或渡线。在靠近车辆段（停车场）端，一般可以不设折返线而设渡线，利用正线折返。

当线路上客流断面发生变化时，为了经济使用运输能力，小客流断面的区段上要减少列车的对数，一部分列车实行中途折返，在这些站上也应设置区段折返线，其车站叫区段折返站。客流很大的车站上设置折返线，要考虑区段折返列车必然带来部分回头客流及继续前进的乘客，增加该站台上的客流量，必须对站台面积及上、下车时间进行验算，一旦处于临界状态时，宜将折返线向断面客流减少方向移动一站。

为了使故障列车能尽快退出正线运营，每隔3~5个车站应设置存车线，供故障列车临时存放或检修。其终点站及区段折返站上应有供故障列车存放的能力，不再另设存车线。靠近车辆段（停车场）出入线的折返线可以不考虑故障列车存放。远离车辆段（停车场）的终端折返站，若列车折返对数多，没有能力停放故障列车时，应选择临近车站设置存车线。

当两折返线（存车线）之间相距5个车站，且工程不复杂时，宜在中间站端再设一条单渡线，这样平时可增加维修工程车折返的灵活性，一旦线路及设备发生故障时，可使运营中断地段缩短。

任务三　城市轨道交通线路平面设计

学习目标

（1）了解城市轨道交通线路平面的意义。
（2）了解城市轨道交通线路曲线半径和长度。
（3）了解城市轨道交通线路曲线超高和限速。
（4）了解城市轨道交通线路的缓和曲线、夹直线、线间距加宽。
（5）了解城市轨道交通线路平面位置的选择。

学习任务

学习掌握城市轨道交通线路平面的意义、最小曲线半径的确定、曲线外轨超高的原因、缓和曲线的长度、夹直线的长度、曲线线间距加宽。

工具设备

城市轨道交通资料图片及仿真三维立体图多媒体课件。

教学环境

轨道交通理实一体化教室、城市轨道交通企业现场。

基础知识

线路平面是轨道交通线路中心线在水平面上的投影。城市轨道交通线路一般由直线、圆曲线，以及连接直线与圆曲线之间的缓和曲线构成。

城市轨道交通的线路平面和纵断面设置应根据城市现状与规划的道路、地面建筑物、地下管线和其他构筑物，以及被保护的文物古迹予以综合考虑，使其相互影响减至最低程度，并争取得到良好的结合。环境与景观、地形与地貌对高架线和地面线的要求较高，影响较大；工程地质与水文地质条件及结构类型对施工方法的确定有重要的影响，而施工方法又会影响线路的平面设置和地下线路埋置深度；此外，还应考虑运营管理需要，经技术经济综合比较后确定。

一、线路平面设计

线路平面是轨道交通线路中心线在水平面上的投影。城市轨道交通线路一般由直线、圆曲线，以及连接直线与圆曲线之间的缓和曲线构成。城市轨道交通线路平面设计的要素主要有最小曲线半径、缓和曲线线形与长度、夹直线长度、最小圆曲线长度等。

理想的轨道交通线路平面应是由直线和少量曲线组成，且每段曲线应采用尽可能大的半径,并在曲线和直线之间应设缓和曲线过渡。

曲线是为了满足线路选线要求,适应地形变化(地面布置方式),避让障碍物(地面、地下、高架方式)而必然出现的部分。城市轨道交通线路受都市建筑群的影响,设置曲线是不可避免的。

城市轨道交通车站站间距小,列车旅行速度一般不高于80km/h。城市轨道交通线路平面曲线设计涉及行车速度、圆曲线半径、缓和曲线长度、外轨超高、线间距加宽等多个参数,各参数相互关联、制约。1993年发布的现行《地铁设计规范》(GB 50157—2003)中有关规定尚不尽完善,而城市轨道交通又有其不同于铁路的自身特点,铁路设计手册等技术资料也不完全适用于城市轨道交通,因此,设计中常须自行计算,合理确定这些参数,以期取得较好的城市轨道交通线路技术条件并节省工程投资。

1. 曲线半径和长度

曲线半径的大小会影响列车运行速度、线路养护的难易程序及钢轨侧面和车轮磨耗程度等,当曲线半径设置过小时,将会使得该部分线路具有限制车速、养护困难,以及钢轨侧面和车轮磨耗严重等缺点,特别是在运量大、密度高的情况下,上述缺点更加突出。因此,最小曲线半径是修建城市轨道交通的主要技术标准之一,它与城市轨道交通线路的性质、车辆性能、行车速度、地形地物条件等有关。最小曲线半径的选定是否合理,对线路的工程造价、运行速度和养护维修等都将产生重大影响。应根据车辆类型、列车设计运行速度和工程难易程度,经比选后确定最小曲线半径,最小曲线半径不得小于表2-2规定的数值。

表2-2　最小曲线半径　　　　　　　　　　　　　　　(单位:m)

线路		一般情况			困难情况		
		A型车	B型车	C型车	A型车	B型车	C型车
正线	v≤80km/h	350	300	100	300	250	50
	80km/h<v≤100km/h	550	500	—	450	400	—
联络线、出入线		250	200	80	200	150	25
车场线		150	110	80	110	80	25

曲线半径应根据车辆类型、列车设计行车速度、沿线地形、地物等条件因地制宜、由大到小合理选定。城市轨道交通线路不同于一般铁路,它往往受城市道路和建筑物控制,曲线半径选择自由度小,常须设置较小半径曲线。《地铁设计规范》规定:"最小曲线半径一般情况为300m,困难情况为250m。"在实际设计中,对250m半径曲线,因其钢轨磨耗陡然加剧,故除非因特殊条件限制时方可采用,一般应控制在最小为300m。

曲线半径理论计算公式:

$$R_{\min} = \frac{11.8v^2}{h_{\max} + h_{\mathrm{gy}}} \tag{2-1}$$

式中　$R_{\min}$——满足欠超高要求的最小曲线半径(m);

　　　v——设计速度(km/h);

h_{max}——最大超高，120mm；

h_{gy}——允许超高，61.2mm。

考虑城市修建轨道交通时，线路的定线受诸多控制因素影响，若最小曲线半径标准定得过高，必将给设计和施工带来很大困难，并大幅度地增加工程投资。因此，一般情况下城市轨道交通正线最小曲线半径为300～600m，困难情况下为250～300m。

圆曲线长度短，对改善瞭望条件、减少行车阻力和养护维修有利，但正线及辅助线的圆曲线最小长度，A型车不宜小于25m，B型车不宜小于20m，在困难情况下不得小于一个车辆的全轴距（全轴距是指一节车辆第一位轴至最后位轴之间的距离，目前我国城市轨道交通车辆的全轴距最大不超过20m）。否则车辆将跨越在3种不同线形上，会危及行车安全，降低列车的平稳性和乘客的舒适度。

城市轨道交通线路不宜采用复曲线（指的是两个或两个以上半径不同、转向相同的圆曲线相连接或插入缓和曲线相连接而成的曲线），这是因为设置复曲线会增加勘测设计、施工和养护维修的困难，在复曲线上行驶的列车，其受力情况和产生的横向加速度将在短时间内发生较大变化，降低列车的平稳性和乘客的舒适度。只有在困难地段，且有充分技术依据时方可采用复曲线。

车站站台段线路应尽量设在直线上。因为站台上有大量乘客活动，直线站台通视条件好，有利于行车安全。车站站台段线路设在曲线上时，司机和车站管理人员瞭望条件差，并且管理难度增加，对行车安全不利。另外，曲线半径过小，列车停靠曲线站台时，车辆与站台间的间隙过大，对乘客安全不利。因此，车站站台段线路应设在直线上，在困难地段可设在曲线上，其曲线半径不应小于800m，这样可基本满足曲线站台边缘与车辆之间的空隙要求。

辅助线一般为不载客运行线路，而且通过的列车对数较少，行车速度较低，应比表2-2中规定的最小曲线半径标准略低。

车场线的最小曲线半径应根据道岔的导曲线半径及车辆构造允许的最小曲线半径等因素确定的。

道岔应设在直线上，道岔端部至曲线端部的距离不宜小于5m，车场线可减小到3m。

2. 曲线超高与限速计算

列车通过半径较小的曲线地段时，为保证行车安全和乘客舒适的要求，列车必须限速运行。列车通过曲线的最大允许速度（通常简称曲线限速）需要根据曲线外轨超高和乘客舒适度计算确定。

列车在曲线上运行时由于惯性离心力的作用使得乘客有不适感。因此，通常通过设置外轨超高产生向心力，以达到平衡离心力的目的。

从理论上分析，车体重力P产生的离心力为

$$J = \frac{Pv^2}{gR} \tag{2-2}$$

由于外轨超高的设置，使车体向曲线内侧倾斜产生的车体重力P和轨道对车辆的反力Q的合力形成向心力（见图2-8）为

$$F_n = Ph/s \quad (2\text{-}3)$$

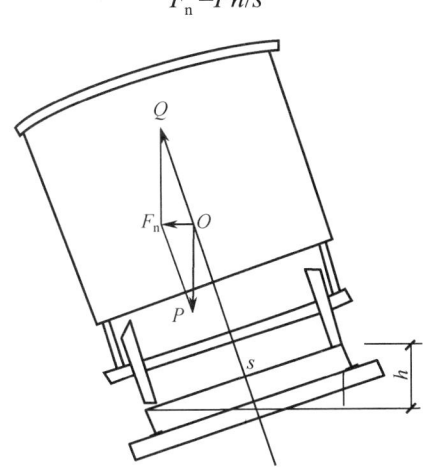

图 2-8 超高与向心力关系

当 $F_n = J$ 时，可得

$$h = \frac{sv^2}{gR} = \frac{11.8v^2}{R} \quad (2\text{-}4)$$

式中　g——重力加速度，取 9.8m/s²；
　　　R——曲线半径（m）；
　　　s——内外轨头中心距离，取 1 500mm；
　　　v——行车速度（km/h）；
　　　h——所需外轨超高度（mm）。

由式（2-4）可见，当曲线半径一定时，速度越高，要求设置的超高就越大。

为保证行车安全，必须限制外轨超高的最大值 h_{max}，因此，当速度要求的超高超过 h_{max} 时，即产生了欠超高 h_q 和未被平衡的离心力，影响了乘客舒适度时，因此对欠超高值也必须有所限制。《地铁设计规范》规定了曲线最大超高值为 120mm，而对欠超高值未做条文规定，但从乘客舒适要求角度，根据国内外试验资料，规定"允许有不超过 0.4m/s² 的未被平衡横向加速度"，据此可推算出城市轨道交通线路允许的最大欠超高值。

经过计算，可知城市轨道交通允许的最大欠超高值为 60mm，小于客货混运铁路允许的最大欠超高值（75mm），即允许产生的未被平衡的离心力较小，从而保证了城市轨道交通具有较好的乘坐舒适度。

据此可得出适用于城市轨道交通线路的曲线限速为

$$v_{Qmax} = (h_{max} + hq_{max})R/11.8 = (120+60)R/11.8 = 3.90R \quad (2\text{-}5)$$

由式（2-5）便可简捷地计算出不同较小半径的曲线限速，列于表 2-3。

表 2-3　较小半径曲线限制速度　　　　　　　　　　（单位：km/h）

R（m）	250	300	350	400	450	500	550
v_{Qmax}	61.7	67.5	73.0	78.0	82.7	87.2	91.5

3. 缓和曲线

由于直线与圆曲线间存在曲率半径的突变,圆曲线半径越大,这种突变程度就越小。当圆曲线半径超过 2 000m 时,这种突变对行车影响很小。反之,当圆曲线半径小于 2 000m 时,为了保证列车运行的平顺,满足曲率过渡、轨距加宽和超高过渡的要求,保证乘客舒适安全,则需要在圆曲线与直线间加设缓和曲线,实现曲率半径和外轨超高的逐渐过渡,减少列车在突变点处轮轨的冲击。设置缓和曲线时应根据曲线半径、超高设置及设计速度等因素确定。在正线上,当曲线半径等于或小于 2 000m 时,圆曲线与直线间应根据曲线半径及行车速度按表 2-4 的规定设置缓和曲线。缓和曲线线形可以是放射螺旋形或三次抛物线形。当两圆曲线的曲率差大于 1/2 500 时,应设置中间缓和曲线,其长度根据圆曲线半径和列车最大运行速度计算确定,在困难情况下不得小于 20m。

表 2-4 缓和曲线长度 (单位:m)

F_{max} / R	100	95	90	85	80	75	70	65	60	55	50	45	40	35	30
3 000	30	25	20	—	—	—	—	—	—	—	—	—	—	—	—
2 500	35	30	25	20	20	—	—	—	—	—	—	—	—	—	—
2 000	40	35	30	25	20	20	—	—	—	—	—	—	—	—	—
1 500	55	50	45	35	30	25	20	—	—	—	—	—	—	—	—
1 200	70	60	50	40	35	30	25	20	20	—	—	—	—	—	—
1 000	85	70	60	50	45	35	30	25	25	20	—	—	—	—	—
800	85	80	75	65	55	45	40	35	30	25	20	—	—	—	—
700	85	80	75	70	60	50	45	35	30	25	20	20	—	—	—
650	85	80	75	70	60	55	45	40	35	30	20	20	—	—	—
600		80	75	70	70	60	50	45	35	30	20	20	20	—	—
550			75	70	70	65	55	45	40	35	20	20	20	—	—
500				70	70	65	60	50	45	35	20	20	20	20	—
450				70	65	60	55	50	40	25	20	20	20	—	—
400					65	60	60	55	45	25	20	20	20	20	—
350						60	60	60	50	30	25	20	20	20	
300							60	60	60	35	30	25	20	20	
250								60	60	40	35	30	20	20	
200									60	40	40	35	25	20	
150											40	40	35	25	

道岔附带曲线可不设缓和曲线和超高,因为列车侧向通过道岔时要限速,而道岔附带曲线距道岔很近,列车速度不可能很快提高,并要求道岔附带曲线半径不小于道岔导曲线半径,这主要是为了保证列车通过附带曲线时其速度不低于过岔速度。

4. 夹直线

夹直线是指两相邻曲线间的直线。当相邻曲线距离较近时，可能会出现两曲线（有缓和曲线时指缓和曲线，无缓和曲线时指圆曲线）相邻两端点间的夹直线过短的情况。夹直线短于20m时，会出现一辆车同时跨越两条曲线，引起车辆左右摇摆，影响行车平稳性；夹直线太短，也不易保持直线方向，增加养护困难。

城市轨道交通布线条件往往受到一定的限制，考虑行车平稳要求，正线及辅助线上夹直线长度（不含超高顺坡及轨距递减段的长度）应保证不小于一节车辆的长度，A型车不宜小于25m，B型车不宜小于20m，在困难情况下不得小于一个车辆的全轴距；车场线上的夹直线长度不得小于3m。

5. 曲线线间距加宽

在城市轨道交通双线并行区间的曲线地段，为满足车辆、设备、建筑等限界要求，曲线地段线间距应在直线地段线间距基数上予以加宽，其加宽值应根据车辆选型、曲线半径、外轨超高等计算确定。

曲线线间距加宽值按表2-5取值。

表2-5 曲线线间距加宽值 （单位：mm）

R(m)	250	300	350	400	450	500	600	700	800	1 000	1 200	1 500	2 000
W	399	368	347	331	318	308	293	255	230	183	147	122	87

6. 平曲线参数计算

直线、圆曲线及缓和曲线的相互位置如图2-9所示。

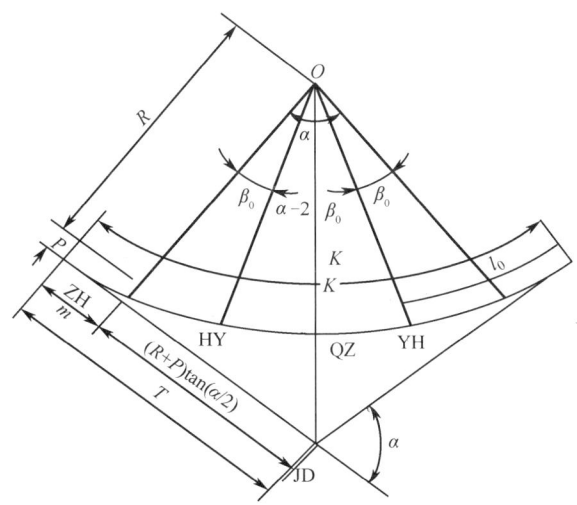

图2-9 缓和曲线示意图

加设缓和曲线后的切线总长 T、曲线总长度 K、外矢距 E_0 的计算公式如下：

$$\begin{cases} T = (R+P) \cdot \tan\dfrac{\alpha}{2} + m \\ K = R \cdot \dfrac{\Pi\alpha}{180} + l_0 \end{cases} \quad (2\text{-}6)$$

$$E_0 = (R+P) \cdot \sec\dfrac{\alpha}{2} - R$$

式中　R——圆曲线半径；

　　　α——线路转角；

　　　l_0——缓和曲线长度；

　　　P——圆曲线内移距离，$P = \dfrac{l_0^2}{240R} - \dfrac{l_0^4}{2688R^3}$；

　　　m——切垂距，$m = \dfrac{l_0}{2} - \dfrac{l_0^3}{240R^2}$。

另外，曲线起讫点里程可按下列方法推求：

ZH（直缓点）里程，根据里程在平面上量得；

HZ（缓直点）里程＝ZH 里程＋K；

HY（缓圆点）里程＝ZH 里程＋l_0；

YH（圆缓点）里程＝HZ 里程－l_0。

二、线路平面位置选择

（一）地下线路平面位置

1. 位于道路规划红线范围内

城市轨道交通位于城市规划道路范围内，对道路红线范围以外的城市建筑物干扰较小，是常用的线路平面位置。图 2-10 是城市轨道交通线路的 3 种代表位置。

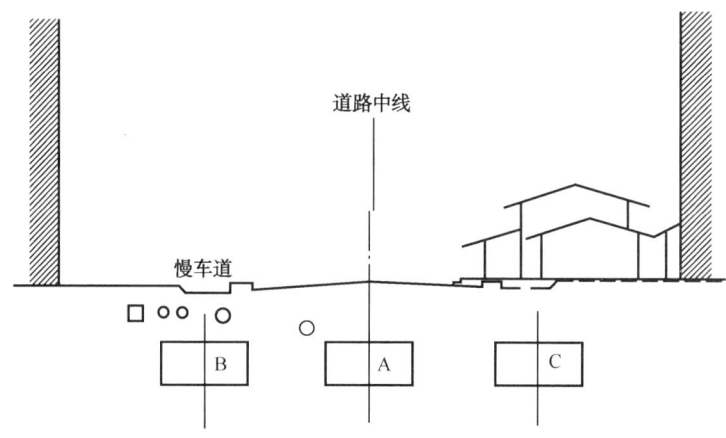

图 2-10　城市轨道交通线路设置位置

A 位：城市轨道交通线路居道路之中心，对两侧建筑物影响小，地下管网拆迁较少，有利于城市轨道交通线路截弯取直，减少曲线数量，并能适应较窄的道路红线宽度。缺点是当采用明挖法施工时，破坏了现有道路路面，对城市交通干扰大。

B位：城市轨道交通线路位于慢车道和人行道下方，能减少对城市交通的干扰和对机动车路面的破坏。

C位：城市轨道交通线路位于待拆迁的已有建筑物下方，对现有道路及交通基本上无破坏和干扰，地下管网也极少。但房屋拆迁及安置量大，只有与城市道路改造同步进行才十分有利。

2. 位于道路范围以外

在以下有利的条件下，地下线路置于道路范围之外，可以达到缩短线路长度、减少拆迁、降低工程造价之目的。

（1）地质条件好，基岩埋深浅，隧道可以用矿山法在建筑物下方施工。

（2）城市非建成区或广场、公园、绿地（耕地）。

（3）老的街坊改造区，可以同步规划设计，并能按合理施工顺序施工。

除上述条件外，若线路从多层、高层房屋建筑下面通过时，不但施工复杂、难度大，并且造价高昂，选线时要尽量避免。

（二）高架线路平面位置

高架线路平面位置选择较地下线路严格，自由度更少，一般要顺城市主路平行设置，道路红线宽度宜大于40m。在道路横断面上，高架桥墩柱位置要与道路车行道分幅配合，一般宜将桥墩置于分隔带上，如图2-11所示。

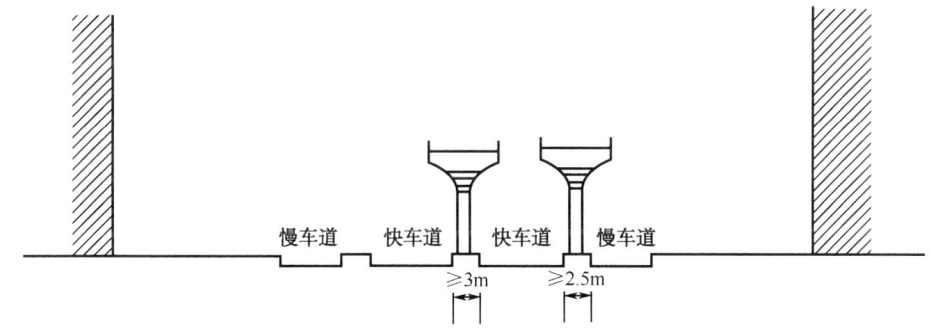

图2-11 高架线路设置位置

高架线路位于道路中心线上，对道路景观较为有利，噪声对两侧房屋的影响较小，路口交叉处对转弯机动车影响小。但是，在无中间分隔带的道路上敷设时，改建道路工程量大。

高架线路位于快慢车分隔带上，充分利用道路隔离带，减少高架桥柱对道路宽度的占用和改建，一般偏向房屋的非主要朝向面，即东西街道的南侧和南北街道的东侧。缺点是噪声对一侧市民的影响较大。

除上述两种位置外，还可以将高架线路置于慢车道、人行道上方及建筑区内。它仅适用于广场、公园、绿地及江、河、湖、海岸线等空旷地段或将高架线与旧房改造规划构成一体。

(三) 地面线路平面位置

1. 地面线路位于道路中心带上

如图 2-12 所示，带宽一般为 20m 左右。当城市快速路或主干道的中间有分隔带时，地面线应设于该分隔带上，这样不影响两侧建筑物内的车辆按右行方向出入，且无须设置辅路，有利于城市景观及减少轨道交通噪声的干扰。其不足之处是乘客均须通过地道或天桥进入轨道交通。

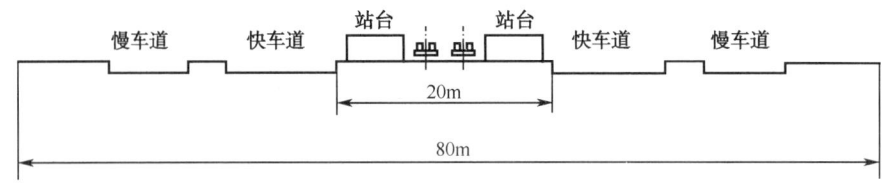

图 2-12 地面线设置位置之一

2. 地面线路位于快车道一侧

如图 2-13 所示，带宽一般为 20m 左右。当城市道路无中间分隔带时，该位置可以减少道路改移量。其缺点是在快车道另一侧须要建辅路，增加道路交通管理的复杂性。

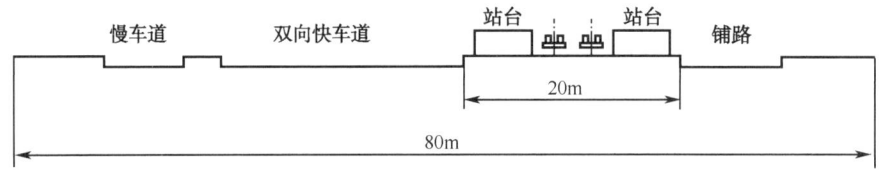

图 2-13 地面线设置位置之二

当道路范围之外为江、河、湖、海岸滩地及不适于建筑的山坡地等，可考虑城市轨道交通设于这些地带上，但要充分考虑路基的稳固与安全。城市轨道交通地面线路一般应设计成封闭线路，防止行人、车辆进入，且与城市道路交叉时应采用立交。

(四) 城市轨道交通与地面建筑物之间的安全距离

1. 地下线与地面建筑物之间的安全距离

为了确保地下线路施工时地面建筑物的安全，城市轨道交通与建筑物之间应留有一定距离，即安全距离。安全距离与施工方法和施工技术水平密切相关。采用放坡明挖法施工时，其距离应大于土层破坏棱体宽度。

2. 高架线路与建筑物之间的安全距离

城市轨道交通高架线路与建筑物之间的安全距离，由防火安全距离与防止物体坠入轨道交通线路内的安全距离两方面确定，前者参照建筑物防火与铁路防火规范执行，后者暂无规范，可视具体情况考虑。

3. 地面线路与道路及建筑物之间最小安全距离

目前规范未做出规定，建议暂按下列值考虑。

（1）城市轨道交通围护栏杆外缘至机动车道道牙内缘最小净距为1.0m（无防护挡墙）或0.5m（有防护挡墙）。

（2）城市轨道交通围护栏杆外缘至非机动车道道牙内缘最小净距为0.25m。

（3）城市轨道交通围护栏杆外缘至建筑物外缘最小净距为5.0m（无机动车出入）或10m（有机动车出入）。

此外，在决定安全距离时，还应考虑列车运行的震动及噪声的影响。

任务四　城市轨道交通线路纵断面设计

学习目标

（1）了解城市轨道交通线路纵断面设计的一般原则。

（2）了解城市轨道交通线路纵断面设计的主要技术要素。

学习任务

学习掌握城市轨道交通线路纵断面设计的一般原则，掌握城市轨道交通线路纵断面的坡度、坡段长度、竖曲线等。

工具设备

城市轨道交通资料图片及仿真三维立体图多媒体课件。

教学环境

轨道交通理实一体化教室、城市轨道交通企业现场。

基础知识

线路纵断面是线路中心线在垂直平面上的投影，主要反映线路平与坡的问题。

线路纵断面是线路中心线在垂直平面上的投影，除了平道外，主要表征为坡道、竖曲线。坡道是由于选线、避让障碍物、适应运行而设置的特殊路段。从行车角度上来说，线路坡度应尽可能平缓，但受城市地质条件及穿越市区的河流等地理条件的影响，有时必须要设置较大的坡度；再者，轨道由地下、高架延伸到地面的时候，也要爬坡。除了这些特殊情况以外，隧道内由于排水的需要，也应设置坡道。

城市轨道交通线路按地面标高差异分为地面线路、高架线路、地下线路。地面线路的坡度应与城市道路相当，以减少工程量。地下线路的埋深受到所在地区工程地质与水文地质条件的限制，还与隧道施工方法、地面建筑物和地下构筑物的情况等因素有关。高架线路应充分注意城市景观，并考虑车辆牵引能力，坡度应尽量延长。

一、纵断面设计的一般原则

（1）城市轨道交通线路纵断面设计必须保证列车运行的安全、平稳及乘客的舒适，高架线路要注意城市景观，坡段应尽量长。

（2）线路纵断面须结合不同的地形、地质及水文条件，并结合线路敷设方式与埋深、隧道施工方法、地面地下建筑物与基础情况、线路平面条件等进行合理设计，力求方便乘客、降低工程造价。必要时可建议变更线路平面和施工方法。

（3）线路应尽量设计成符合列车运行规律的节能型坡道。车站一般位于纵断面的高处，区间位于纵断面低处。除车站两端的节能坡道外，区间一般宜用缓坡，避免列车交替使用制动而增大牵引负荷。

二、纵断面设计主要技术要素

城市轨道交通线路纵断面设计的主要技术要素有线路坡度、坡段长度、坡段连接与竖曲线半径等。

（一）坡度

正线最大坡度是线路的主要技术标准之一，对线路的埋深、工程造价及运营都有较大影响，因此，合理地确定线路最大坡度具有很重要的意义。线路坡度以轨面高程升降的高度与其长度之比的千分率来表示，上坡为正，下坡为负，平坡为零。

1. 最大坡度

1）区间线路

城市轨道交通由于高密度行车和大运量，为保证行车安全与准点，原则上要求列车在失去部分牵引力（最大可达一半）的条件下，仍能用另一部分牵引动力将列车从最大坡道上启动，因此最大坡度阻力与各种附加阻力之和不宜大于列车牵引力的一半。

《地铁设计规范》规定，正线上最大坡度一般不宜大于30‰，困难地段可采用35‰，辅助线的最大坡度不宜大于40‰，但均未包括各种坡度的折减值。高架线路按我国轻轨样车技术条件规定，正线的限制坡度为60‰。

2）车站线路

城市轨道交通车站站台线路应尽量平缓，最好为平坡，为防止车辆溜动，又要考虑纵向排水沟的坡度，站台计算长度段线路坡度宜采用2‰，困难条件下不大于3‰。车站线路应尽量接近地面，这样不仅可以减少工程量，节约工程造价，还可以方便乘客进出车站。同时，应尽量将车站布置在线路纵剖面的凸形部位上，这样车辆进站上坡，出站下坡，有利于列车的启动和制动。

地面和高架桥上的车站站台计算长度段线路，因为排水较易处理，为使车站停车平稳，宜设在平坡道上。在困难地段为便于停车和启动，可设在不大于3‰的坡道上。

隧道内折返线和存车线的坡度最好为平坡，以满足停放车辆和检修作业的要求，但为解决排水问题，最大坡度可以达到2‰，并朝车挡方向为下坡。地面和高架的折返线、停车线，其坡度不宜大于1.5‰。

为了便于道岔的养护与维修，道岔应铺在较缓的坡道上，一般规定设在不大于5‰的坡道上，困难的条件下可设在不大于10‰的坡道上。

车场线宜设在平道上，条件困难时，库外线可设在不大于1.5‰的坡道上，较大的坡度停车不稳，易发生溜车事故。

2. 最小纵坡

隧道内和路堑地段的正线最小坡度主要为了满足纵向排水需要,一般情况下线路的坡度与排水沟坡度相一致,有些地段会处于地下水位线以下,为保证排水,隧道内线路坡度一般不宜小于 3‰。地面和高架桥上正线最小坡度在采取了排水措施后不受限制。困难地段在确保排水的条件下,可采用小于 3‰ 的坡度;地面和高架桥上正线最小坡度在采取了排水措施后不受限制。

与地面建筑结合建设的车站,考虑到设坡与建筑物接口困难,故线路坡度不受条文限制,但因其不是独立的单体建筑,区间的水不得排入车站,要在站端截流,并设带坡水沟。

(二) 坡段长度

在列车通过变坡点时,要产生附加离心力和附加加速度,为了确保行车平稳性,宜设计较长的坡段。但为了适应线路高程的变化,坡段也不能太长,否则将引起较大的工程量,给施工带来困难,因此应综合考虑两者的影响来确定最短坡段长度。

坡段长度还应满足竖曲线既不互相重叠,又能相隔一定距离,有利于列车运行和线路维修养护。

(1) 一般情况下,当线路纵向最小坡段小于列车长度时,可以使一列车长范围内只有一个变坡点,以避免变坡点附加力叠加及附加力频繁变化的影响,保证行车平稳。

(2) 坡段长度还应使相邻竖曲线不相互重叠,且能相隔一段距离,有利于列车运行和线路维修养护。

(3) 线路坡段长度不宜小于远期列车长度,并应满足相邻竖曲线间夹直线长度的要求,两竖曲线间夹直线长度不小于 50m,以利于列车运行和线路的维修。

对于高架线路,坡段最小长度不短于远期列车长度,同时保证两竖曲线间夹直线长度不小于 25m。对于大坡道,由于牵引功率限制,对于坡度 60‰ 的坡段限长为 500m,坡度 50‰ 的坡道限长为 1 000m,坡度小于 50‰ 的坡道长度不限。

(三) 竖曲线

为了缓和坡度的急剧变化,使列车通过变坡点(不同坡段的分界点)时产生的附加加速度不超过允许值,《地铁设计规范》规定:两相邻坡段的坡度代数差等于或大于 2‰ 时,应在变坡点处设圆曲线形的竖曲线连接。

列车通过变坡点时要产生附加加速度 a_v(m/s^2),其与竖曲线半径 R(m)和行车速度 v(km/h)之间的关系为

$$R_v = \frac{v^2}{(3.6)^2 a_v} \tag{2-7}$$

我国城市轨道交通规范正线取值一般取 $a_v=0.1$m/s^2,困难条件下 $a_v=0.17$km/s^2。区间正线的运行速度一般为 80 km/h,站端为 60 km/h。将上述数据代入式(2-7),就可以得到竖曲线半径取值。

对于地铁线路,竖曲线半径应符合表 2-6 的规定。

表 2-6　竖曲线半径　　　　　　　　　　　　　　　　　　　　（单位：m）

线路类别		一般情况	困难情况
正线	区间	5 000	3 000
	车站端部	3 000	2000
联络线、出入线		2 000	
车场线		2 000	

对于轻轨线路，竖曲线半径取值应符合表 2-7。

表 2-7　竖曲线半径

序号	v（km/h）	a_v（m/s^2）	R_v 计算值（m）	R_v 取值（m）	R_v 最小值（m）
1	30	0.3	232	2 000	1 000
2	40	0.3	412		
3	50	0.45	430		
4	60	0.6	463		

为了保证站台平整和乘客安全，并有利于车站的设计和施工，车站站台计算长度内和道岔范围内不得设置竖曲线。道岔是轨道的薄弱部位，其尖轨和辙岔应保持平顺、严密状态，因此竖曲线不应侵入道岔范围，并保持一定距离，不应小于 5m，以保证行车安全和便于线路养护维修。

碎石道床线路竖曲线不得与平面缓和曲线重叠。竖曲线若与缓和曲线重叠，由于缓和曲线范围内超高顺坡改变了轨顶坡度，从而改变了两者立面上的形状。施工中要做成设计形状已很难做到，碎石道床在轨道养护中更难保持轨道的良好状态，所以，两者不能重叠。当不设平面缓和曲线时，竖曲线不得与超高顺坡段重叠。

从保证行车平顺性考虑，希望在两竖曲线间能放下 3 节车辆，因此相邻竖曲线间的夹直线长度不宜小于 50m。

任务五　城市轨道交通地下结构

学习目标

（1）了解城市轨道交通地下结构。
（2）了解城市轨道交通地下结构的埋深。
（3）了解城市轨道交通地下结构的断面。

学习目标

学习城市轨道交通地下结构的施工方法、地下结构的埋深、地下结构的断面。

工具设备

城市轨道交通资料图片及仿真三维立体图多媒体课件。

教学环境

轨道交通理实一体化教室、城市轨道交通企业现场。

基础知识

地下结构在城市轨道交通中占有的比重最大。地下结构在地下，对地面上的其他交通工具无干扰，其运输能力不受气候影响，也避免了噪声对城市的污染，在战争期间还可作为民用防空设施，所以它的优点非常明显，但是地下结构造价昂贵。

一、地下结构

地下结构分为明挖结构、暗挖结构和特殊方法施工的结构。

（一）明挖结构

当城市地面空间足够时，可以采用明挖法修筑隧道。明挖结构的基坑可分成放坡开挖和护壁（地下连续墙）施工两大类。放坡开挖法费用低，但施工影响面广、条件限制多（市区不宜）、埋深有限制（深埋式不可能）、地质条件要求高、气候影响施工等，仅在场地开阔、埋深浅和环境允许时采用。护壁施工法对地面影响减少，地质条件限制放宽，技术要求提高，需要专门施工机械，较适合于城市中心区施工，包括车站、区间隧道均可采用。

明挖结构的基坑护壁有锚喷支护、土钉墙、重力式挡墙和桩、墙式围护结构等多种形式。其选型应综合考虑周围环境、现场工程地质和水文地质条件、围护结构的使用目的、基坑深度和安全等级等因素，结合土方开挖、降水和地层加固等辅助措施，通过技术经济比较确定。

图 2-14 为明挖法修建的整体式衬砌结构形式。对应的区间隧道一般采用框架结构，上部设计荷载以回填土重加路面荷载来考虑，侧面荷载考虑侧土压力。

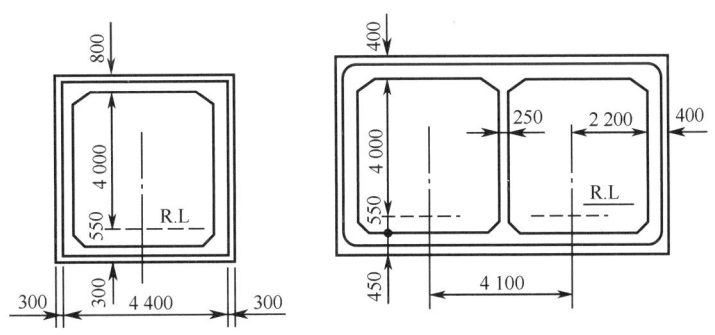

图 2-14　明挖法修建的整体式衬砌结构形式

明挖法施工的造价较低，但土方工程量较大，且影响地面交通。北京地铁 1 号线西段及 2 号线建设较早，均采用此法。

明挖结构的衬砌一般可采用整体式钢筋混凝土衬砌或装配式钢筋混凝土衬砌。地下连续墙及灌注桩支护宜作为主体结构侧墙的一部分与内衬墙共同受力。墙体的结合方式根据适用、受力及放水等要求，可选用叠合式或复合式构造。确实能满足耐久性要求时，可将地下连续墙作为主体结构的单一侧墙。

（二）暗挖结构

暗挖法有盾构法、矿山法、新奥法。

1. 盾构法结构

盾构是松软地层中修建隧道的专门机具，如图 2-15 所示。盾构既是一种施工机具，又是一种强有力的临时支撑结构，其开挖和衬砌工作均在盾壳保护下进行。目前城市轨道交通地下结构一般采用此法进行施工。盾构沿其长度由前往后可分为切口环、支撑环和盾尾。切口环是为了保护开挖面的稳定和作业空间的安全而设置的。支撑环连接着切口环和盾尾，使盾构构成整体，是盾构结构的重要组成部分，在其周边内装有一组盾构千斤顶。在盾尾中设有组装机，主要用于组装预制衬砌管片。

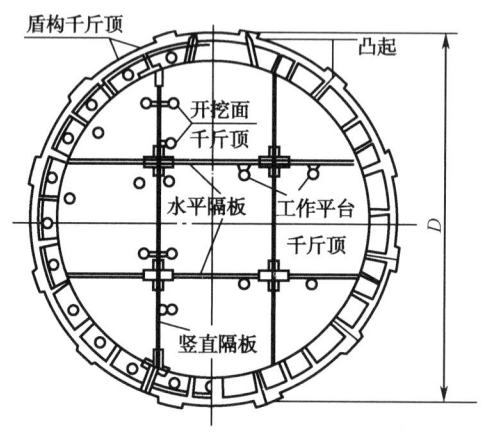

图 2-15 盾构的组成

盾构的断面形式有圆形、椭圆形、半圆形、马蹄形、箱形。大多数盾构为圆形。

盾构法施工的隧道衬砌可采用单层衬砌或在其内现浇钢筋混凝土内衬的双层衬砌，在满足工程使用、受力和防水要求的前提下，应优先选用装配式钢筋混凝土单层衬砌。在联络通道门洞区段的装配式衬砌，可采用钢管片、铸铁管片或钢与钢筋混凝土的复合管片。使用带护盾的掘进机施工的隧道，宜采用圆形结构。

2. 矿山法结构

矿山法施工包括全断面法、台阶法、下导坑漏斗棚架法及上下导坑先拱后墙法等。我国的铁路隧道大部分采用矿山法修筑而成。

矿山法施工的理论基础是传统的结构力学，其基本假定与实际隧道的工作状态相差甚远，另外在施工中需要大量的钢和木材作为临时支撑，劳动强度大，施工环境差，因而近年来已逐渐被新奥法所取代。

3. 新奥法

新奥法是新奥地利隧道施工法的简称。新奥法施工的理论基础建立在现代岩体力学的基础上。它的基本观点是：围岩既是隧道结构的荷载，又是承受岩体压力的承载体一部分，即围岩本身具有承载能力；围岩自承载能力只有通过围岩的变形才能发挥出来，因而隧道开挖后允许围岩发生变形，同时也要限制围岩的变形量，不致由于变形过大而使岩体松弛甚至坍塌，所以最理想的支护结构应当是能随围岩共同变形的柔性支护（喷混凝土和锚杆支护）。由于允许围岩发生变形，为了掌握围岩和支护的实际工作情况，在施工的各个阶段，应进行现场量测监护，及时反馈位移或应力等信息，以指导施工和修改设计。

新奥法施工按其开挖断面的大小及位置，基本上可以分为全断面法、台阶法、分部开挖法3大类。

全断面法是将隧道设计轮廓线一次钻爆成型。其优点是工序少，相互干扰少，便于组织施工和管理，工作空间大，便于采用大型施工机具。

台阶法施工将开挖断面分成两步或多步，又可根据台阶的长短划分为长台阶法、短台阶法和超短台阶法。

（三）特殊方法施工的结构

特殊方法施工有沉管法和顶进法。

1. 沉管法

沉管法是提前将隧道管段分段预制，并在每段两端设临时止水头部，施工时先将隧道管段浮运至隧道轴线处，沉放在预先挖好的地槽内，并将所有管段进行水下连接，然后移去临时止水头部，回填基槽保护沉管，最后铺设隧道内部设施，形成一个完整的水下通道。

沉管隧道对地基要求较低，特别适用于软土地基、河床或海岸较浅地段的隧道施工。由于其埋深小，包括连接段在内的隧道线路总长较采用暗挖法和盾构法修建的隧道明显缩短。沉管断面形状可按实际需求预制，选择灵活，并且管段预制量容易控制。基槽开挖、管段预制、浮运沉放和内部装修等各工序可平行作业，彼此干扰相对较少。在大江、大河等宽阔水域下构筑隧道，沉管法是最经济的施工方法。

2. 顶进法

顶进法是在地面开挖的基坑井中安放管节，然后通过主顶千斤顶或中继间的顶推机械将管节从工作井预留口穿出，穿越土层到达接收井并从接收井的预留口穿出，形成区间隧道。

顶进法施工的结构，当长度较大时应分节顶进。分节长度根据地基土质、结构断面大小及控制顶进方向的要求确定，首节长度宜为中间各节长度的1/2。节间接口应能适应容许的空间变形并满足防水要求。

二、地下结构的埋深

（一）浅埋式

轨面到地面的高差小于20m时，一般采用明挖式施工，为矩形断面。浅埋式施工方便，造价低，运营费用低，乘客出入方便。

（二）深埋式

轨面到地面的高差大于 20m 时，采用暗挖式施工。根据施工方式不同，可以设计为矩形断面（如地下连续墙施工方法），也可以采用圆形断面（如盾构法），以及采用椭圆形断面。深埋式对地下管线影响小，并在施工期间对地面交通影响小，避让地下建筑障碍及地质困难地段较有利，受气候影响小，具有较强军事功能。

三、地下结构的断面

地下结构的横断面有矩形、圆形、拱形、椭圆形、多圆形等类型，但最多的是矩形断面和圆形断面。通常，车站前后为矩形断面，区间为圆形断面。圆形隧道内径一般为 5.5m，由 6 块钢筋混凝土管片装配成环，如图 2-16 所示。

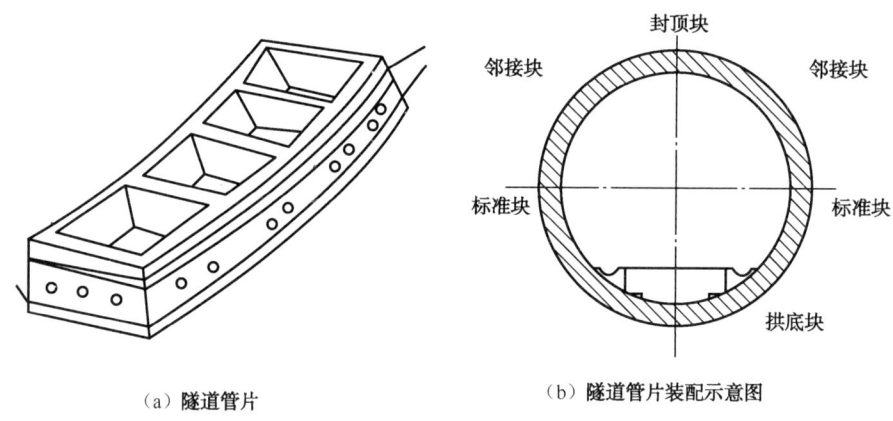

(a) 隧道管片　　　　　　　　(b) 隧道管片装配示意图

图 2-16　圆形隧道管片

矩形隧道单线净断面一般为 4.3m（宽）×5m（高），双线净宽为 9.5～14.6m，为现浇钢筋混凝土结构。

由于区间隧道施工多采用盾构法，有条件采用"高站位、低区间"纵断面的形式。"高站位、低区间"纵断面可节省车站工程费用；缓和与地下管线、构筑物之间的矛盾；列车进站上坡有利制动，出站下坡有利加速，节能省电，减少隧道温升。为解决区间隧道最低处的排水问题，通常设计了联络通道，并在上、下行隧道之间设置排水泵房，以排除区间隧道的渗漏水和其他积水。

地下车站多为矩形断面。按层数，地下车站分为单层、二层和三层三种结构。其中，多数为二层，即站厅层和站台层。当地下车站接近地面或高架线路时，因埋深较浅，采用单层结构。有的车站因换乘需要，采用三层结构。按横向立柱数，地下车站分为无柱单跨、单柱双跨和双柱三跨三种结构。站台较窄的地下车站采用无柱单跨或单柱双跨结构，其他地下车站采用双柱三跨结构。

项目二 城市轨道交通线路

任务六 城市轨道交通高架结构

学习目标

（1）了解城市轨道交通高架结构的组成。
（2）了解城市轨道交通高架结构的净空、排水。
（3）了解城市轨道交通高架结构的隔声屏设施。

学习任务

学习城市轨道交通高架结构的组成、高架结构的净空、高架结构的排水。

工具设备

城市轨道交通资料图片及仿真三维立体图多媒体课件。

教学环境

轨道交通理实一体化教室、城市轨道交通企业现场。

基础知识

城市轨道交通工程中的"高架结构"包括区间高架桥及高架车站受列车荷载影响较大的构件，如轨道梁、支撑轨道梁的横梁、支撑横梁的柱及柱下基础。高架线路的轨下基础采取了整体道床结构，但为了减少桥梁上部的自重，不采用带枕浇筑的形式，而是设计为支撑块式的结构。在线路扣件的设计上与地下线路不同，不设置轨距垫，调整轨距和线路方向通过横向拨移轨下铁垫板而实现，尽管操作上不十分方便，但对线路结构几何尺寸的调整有利。

一、高架结构的组成

城市轨道交通高架桥梁主要由梁、墩台、基础三部分组成。

（一）梁

目前在城市轨道交通高架桥上应用较多的梁有槽形梁、脊梁、板梁等形式。

1. 槽形梁

槽形梁一般是预应力混凝土结构，属下承式桥梁，由车道板、主梁和端横梁组成，如图2-17所示。

车道板位于梁体下翼缘，在预应力和竖向荷载作用下，不仅会产生双向弯曲和扭转，而且作为主梁截面的一部分，会产生拉伸或压缩。车道板是直接承受车辆荷载的部分，当桥的长宽较大时，车道板按单向板考虑，荷载主要通过车道板传给主梁，再由主梁传到支座。只有接近桥梁两端的荷载是经由车道板传给端横梁，再由端横梁传到支座。当桥的长宽比较小时，车道板作为双向板考虑，荷载一部分通过主梁，一部分则通过端横梁传到支座。车道板和主梁内侧交接处常设置斜率小于1∶3的内角隅，可以减小截面突然变化引起的应力集中，并有利于横向预应力筋弯起布置。

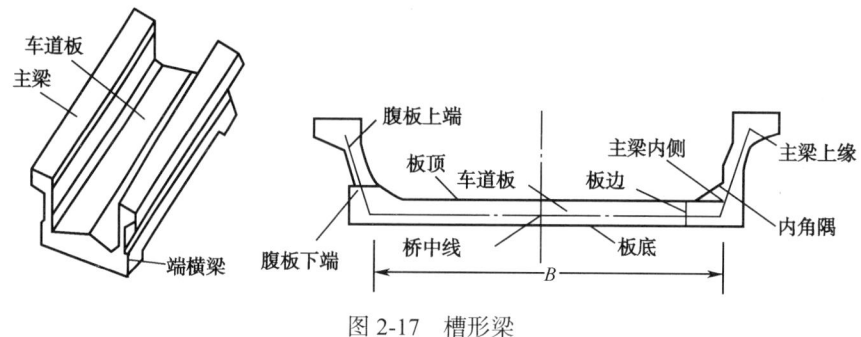

图 2-17 槽形梁

主梁是主要的承重结构,由上翼缘、腹板和车道板的一部分宽度作为下翼缘组成。上翼缘是主要的受压构件,其横向稳定是依靠腹板与车道板组成的 U 形半框架来保证的,在梁端由加厚的腹板与端横梁形成刚度较大的结构,对上翼缘起侧向支撑作用。

端横梁在施工和养护维修时起顶梁的作用,并为车道板的两端提供支撑,保证车道板的整体作用,还为上翼缘的横向稳定起支撑作用。

2. 脊梁

脊梁式结构分上承式和下承式两种。上承式是在单箱梁的上部带大悬臂挑臂结构,下承式是在脊梁的下底板位置带大悬臂挑臂结构。这种结构主要靠脊梁来承受纵向弯矩,挑臂板作为行车道板,同时将列车荷载传到脊梁上,挡墙主要是防止噪声和作为防护车辆倾覆的保护体,也可以作为结构的一部分,起边梁作用,改善挑臂的受力。

下承式脊梁结构的横断面由脊梁、大挑臂翼板、端加劲边梁(或称挡板)组成,如图 2-18 所示。具有建筑高度低、施工方便、边缘和脊梁顶面可作为检修道、脊梁和边梁构成一个防噪体系、外型美观等优点,故多采用下承式。

3. 板梁

超低高度板式结构实际上是低高度梁或厚板,也称为板梁,一般是由于结构的建筑高度要求做得小,刚度就成为设计的控制条件。超低高度板梁结构形式如图 2-19 所示。

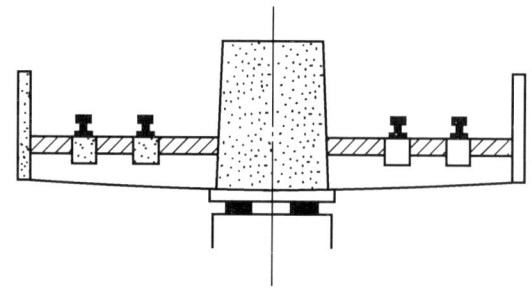

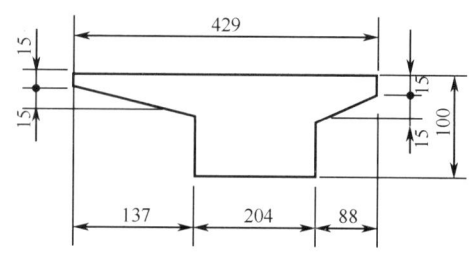

图 2-18 下承式脊梁结构形式　　　　图 2-19 超低高度板式结构(单位:cm)

(二)墩台

高架桥的墩台除具有足够的强度和稳定性以承受荷载外,还要考虑美观,并与城市环境和谐、匀称、协调。一般有倒梯形、"T"形、双柱式、"Y"形等形式,分别如图 2-20 (a)、(b)、(c)、(d)所示。

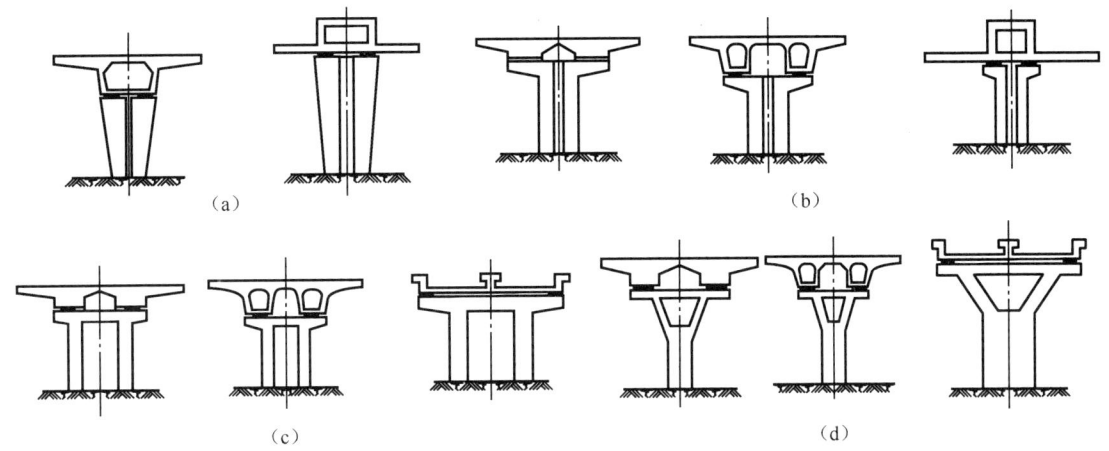

图 2-20 墩台形式

1. 倒梯形桥墩

倒梯形桥墩构造简单，施工方便，受力合理，具有较大的强度、刚度和稳定性，对于单箱单室箱梁和脊梁来说，选用倒梯形桥墩在外观和受力上均较合理。

2. "T"形桥墩

"T"形桥墩自重小，节省圬工材料，能减少占地面积，墩身可做成圆柱、矩形、六角形等，美观，具有较大的强度和刚度，其与上部结构的轮廓线过渡平顺，受力合理。

3. 双柱式桥墩

双柱式桥墩体积小，圬工省，透空空间大，承载能力强，稳定性好，结构轻巧，所适用的上部结构较灵活。双柱墩承载能力和稳定性较强。

4. "Y"形桥

"Y"形桥墩与"T"形桥墩一样，体积小，重量轻，省圬工，占地少，外观简洁，桥下透空大。但其结构相对来说较复杂，施工也较麻烦。

（三）基础

桥梁基础形式有扩大基础和桩基础。扩大基础适用于岩石及持力层较浅的地基。桩基础适用于砂质及软土地基。

二、高架结构的净空

城市轨道交通高架桥净空：主要道路的净空为 5.00m（个别超高车辆通行的道路为 5.50m）；一般道路净空高度为 4.50m；次要道路的净空高度不低于 4.20m；跨越铁路干线的净空高度为 6.75m；跨越铁路支线的净空高度为 5.70m。

三、高架结构的排水

高架桥面必须设置性能良好的排水系统，排水设施应便于检查、维修与更换。应防止桥面出现积水。双线桥桥面横向采用双侧排水坡，坡度不小于 2‰。排水管道直径与根数根据计算确定，直径不小于150mm。排水管出水口不得紧贴混凝土构件表面。设滴水檐，防止水从侧面淌入梁、板底面。高架桥面应设防水层。梁缝处应设伸缩缝，伸缩缝除保证梁部能自由伸缩外，还应有效防止桥面水渗漏。墩台顶面预留更换支座时顶梁的位置，并应设置排水坡，防止表面及支座处积水。

四、隔声屏设施

对于轨道距离居民住宅区非常接近的地段，于轨旁护栏安装隔声屏，以减少噪声的影响。

任务七　城市轨道交通线路限界

学习目标

（1）了解城市轨道交通限界及其分类。
（2）了解城市轨道交通制定限界的基本参数。
（3）了解城市轨道交通制定建筑限界的原则。

学习任务

学习城市轨道交通限界的概念及其分类、制定限界的车辆基本参数和其他主要参数、制定建筑限界的原则。

工具设备

城市轨道交通资料图片及仿真三维立体图多媒体课件。

教学环境

轨道交通理实一体化教室、城市轨道交通企业现场。

基础知识

为了保证列车在线路上运行安全，列车的外轮廓线始终与周围的一切建筑物和各种设备的轮廓线之间需要留有一定的空间，即保持一个空间性的安全距离，以防止车辆与沿线建筑物（设备）发生互相碰撞，线路限界就是为此而规定的轮廓尺寸线，即在空间范围内安全间隔的警戒线。为了确保运营的安全，各种建（构）筑物和设备均不能侵入限界。

一、限界及其分类

限界是根据车辆轮廓尺寸和性能、线路特性、设备安装及施工方法等因素经技术经济综合比较确定的空间尺寸。限界分为车辆限界、设备限界、建筑限界。受电弓或受流器都是车辆上的部件之一，受电弓限界或受流器限界是车辆限界的组成部分。接触轨限界属于设备限界的辅助限界。

限界是确定城市轨道交通行车轨道周围有关构筑物的净空大小和各种设备、管线相互位置的依据，是设计与施工必须共同遵守的技术规定。例如，隧道的断面尺寸、桥梁的宽窄都是依据限界确定的。限界越大，安全度越高，但工程量和工程投资也随着增加。城市轨道交通限界应根据车辆尺寸、线路特性、安装施工精度等因素进行综合比较，确定一个既能保证列车运行安全，又不增加桥梁、隧道空间的经济合理的断面，这就是城市轨道交通工程限界设计的任务和目的。

1. 车辆限界

车辆限界是车辆在直线地段正常运行状态下形成的最大动态包络线。所谓正常运行状态，是指一系悬挂和二系悬挂在正常弹性范围内、易损件磨耗不过限等。直线地段车辆限界分为隧道内车辆限界和高架或地面线车辆限界，高架或地面线车辆限界应在隧道内车辆限界基础上，另加当地最大风荷载引起的横向和竖向偏移量。

车辆限界是车辆的制造、安装及工程列车上所装载的施工料具不得向建筑物方向超出的安全警戒线。车轮在线路上运行时，以线路中心线为基准，绘制车辆各部最外各点的静态轮廓线，并考虑其有可能发生的变化或震动，形成动态轮廓线，再结合轨道的几何偏差所引起的车辆位移确定车辆限界。

2. 设备限界

设备限界是车辆在运行途中一系悬挂或二系悬挂发生故障状态时的动态包络线，用以限制安装的一切设备不得侵入这条控制线。

直线地段设备限界是在直线地段车辆限界外扩大一定安全间隙后形成的，当考虑一侧一系弹簧全部损坏或一侧二系弹簧全部破损时，车体的侧滚所产生的横向偏移量，在车辆限界基础上，车体肩部横向向外扩大100mm，边梁下端横向向外扩大30mm，接触轨横向向外扩大185mm，车体竖向加高60mm，受电弓竖向加高50mm，车下悬挂物下降50mm；转向架部件最低点设备限界离轨顶面净距：A型车为25mm，B型车为15mm。

曲线地段设备限界应在直线地段设备限界基础上，按平面曲线不同半径、过超高或欠超高引起的横向和竖向偏移量，以及车辆、轨道参数等因素计算确定。

相邻的双线，当两线间无墙、柱及其他设备时，两设备限界之间的安全间隙不得小于100mm。

地面固定设备（包括各种电缆线、消防水管及消防栓、动力箱、信号箱及信号灯、照明灯、扩音器、通风管、架空线及其固定设备、接触轨及其固定设备等）的任一部分均不得向内侵入此限界。

3. 建筑限界

建筑限界是指沿线一切建筑物的外轮廓严禁向车辆运行空间方向侵入的安全警戒线。

建筑限界是在设备限界基础上，考虑了设备和管线安装尺寸后的最小有效断面，在宽度方向上设备和设备限界之间应留出20~50mm的安全间隙。留安全间隙的原因有二：一是有设备安装误差；二是有限界检测车检测误差。当建筑限界侧面和顶面没有设备或管线时，建筑限界和设备限界之间的间隙不宜小于200mm，以弥补隧道变形、内衬喷锚所缩减的空间。困难条件下不得小于100mm，是指盾构区间内采用减震道床时，受电弓设备限界至隧道壁的最小间隙。建筑限界中不包括测量误差、施工误差、结构沉降、位移变形等因素。建筑限界规定了城市轨道交通隧道的形状、尺寸、位置，地下车站及站台位置，以及地面建筑物的位置，任何永久性建筑物均不得向内侵入此限界。

建筑限界分为矩形隧道建筑限界、马蹄形隧道建筑限界、圆形隧道建筑限界、高架线及地面线建筑限界、车辆段车场线建筑限界。

如图 2-21 所示为圆形隧道限界示意图。如图 2-22 所示为矩形隧道限界示意图。

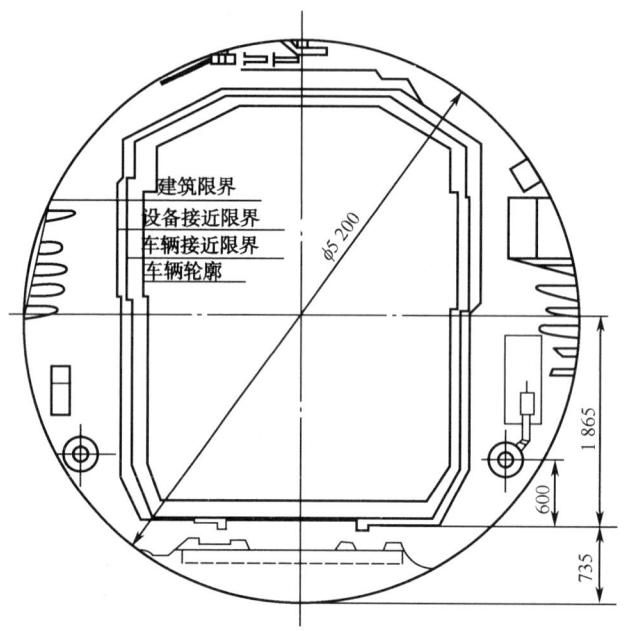

图 2-21　圆形隧道限界示意图

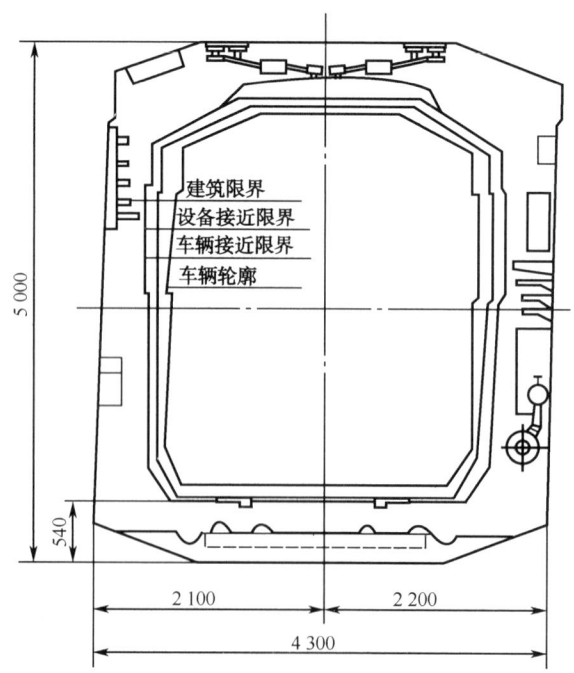

图 2-22　矩形隧道限界示意图

二、制定限界的基本参数

（一）车辆的基本参数

各种车辆基本参数见表2-8。

表2-8　各型车辆基本参数　　　　　　（单位：mm）

参数 车型	A型	B型		
		B1型		B2型
		上部受流	下部受流	
计算车辆长度	22 100	19 000		
车辆最大宽度	3 000	2 800		
车辆高度	3 800	3 800		
车辆定距	15 700	12 600		
转向架固定轴距	2 500	2 300（2 200）		
地板面距走行轨面高度	1 130	1 100		
受电弓落弓高度	3 810	—		3 810
受电弓最大工作高度	5 410	—		5 410
受流器端部距车体横向中心距离	—	1 473	1 440	—
受流器中心距走行轨顶面工作高度	—	140	256	—

线路、轨道参数采用行车速度小于或等于80km/h时的数据。当行车速度大于80km/h且小于或等于100km/h时，直线地段车辆限界和设备限界会有小的变化，但不影响建筑限界。

（二）限界的基本参数

制定限界的基本参数应符合下列规定。

1. 接触导线距轨顶面安装高度

（1）隧道内为4 040mm。

（2）高架和地面线地段最小为4 400mm。

（3）车辆段车场线为5 000mm。

2. 正线平面曲线最小半径

A型车为300m，B型车为250m。

3. 轨道超高

（1）最大超高值为120mm。

（2）超高设置方法。

① 内轨降低半超高，外轨抬高半超高。

② 外轨抬高一个超高。

4. 各种道床的轨道结构高度

按《地铁设计规范》第 6 章的规定确定。

5. 高架线或地面线风荷载

高架线或地面线风荷载为 600N/m²。

三、制定建筑限界的原则

建筑限界分为矩形隧道建筑限界、马蹄形隧道建筑限界、圆形隧道建筑限界、高架线及地面线建筑限界、车辆段车场线建筑限界。矩形隧道直线段建筑限界以直线段设备限界为计算依据，曲线地段建筑限界是在曲线设备限界基础上再考虑超高进行计算。正线段马蹄形隧道宜按全线最小曲线半径确定建筑限界，也可按直线设备限界增加一种直线地段马蹄形隧道建筑限界，作成曲线和直线两种不同尺寸的马蹄形隧道建筑限界。圆形隧道应按全线最小曲线半径确定隧道建筑限界。

建筑限界坐标系是规定正交于轨道中心线的平面内的直角坐标。通过两钢轨轨顶中心连线的中点而引出的水平坐标轴称为水平轴，以 x 表示；通过该中点垂直于水平轴的坐标轴称为垂直轴，以 y 表示。

1. 矩形隧道建筑限界应按下列规定计算确定

（1）直线地段矩形隧道建筑限界应在直线设备限界基础上，按下列公式计算确定。

① 建筑限界宽度：

$$B_S = B_R + B_L \quad (2\text{-}8)$$

线路中心线至隧道右侧墙净空距离：

$$B_K = X_{S(max)} + b_1 + c$$

线路中心线至隧道左侧墙净空距离：

$$B_L = X_{S(max)} + b_2 + c$$

② 自结构底板至隧道顶板建筑限界高度 H。

A 型车和 B2 型车：

$$H = h_1 + h_2 + h_3 \quad (2\text{-}9)$$

B1 型车：

$$H = h_1' + h_2' + h_3 \quad (2\text{-}10)$$

式中　$X_{S(max)}$——直线地段设备限界最大宽度（mm）；

b_1、b_2——右侧、左侧设备或支架最大安装宽度（mm）；

c——设备安装误差和安全间隙（mm）；

h_1——接触导线安装高度（mm）；

h_2——接触网系统高度（mm）；

h_3——轨道结构高度（mm）；

h_1'——设备限界高度（mm）；

h'_2——设备限界至建筑限界安全间隙（mm）。

（2）曲线地段矩形隧道建筑限界应在曲线地段设备限界基础上按下列公式计算确定。

① 曲线建筑限界外侧宽度：
$$B_a = X_{ka}\cos\alpha - Y_{ka}\sin\alpha + b_2(或 b_1) + c \quad (2-11)$$

② 曲线建筑限界内侧宽度：
$$B_i = X_{ki}\cos\alpha - Y_{ki}\sin\alpha + b_1(或 b_2) + c \quad (2-12)$$

③ 曲线建筑限界高度应按下式计算确定：

A 型车和 B2 型车：采用式（2-9）确定。

B1 型车：
$$B_u = X_{ku}\cos\alpha - Y_{ku}\sin\alpha + h_3 + 200 \quad (2-13)$$
$$\alpha = \sin^{-1}(h/s) \quad (2-14)$$

式中 h——轨道超高值（mm）；

s——滚动圆间距（mm）；　　　　　　　　　　　　　　　　（2-15）

$(X_{kh}, X_{kh})(X_{ki}, X_{ki})(X_{ka}, X_{ka})$——曲线地段设备限界控制点坐标值。

曲线地段设备限界应按平面曲线几何偏移量、过超高和欠超高引起的设备限界加宽和加高量、曲线轨道参数及车辆参数变化引起的设备限界加宽量来计算确定。

2. 高架线或地面线建筑限界应符合的规定

（1）高架线路、地面线路的区间和车站建筑限界应按高架或地面线设备限界或车辆限界及设备安装尺寸来计算确定。

（2）线路一侧无人行通道时，建筑限界宽度的计算方法按照矩形隧道办理。线路一侧有人行通道时，人行通道和设备限界之间的安全间隙应不小于 50mm。

（3）线路一侧设置接触网支柱时，接触网系统最大突出点与设备限界之间的安全间隙应不小于 100mm。

（4）线路一侧设置声屏障时，声屏障与设备限界之间的安全间隙应不小于 100mm。

（5）建筑限界高度。

A 型车和 B2 型车按接触导线安装高度和接触网系统高度加轨道结构高度来确定；B1 型车按设备限界顶部高度和轨道结构高度另加不小于 200mm 的安全间隙来确定。

3. 道岔区的建筑限界

道岔区的建筑限界应在直线地段建筑限界的基础上，根据不同类型的道岔和车辆技术参数，分别按几何偏移量和相关公式计算合成后进行加宽。

采用接触轨受电的道岔区，当电缆从隧道顶部过轨时，应检查顶部高度，必要时采取局部加高措施。

4. 隧道内安装风机、接触网隔离开关、道岔转辙机等设备时的建筑限界

这时的建筑限界应符合限界要求，必要时建筑限界应采取局部加宽、加高措施。

5. 车站直线地段建筑限界应满足的要求

（1）站台面至轨顶面高度：当采用外挂门或塞拉门时，应检查车门与站台边缘的安全间隙，必要时修改车体轮廓尺寸或站台高度以满足限界要求。

（2）站台计算长度内的站台边缘距线路中心线的距离，应按车辆限界加 10mm 安全间隙来确定。但站台边缘与车辆轮廓线之间的间隙，当采用整体道床时不应大于 100mm；当采用碎石道床时不应大于 120mm。

（3）站台计算长度外的站台边缘距线路中心线的距离，宜按设备限界另加不小于 50mm 的安全间隙来确定。

（4）车站范围内其余部位建筑限界，按区间建筑限界的规定执行。

（5）车站设置屏蔽门时，屏蔽门安装尺寸应考虑在弹性变形状态下，屏蔽门最外突出点至车辆限界之间应有不小于 25mm 的安全间隙。

6. 曲线车站站台边缘与车辆轮廓线之间的间隙

此时的间隙不应大于 180mm。

7. 辅助线的平面曲线半径小于正线平面曲线最小半径时的建筑限界

这时的建筑限界应另行计算确定。

8. 防淹门和人防隔断门建筑限界

门框内边缘至设备限界应有不小于 100mm 的安全间隙。建筑限界高度，当采用 A 型或 B2 型车辆时，和区间矩形隧道高度相同；当采用 B1 型车辆时，按设备限界加 100mm 安全间隙确定。

9. 车辆段建筑限界应满足的要求

（1）车辆段库外连续建筑物至设备限界净距，当有人行便道时，取 1 000mm。

（2）车辆段库外非连续建筑物（其长度不大于 2m）至设备限界净距，当有人行便道时，取 600mm。

10. 警冲标的线间距

警冲标设在两线交叉处的适当位置，警冲标处的线间距按两设备限界之和确定。

 案例

案例一　广州地铁一、二号线线路限界

广州地铁一、二号线所使用车辆为 A 型车。广州地铁一、二号线区间直线地段圆形隧道设备及车辆限界如图 2-23 所示。广州地铁一、二号线区间直线地段矩形隧道设备及车辆限界如图 2-24 所示。

案例二　广州地铁五号线线路限界

广州地铁五号线所使用车辆为 L 型车。广州地铁五号线区间直线地段圆形隧道设备及车辆限界如图 2-25 所示。广州地铁五号线区间直线地段矩形隧道设备及车辆限界如图 2-26 所示。

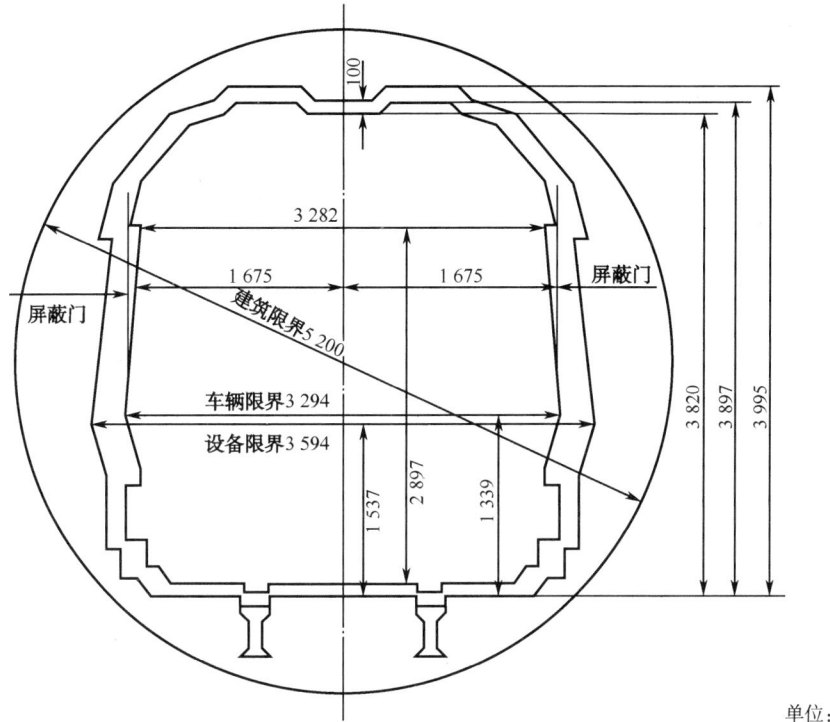

图 2-23 广州地铁一、二号线区间直线地段圆形隧道设备及车辆限界

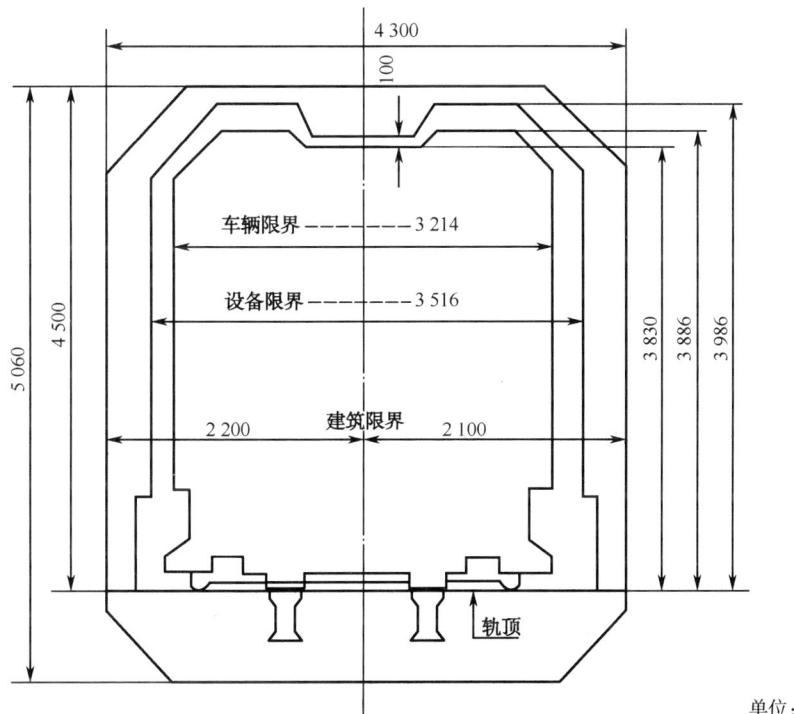

图 2-24 广州地铁一、二号线区间直线地段矩形隧道设备及车辆限界

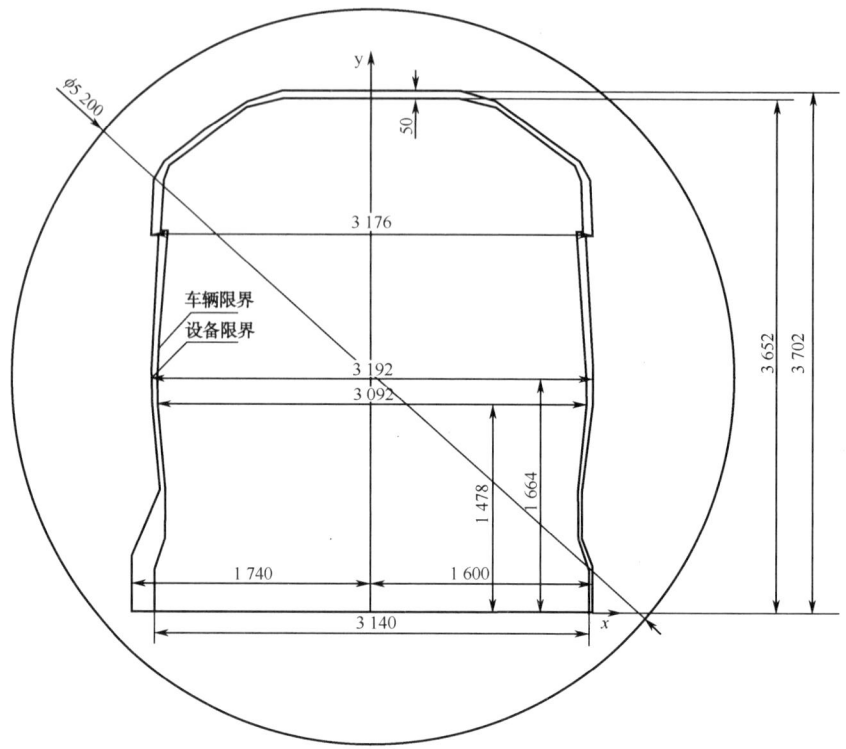

图 2-25　广州地铁五号线区间直线地段圆形隧道设备及车辆限界

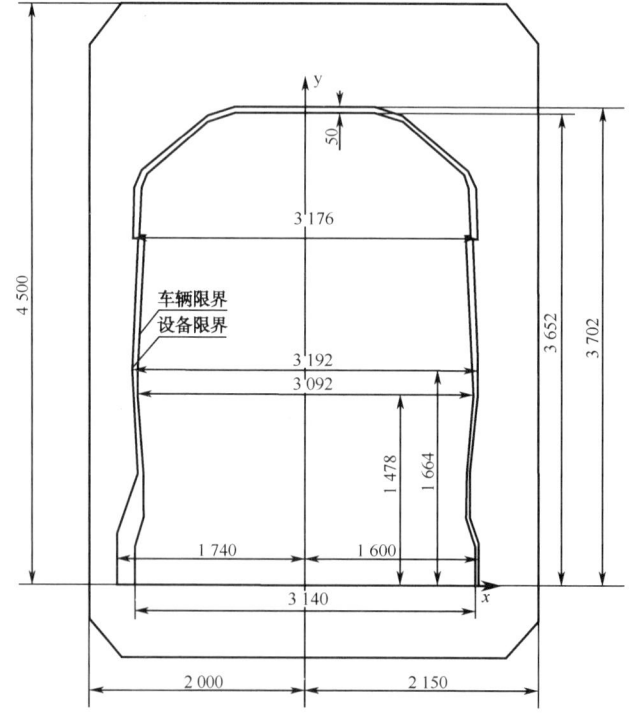

图 2-26　广州地铁五号线区间直线地段矩形隧道设备及车辆限界

拓展知识

铁路限界

铁路限界（railwayclearance）是线路纵向中心线垂直的横断面轮廓，包括机车车辆限界和建筑限界。

为了确保行车安全，要求机车、车辆本身及其装载的货物，不得超过规定的轮廓尺寸线，称为机车车辆限界。《铁路技术管理规程》规定：机车、车辆无论空、重状态，均不得超出机车车辆限界。

为了保证列车运行安全，要求靠近铁路线路修建的建筑物及设备，不得侵入规定的与线路中心线垂直断面的轮廓尺寸线，称为建筑限界。《铁路技术管理规程》规定：一切建筑物、设备在任何情况下均不得侵入铁路的建筑限界。与机车、车辆有直接互相作用的设备，在使用中不得超过规定的侵入范围。铁路机车车辆限界和建筑限界如图 2-27 所示。

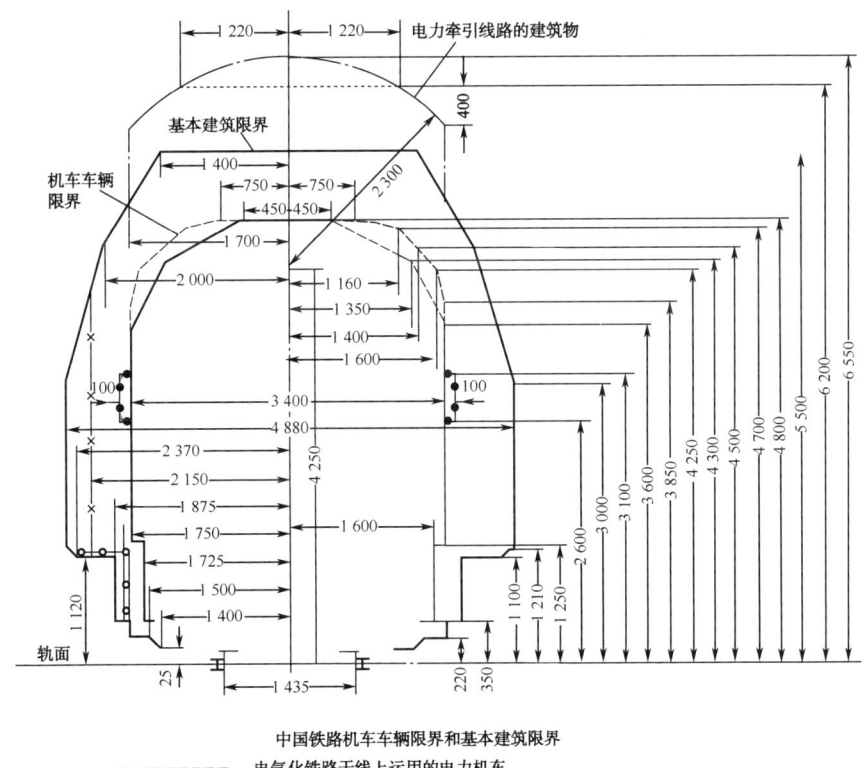

图 2-27 铁路机车车辆限界和建筑限界示意图

思考与练习

1. 城市轨道交通线路的分类有哪些?
2. 城市轨道交通线路形态有哪些?请举例说明。
3. 城市轨道交通线路的命名方式是怎样的?请举例说明。
4. 影响车站分布的因素有哪些?
5. 曲线地段为什么要设置外轨超高?
6. 缓和曲线的作用是什么?
7. 城市轨道交通线路纵断面设计的原则有哪些?
8. 城市轨道交通线路纵断面设计的技术要素有哪些?
9. 限界是什么?有哪些分类?

项目三 城市轨道交通轨道结构

轨道是城市轨道交通运营的主要设备之一，是行车的基础。轨道由钢轨、轨枕、道床、道岔、连接零件及防爬设备组成。它的作用是引导车辆运行，直接承受由车轮传来的荷载，并把它传布给路基或桥隧建筑物。轨道必须具有足够的强度、稳定性、耐久性和适量弹性，并具有正确的几何形位，以确保车辆的安全运行、平稳、快速运行和乘客舒适。城市轨道交通列车轴重轻、行车密度大、运营时间长、维修时间短，因此城市轨道交通与铁路相比，两者要求不尽相同。城市轨道交通轨道结构除了要求具有足够的强度、稳定性和耐久性等基本特征外，还提出了以下要求。

（1）适应维修时间短的特点，养护工作量要少，使用寿命要长。

（2）具有适量的弹性，使列车运行所引起的震动与噪声控制在容许范围内。

（3）要具有一定的绝缘性能，以减少迷散电流对周围金属构件的电腐蚀。

（4）减少轨道结构零部件的非标品种，尽可能选用铁路通用件，以降低工程造价和养护费用。

任务一　钢轨

学习目标

（1）了解钢轨的作用和结构。

（2）了解钢轨的选线。

学习任务

钢轨的作用和结构、钢轨类型、钢轨的选型、钢轨焊接。

工具设备

城市轨道交通资料图片及仿真三维立体图多媒体课件。

教学环境

轨道交通理实一体化教室、城市轨道交通企业现场。

基础知识

钢轨是轨道的主要组成部分，直接承受列车荷载并传递到扣件、轨枕、道床至结构底板。依靠钢轨头部内侧与车辆轮缘的相互作用，引导列车前进。

一、钢轨

（一）钢轨的作用

钢轨引导车辆的车轮前进，承受车轮的压力，并传递到轨下结构。要求钢轨能为车轮提供可连续、平顺地滚动的轨面。为发挥这些功能，既要求轨面粗糙，以增加轮轨黏着力，又要求轨面光滑，以减少阻力；既要求钢轨有相当刚度，以抵抗挠曲，又要求有可挠性，以减轻车轮的冲击力，减少轮轨的伤损；既要求有足够的强度、硬度，以抵抗磨耗，延长使用寿命，又要求具有一定塑性、韧性，以防脆性碎裂和折断。

这些相互矛盾的要求，是由于钢轨复杂的受力所引起的。钢轨所受的力，除了垂直方向的力以外，还有横向水平力、弯曲力、扭曲力及温度拉压力，并且各种受力随机发生着变化。

钢轨还兼作供电接触网的回流线及轨道电路的通道。

（二）钢轨的结构

钢轨可分为轨头、轨腰和轨底三部分，其断面形状主要为工字形，不同类型钢轨横截面的各部分尺寸不同，如图3-1所示。轨头应具有足够的表面面积及厚度，并具有与车轮踏面相适应的外形，以改善轮轨的接触条件，从而延缓轨头压溃和磨耗。轨腰主要承受剪力，必须具有足够的厚度和高度，具有较大的承载能力和抗弯能力。轨底的主要功能是分布压力及保持稳定，应具有一定宽度。钢轨截面尺寸见表3-1。

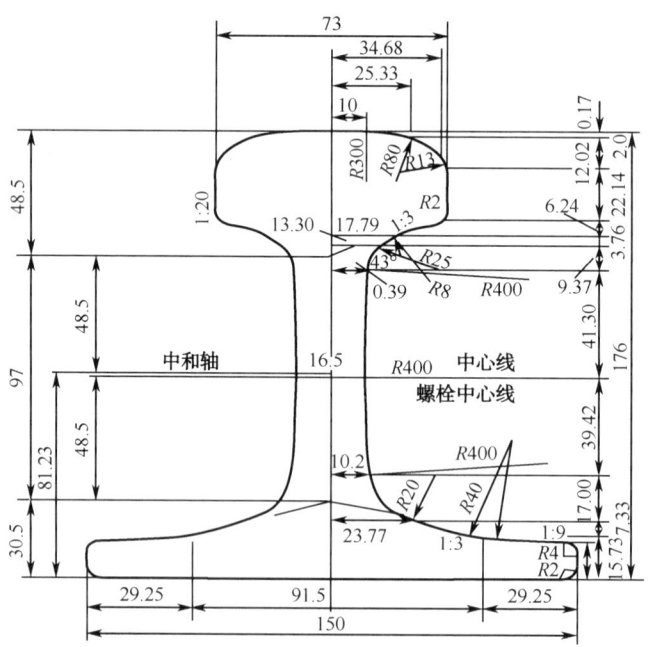

图3-1 钢轨示意图

项目三 城市轨道交通轨道结构

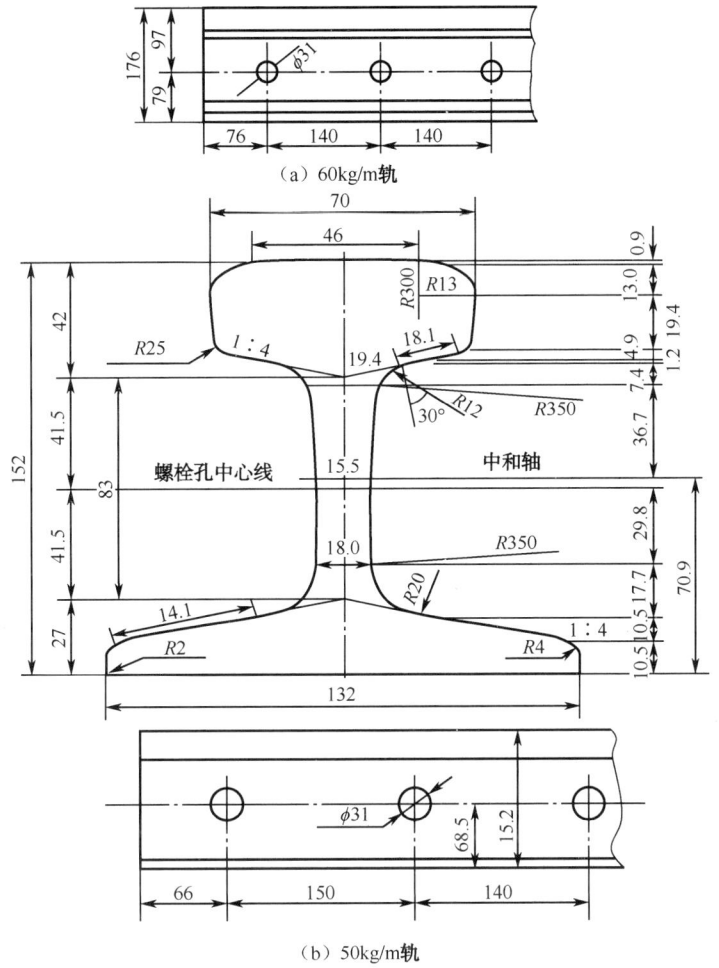

图 3-1 钢轨示意图（续）

表 3-1 钢轨截面尺寸　　　　　　　　　　　　（单位：mm）

钢轨类型	50	60
钢轨高度	152	176
轨头高度	70	73
轨底高度	132	150

（三）钢轨的类型

1. 按每米质量分类

钢轨的类型通常用每米长度大致的质量表示，如 60kg/m 轨表示每米 60kg。目前，我国城市轨道交通轨型一般采用 60kg/m、50kg/m 两种。

2. 按单根钢轨的长度分类

标准钢轨的长度为 25m 和 12.5m 两种。

在曲线轨道中，曲线内股使用厂制标准缩短轨。25m 钢轨的缩短轨有 24.96m、24.92m、

24.84m 3 种。12.5m 钢轨的缩短轨有 12.46m、12.42m、12.38m 3 种。

二、对钢轨的基本要求

钢轨是轨道主要组成部分，直接承受列车荷载并传递到扣件、轨枕、道床至结构底板。依靠钢轨头部内侧与车辆轮缘额的相互作用，引导列车前进。在列车动荷载作用下，钢轨产生弹性挠曲和横向弹性变形，钢轨应具有足够的承载力、抗弯强度、断裂韧性及稳定性、耐磨性、耐腐蚀性。

三、钢轨的选型

在轨道构造中，钢轨是主要的部件。城市轨道交通选定钢轨类型的主要因素是年通过的总质量、行车速度、轴重、大修周期、维修工作量和减震降噪要求。根据城市轨道交通线路近、远期客流量推算出近、远期年通过的总质量。

目前，我国城市轨道交通没有统一的选型标准，但国内外采用城市轨道交通轨道有选用重型钢轨的趋势。从技术性能分析，60kg/m 钢轨较 50kg/m 钢轨质量只增加 17.5%，而允许通过的总质量可增加 50%，抗弯强度增加 34%，车轮通过所产生的轨底应力、局部应力及抗弯曲变形均较 50kg/m 钢轨小，可减小钢轨实际的冲击作用，降低钢轨本身和道床的震动和速度，减少了对道床的压力及残余变形的积累，提高轨道的稳定性，而且还能增加回流断面，减少杂散电流，有效延长钢轨及轨下基础各部件的使用寿命。60kg/m 钢轨使用寿命为 50kg/m 钢轨的 1.5～3.0 倍，由疲劳破坏造成的更换率为 50kg/m 钢轨的 1/6，受列车冲击震动较 50kg/m 钢轨约减少 10%，有利于减震降噪。同样条件下，60kg/m 钢轨较 50kg/m 的轨道维修工作量减少 40%。

正线及辅助线钢轨应依据近、远期客流量，并经技术经济综合比较确定，宜采用 60kg/m 钢轨，也可采用 50kg/m 钢轨。车场线宜采用 50kg/m 钢轨。

正线半径小于 400m 的曲线地段，应采用全长淬火钢轨或耐磨钢轨。全长淬火钢轨的耐磨性和使用寿命较普通钢轨高 1～2 倍，而价格较普通钢轨约高 20%，耐磨钢轨较普通钢轨价格高 10%，所以采用耐磨钢轨或全长淬火钢轨具有明显的技术经济效益。

四、钢轨的铺设

正线地段和半径为 250m 及以上的曲线地段，应铺设无缝线路。高架线路上的无缝线路要做特殊设计。在曲线半径 R<300m 地段，要铺设耐磨长钢轨，以减少磨耗和接头震动。由于车轮踏面与钢轨顶面主要接触部分是 1/20 斜坡，为了使钢轨轴心受力，钢轨也要设置内向倾斜的轨底坡。《地铁设计规范》规定地下铁道轨底坡为 1/40。

五、钢轨损伤

钢轨在极其复杂的条件下运用，不可避免地会产生各种损伤。钢轨损伤是指钢轨在使用过程中发生钢轨折断、钢轨裂纹及其他影响和限制钢轨使用性能的伤损。钢轨损伤对运输安全的威胁很大，因此及时发现钢轨损伤，并积极采取措施，掌握伤损钢轨情况并及时向主管部门反馈信息,摸清钢轨损伤规律,进而加强对钢轨的管理工作,这对工务部门是极为重要的。

六、钢轨焊接

钢轨焊接方法主要有以下 3 种。

(1)接触焊,又称为电阻焊。该法焊接质量稳定,材质均匀,其强度可以达到母材的 95% 以上。

(2)气压焊。一种是在工厂进行的大型气压焊,另一种是在工地进行的移动式小型气压焊。气压焊焊接质量与接触焊法相近,其强度为母材的 90%~95%。

(3)铝热焊。铝热焊是指金属氧化物和铝之间的氧化还原反应所产生的热量,把高温铁水浇入预热的轨端缝隙而将两轨焊接在一起。铝热焊法设备简单、轻便、成本低、但焊接质量易受人为因素影响,质量不稳定,一般焊接强度为母材的 70%~90%。

任务二 钢轨连接

学习目标

(1)了解钢轨接头的分类。
(2)了解钢轨接头的连接方式。
(3)了解钢轨接头的连接零件。

学习任务

学习掌握钢轨接头的分类、钢轨接头的连接方式、钢轨接头的连接零件。

工具设备

城市轨道交通资料图片及仿真三维立体图多媒体课件。

教学环境

轨道交通理实一体化教室、城市轨道交通企业现场。

基础知识

钢轨与钢轨之间的连接称为钢轨接头。钢轨接头连接零件由夹板、螺栓、弹簧垫圈等组成。其作用是在接头处把钢轨连接起来,使钢轨接头部分具有与钢轨一样的整体性,给列车提供连续的滚动表面,承受列车通过时作用于其上的动荷载,接头处还要满足钢轨伸缩的要求。

一、钢轨接头的分类

钢轨接头按内、外股钢轨接头位置可划分为相对式(对排)和相互式(错接)两种。正线钢轨接头应采用相对式接头,可减少列车对钢轨的冲击次数,改善运营条件。曲线内股的接头较外股钢轨的接头超前,曲线内股钢轨应采用厂制缩短轨,调整钢轨接头位置,与曲线外股标准长度钢轨配合使用，以保证内、外股钢轨的接头相错量符合规定。辅助线和车场线半径等于及小于200m的曲线地段钢轨接头采用对接，曲线易产生支嘴，故应采用错接，错接距离不应小于3m（大于车辆的固定轴距）。

此外，钢轨接头按其相对于轨枕的位置，可分为悬空式和承垫式两种。

二、钢轨接头的连接方式

钢轨接头按其连接方式，可分为普通接头、冻结接头、异形接头、绝缘接头、胶结接头、焊接接头。

1. 普通接头

普通线路钢轨与钢轨之间用夹板连接，称为钢轨接头，如图3-2所示。

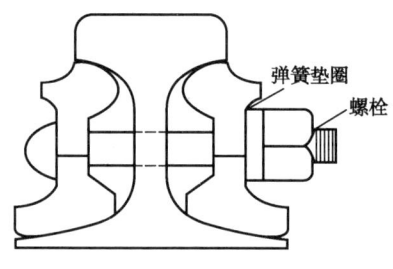

图3-2　钢轨接头

2. 冻结接头

冻结接头是先在钢轨螺栓孔内插入月牙形垫片，再用高强度螺栓将接头夹板与钢轨夹紧，强制两根钢轨的轨端密贴，使轨缝不再发生变化，即使接头部分有构件实现冻结，不能产生任何位移。

目前，此种接头已在高架无缝线路中应用。

3. 异形接头

不同类型的钢轨互相连接时，应使用异型夹板。异形夹板的两端分别与不同型钢轨相吻合。异形钢轨的连接除使用异形夹板外，在接头枕木上还应铺设异形垫板。但异型接头强度低、轨头断面突变，顶面和侧面不易平顺，对行车和维修不利。故不同类型的钢轨应采用异型钢轨连接。例如，用50kg/m轨一端轧制成60kg/m轨的断面，将该异型轨作为过渡，衔接60kg/m轨线路和50kg/m轨线路。

4. 绝缘接头

绝缘接头设于轨道电路区段两端的钢轨接头处，它的作用是保证相邻轨道电路的电气隔离。

绝缘接头除夹板与螺栓外，用于绝缘的零件有绝缘槽、轨端绝缘片、绝缘套管、垫片等，如图3-3所示。

5. 胶结接头

胶结接头是把绝缘接头全部胶结为一个整体，由厂家制作为成品或者于现场胶结。胶结接头代替绝缘接头，改善了绝缘性能和受力状态，并有利于增强接头阻力。

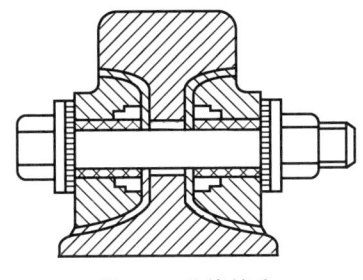

图 3-3　绝缘接头

三、连接零件

钢轨接头的连接零件包括夹板（鱼尾板）、螺栓、弹簧垫圈及螺帽。钢轨接头的连接零件如图 3-4 所示。

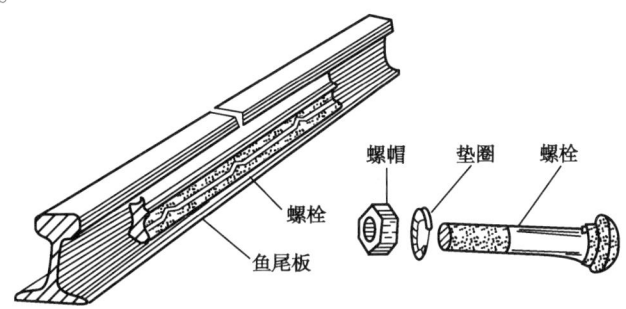

图 3-4　钢轨接头的连接零件

夹板每一个接头夹板上有螺栓孔 6 个，分为圆形孔和长圆形孔两种，用 6 枚螺栓上紧，螺帽的位置在钢轨内外侧相互间错，万一车轮出轨，不致将全部螺栓切坏，仍能维持线路的连续。

螺栓孔径较螺栓直径略大，依靠钢轨圆形螺栓孔直径与螺栓直径之差，以及夹板圆形螺栓孔直径与螺栓直径之差，可以得到所需要的预留轨缝。

接头螺栓必须经常保持紧固状态，以维持其接头阻力。

四、接头轨缝

普通线路为适应钢轨的热胀冷缩，在钢轨接头处预留轨缝，其基本原则是：达到最高轨温时，轨缝宽度≥0，轨端不受顶力；达到最低轨温时，轨缝宽度≤构造轨缝宽度，轨端不受剪力。

拓展知识

无缝钢轨

无缝钢轨是把 25m 的钢轨焊接起来连成几百米甚至几千米，然后再铺在路基上，无缝钢轨每段之间有 11mm 的空隙。

在高速铁路上，为了消除轨缝对行车安全和舒适度的影响，铺轨都是采用焊接的无缝钢轨。这样一来，无缝钢轨要解决热胀冷缩问题，光靠数量不多的缝隙是不够的。解决热胀冷缩有两种方法：一种是长轨节自身承受全部温度应力，即将长轨锁定在枕木上，使其不因温度变化而胀缩，这种方法适用于一年四季温度相差不大的地区，如在中国南方地区。在一些温度相差较大的地区就要采取另一种方法，即长轨节自身不承受温度应力，而以自动放散应力或定期放散应力的方法，使长轨节随温度升降而自由收缩，在铺设的时候也尽量选择最佳温度铺设，使钢轨的伸缩值在最小范围内，这样不管温度上升还是下降，钢轨的伸缩始终都控制在最小范围内。

无缝钢轨的主要技术特点如下。

（1）钢轨接口处 1.5m 以内的平直度误差不超过 0.2mm。

（2）当车轮行至两根钢轨接缝时，车轮踏面的一部分压在第一根钢轨上的同时，车轮踏面的另一部分同时压在第二根钢轨上了，使两根钢轨同时受力，使车轮平滑通过两钢轨接缝处，不产生震动。

（3）减少了噪声污染。

（4）磨损大大减少。与普通钢轨相比，无缝钢轨由于消除了大量钢轨接头，因而消除了接头冲击力，减少了线路损害，节省了大量原材料，线路维修可节约费用 30%～75%。

（5）提高了轨道的可靠性，列车的速度相应提高。

（6）增加乘客的平稳、舒适感。

任务三　轨道扣件及轨枕

学习目标

（1）了解扣件的主要性能。

（2）了解扣件的分类。

（3）了解扣件的选型。

（4）了解轨枕的类型。

学习任务

学习掌握扣件的主要性能和主要参数、扣件的分类和选项，掌握轨枕的类型。

工具设备

城市轨道交通资料图片及仿真三维立体图多媒体课件。

教学环境

轨道交通理实一体化教室、城市轨道交通企业现场。

基础知识

扣件是钢轨与轨枕或其他轨下基础连接的重要连接件，扣件是轨道结构的重要部件，将钢轨与轨枕（或承轨台）牢固连接，能保持钢轨在轨枕等轨下基础上的正确位置，防止钢轨不必要的横向及纵向移动。扣件要求具有足够的强度、耐久性和一定弹性，能长期有效地保持钢轨与轨枕的可靠连接，阻止钢轨相对于轨枕而移动。此外，还要构造简单，便于安装和拆卸。扣件结构力求简单、造价低，并应具有足够的强度和扣压力、适量的弹性和轨距、水平调整量和良好的绝缘、防腐性能。隧道内、地面线的正线扣件尽量采用无螺栓弹条，可减少零部件，减少施工和维修的工作量。

轨枕是轨下基础的主要部件之一，它的功能主要是承受来自钢轨的各向压力，并弹性地传布于道床，有效地保持轨道的几何形位，特别是轨距和方向。

一、扣件

（一）扣件设计

1. 扣件主要性能

由于城市轨道交通列车运行速度高、密度大，对扣件有更高的技术要求。城市轨道交通线路的扣件系统应具有以下主要性能。

1）保持轨距能力强

扣件系统应保持由钢轨和混凝土轨枕（或混凝土轨道板）组成的轨道框架几何特征稳定，即保持轨距和防止轨距扩大，同时增强轨道框架的弯曲和扭转刚度，以保证轨道框架的稳定性。

2）防爬阻力大

扣件系统应防止钢轨相对于轨枕的纵向位移，即防止钢轨爬行，这就需要扣件有足够的扣压力并且扣压力衰减小。

桥上轨道结构设计必须要考虑桥上无缝线路的铺设要求。线路纵向阻力如果太大，将会相应增加线路传递到桥梁墩台的纵向力和钢轨本身的应力；如果太小，可能导致钢轨爬行或在冬季发生断轨时断缝过大而影响行车安全。因而桥上扣件系统设计还应考虑这些影响。

3）零部件和维修工作量少

城市轨道交通线路轨道维修只能在很短的封锁时间内进行，因而要求扣件系统零部件少和养护维修工作量小。这就要求扣件各部件有足够的强度，在期望的使用寿命周期内扣件各部件不产生疲劳伤损和显著的残余变形；同时要求扣件有更好的性能，当扣件和轨下弹性垫层产生磨耗和残余变形时，扣件阻力减少不大，扣件螺栓无须经常进行复拧。

4）有良好的减震性能

城市轨道交通穿行于居民区内，对减震降噪的环保要求很高，钢轨扣件必须具有良好的减震性能，衰减轨道震动，降低噪声传播。

5）有良好的绝缘性能

城市轨道交通对钢轨扣件的绝缘性能要求很高，一方面是走行轨作为供电回流轨的要求，另一方面是信号的要求。扣件绝缘性能不好，长此以往，除导致大量电流泄漏、浪费电能外，还会因杂散电流而腐蚀结构钢筋和市政管线。

2. 扣件主要参数

确定城市轨道交通钢轨扣件的设计参数必须考虑其相关工程的情况：线路敷设方式、线路技术参数、行车速度、车辆轴重及钢轨类型等。扣件的主要设计参数包括：扣压力、防爬阻力、节点刚度、耐疲劳性能、轨距及水平调整量、绝缘性能等。一般可通过下列方式，确定其设计参数。

1）扣压力及防爬阻力

扣件的扣压力和防爬阻力是一对共生参数，静态防爬阻力等于扣压力乘以综合摩擦系数。

扣件的扣压力大小是确保钢轨稳定的关键，它与车辆的轴重、速度及是否采用无缝线路及轨下垫层的性能有关。当车辆轴重大、速度较高，采用一般线路时，要求钢轨扣件的扣压力就大；轴重轻、速度低，采用无缝线路时，扣压力可以小一些。扣压力的大小应保证在扣件的使用周期里，当列车制动时，钢轨不发生永久性位移。对于城市轨道交通，由于轴重较轻、速度较低，故对扣件的扣压力要求不是很高。理论计算及实践证明，单一扣件的扣压力在68kN是可以满足要求的。值得注意的是，过大的扣压力并不是有利的，这将导致轨下弹性垫层的初始压缩量增大，损失减震弹性。

2）扣件节点刚度

扣件的节点刚度是考查扣件弹性的指标，包括静刚度值、动刚度值及动静比，均须通过室内试验确定。扣件垂向静刚度值是取扣件压缩变形曲线某一段的割线斜率来确定的，一般2 040kN/mm比较合适。动刚度值是扣件的重要指标，表明扣件在动荷载作用下的弹性，即减震性能。设计扣件动静比应控制在1.4以下。

3）轨距及水平调整性能

考虑城市景观及运营维修的方便，城市轨道交通地下线路、高架线路多采用整体道床，在施工、运营中结构均会有施工误差，产生不均匀的沉降。同时，也会因轮轨互相作用使轨距及钢轨水平发生变化而超限。

轨距调整量主要是解决施工误差和钢轨侧磨而致轨距超限的问题，故要求负的调整量要大。考虑城市轨道交通工务大修周期长，日常维修条件差，要求扣件的轨距调整量比铁路的大，整体道床扣件轨距调整量一般可设计为8~12mm。

结构的沉降绝大部分是在结构设计时考虑并采取措施，但少量的变化仍须通过钢轨扣件来调整。

4）绝缘性能

在城市轨道设计中，供电、信号等专业对钢轨扣件的绝缘性能都会提出具体要求。就目前的材料技术，达到这些要求是完全可行的。

5）耐久性能

扣件的耐久性是通过疲劳试验来验证的，疲劳试验能验证扣件抵抗重复荷载的性能，我国通常是取小半径曲线上的扣件所受的最大荷载来进行试验的。设计扣件时，要依据城市轨道交通实测小半径200m曲线地段扣件所受的力，并参照国内外同类扣件的设计荷载。要求组装扣件疲劳荷载一般取竖向50kN，横向30kN，能承受300万次疲劳荷载的循环试验，各部件不损坏。

3. 设计要求

城市轨道交通钢轨扣件从结构形式上大致分为两种：一种是带铁垫板的弹性分开式扣件，用于整体道床和地面线木枕碎石道床；另一种是不带铁垫板的弹性不分开式扣件，用于地面线路和高架线路道床，一般采用铁路扣件。

从扣件形式上分为两种：一种是有螺栓的弹条扣件，用于高架线路、地面线路和地下线路的整体道床，可以根据无缝线路对扣件的扣压力要求适时调整；另一种是无螺栓弹条扣件，多用于地下线路整体道床和地面线路碎石道床。

从轮轨横向力的承受形式上分为两种：一种是靠传递给轨枕挡肩承受，一种是靠扣件铁垫板与轨枕间的水平摩擦力和螺旋道钉承受。前一种是传统的构造形式，扣件结构较安全，但限制了钢轨水平调整量；后一种目前采用较多，要求扣件铁垫板与轨下基础必须有可靠的连接，避免螺旋道钉弯曲应力过大而折断，这就必须控制好铁垫板下的垫层弹性及厚度。

（二）扣件分类

（1）按扣件形式可分为弹条式扣件和弹片式扣件。
（2）按扣件紧固方式可分为有螺栓紧固方式和无螺栓紧固方式。
（3）按扣件系统与基础连接方式可分为锚入螺栓式、预埋套管式和T形螺栓式。
（4）按扣件结构与道床的连接方式分为不分开式扣件和分开式弹性扣件。
（5）按扣件承受水平力的方式分为有挡肩扣件和无挡肩扣件。

（三）扣件选型

扣件应具有足够的强度、扣压力和耐久性。在高架桥无砟、无枕的轨道上，扣件还必须有一定的弹性，保持轨距和较大轨距水平调整量，以适应预应力梁的徐变和桥墩的不均匀沉降，满足减震、降噪、绝缘的要求。扣件的结构力求简单，尽量标准化，通用性好，造价低。对于扣件的铁制部件应做防腐处理。不同道床形式的扣件，宜符合表3-2的规定。

表3-2 扣件类型

道床形式	形式	扣压件	与轨枕连接方式
一般整体道床	弹性分开式	有螺栓弹条、无螺栓弹条	在轨枕预埋套管
高架桥上整体道床	弹性分开式	有螺栓弹条、小阻力	—
混凝土枕碎石道床	弹性不分开式	有螺栓弹条、无螺栓弹条	轨枕内预埋螺栓或铁座
木枕碎石道床	弹性分开式	有螺栓弹条、无螺栓弹条	采用螺纹道钉
车场库内整体道床、检查坑	弹性分开式	有螺栓弹条、无螺栓弹条	在轨枕或立柱内预埋套管

二、轨枕

轨枕是轨下基础的主要部件之一，它的功能主要是承受来自钢轨的各向压力，并弹性地传布于道床，有效地保持轨道的几何形位，特别是轨距和方向。所以，轨枕必须具有必要的坚固性、弹性和耐久性，并能便于固定钢轨，具有抵抗纵向和横向位移的能力，还要造价低廉，制作简单，铺设及养护方便容易。

轨枕依其构造及铺设方法分为横向轨枕、纵向轨枕、短轨枕。横向轨枕与钢轨垂直间隔铺设；纵向轨枕沿钢轨方向铺设；短轨枕是在左右两股钢轨下分开铺设的轨枕，常用于混凝土整体道床上，宽轨枕底面积比横向轨枕大，减小了对道床的压力和道床的永久变形。

轨枕按结构形式可分整体式、组合式、半枕、宽轨枕等。

轨枕按其使用部位可分为用于区间线路的普通轨枕，用于道岔上的岔枕及用于无砟桥上的桥枕。

轨枕按其材质分为木枕、混凝土轨枕及钢枕等。目前主要是混凝土枕，钢枕在我国很少使用。木枕和混凝土轨枕如图 3-5 所示。

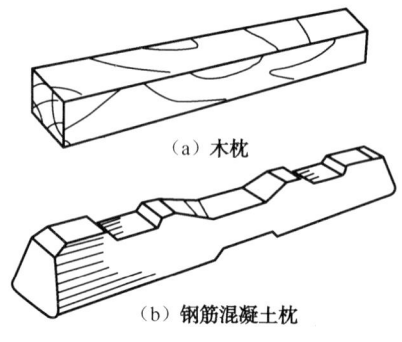

图 3-5　木枕及混凝土轨枕

（一）木枕

木枕又称为枕木，是铁路上最早采用而且直到目前为止依然被采用的一种轨枕。它的主要优点是弹性好，易加工，运输、铺设、养护维修方便。它的主要缺点是易于腐朽和机械磨损，使用寿命短，且木材资源严重缺乏，价格也比较昂贵，所以目前在城市轨道交通领域木枕已不多见了。

（二）混凝土枕

目前，城市轨道交通线路轨枕主要使用混凝土枕。混凝土枕不受气候、腐朽的影响，使用寿命长，具有较高的道床阻力，对提高线路稳定性是十分有利的，缺点是质量大，弹性差，更换困难。

1. 轨枕类型选择

城市轨道交通正线隧道内线路一般采用短轨枕或无轨枕的整体钢筋混凝土道床，车场线采用普通钢筋预应力混凝土轨枕，在道岔范围内少数区段可以采用木枕。

目前，我国混凝土枕统一为 3 个级别：Ⅰ型、Ⅱ型及Ⅲ型预应力混凝土轨枕。城市轨道交通地面线路使用得最广泛的 S-2 型预应力混凝土轨枕，如图 3-6 所示。

在整体道床线路上，根据其特点，分别采用混凝土短枕、混凝土长枕及混凝土支承块。

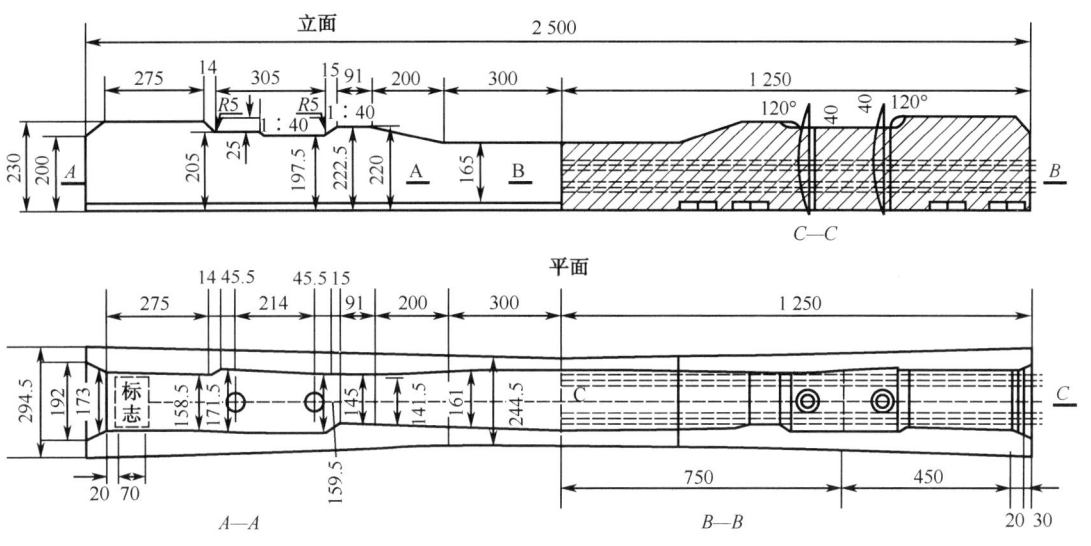

图 3-6　S-2 型预应力混凝土轨枕

隧道内的整体道床路段一般采用预应力钢筋混凝土长枕，有挡肩式长枕如图 3-7 所示，无挡肩式长枕如图 3-8 所示。

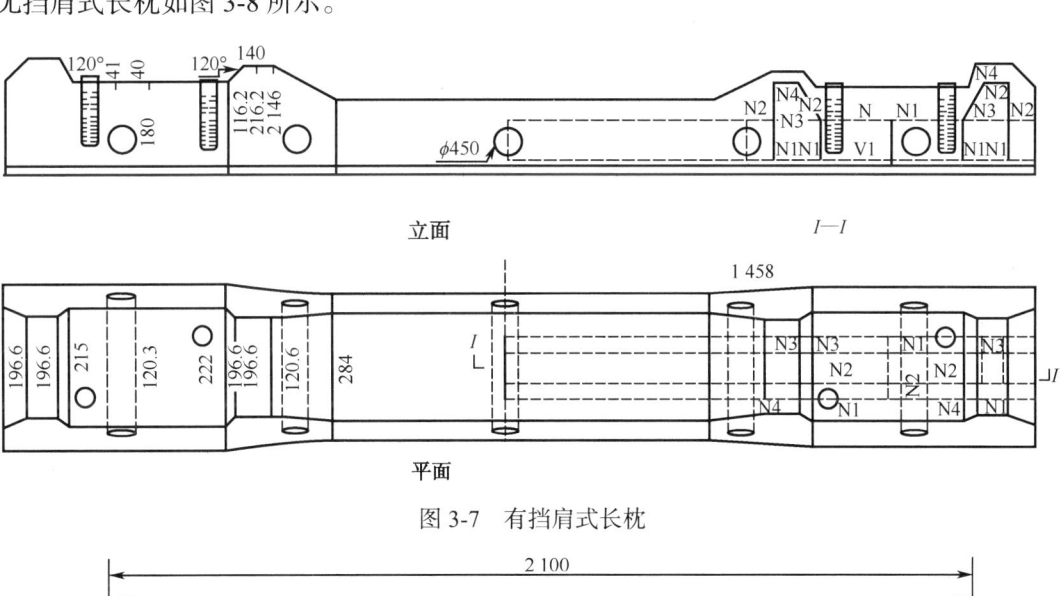

图 3-7　有挡肩式长枕

图 3-8　无挡肩式长枕

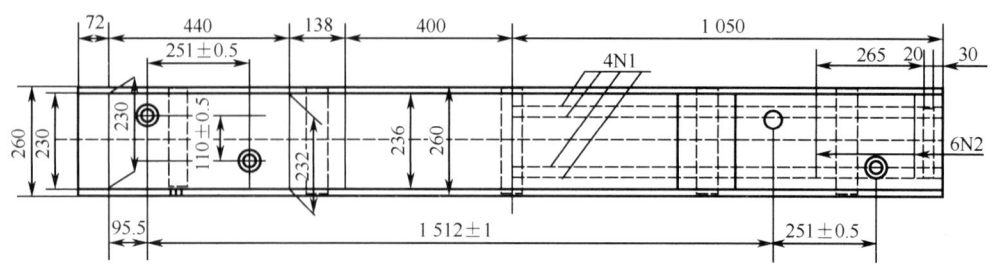

图 3-8 无挡肩式长枕（续）

高架线宜采用新型轨下基础，这种新型的轨枕结构不同于传统的道砟道床上铺设轨枕，而是以混凝土道床为主的构造形式，如上海轨道交通 3 号线，采用承轨台、支承块整体式道床。

2. 轨枕铺设数量

隧道的正线及辅助线的直线段和半径大于或等于 400m 的曲线段，每公里铺设短枕数为 1 680 对，半径为 400m 以下的曲线地段和大坡道上，每公里铺设轨枕数为 1 760 对。地面碎石道床上铺设轨枕数同上。车场线每公里铺设轨枕数为 1 440 根。

轨枕铺设数量应符合表 3-3 的规定。

表 3-3 轨枕铺设数量

序号	道床形式	轨枕铺设数量			
		正线 50kg/m、60kg/m 钢轨		辅助线	车场线
		直线及 $R>400m$ 或坡度 $i<20‰$	$R≤400m$ 或坡度 $i≥20‰$		
1	枕式整体道床（根<对>/km）	1 600～1 680	1 680	1 600	1 440
2	减震轨道枕式整体道床（根<对>/km）	1 600～1 680	1 680	1 600	1 440
3	混凝土枕碎石道床（根/km）	1 600～1 680	1 680	1 600	1 440
4	无缝线路混凝土枕碎石道床（根/km）	1 680～1 760	1 760～1 840	1 680～1 760	—

任务四　道床及路基

学习目标

（1）了解碎石道床和整体道床。
（2）了解路基的断面形式。
（3）了解路基的设计。

学习任务

学习掌握碎石道床的优缺点，掌握整体道床的类型，掌握路基的断面形式，了解路基的排水及防护。

🛠 工具设备
城市轨道交通资料图片及仿真三维立体图多媒体课件。

🏛 教学环境
轨道交通理实一体化教室、城市轨道交通企业现场。

📚 基础知识
道床铺设于路基之上、轨枕之下，起承受、传布荷载，稳定轨道结构的作用。道床有碎石道床、整体道床两大类型。

路基是经开挖和填筑而成的直接支承轨道的基础结构物，它直接承受由轨道传来的列车动荷载的作用，是轨道的基础。

一、道床

道床有碎石道床、整体道床两大类型。碎石道床可用于地面正线、出入段/场线、试车线和库外线。整体道床用于地下线路、高架线路、车场库内线。基底坚实、稳定，排水良好的地面车站，可采用整体道床。正线、出入段/场线、试车线的整体道床与碎石道床间应设轨道弹性过渡段。同一曲线地段宜采用一种道床形式。可选择的道床类型如下。

（一）碎石道床

碎石道床将列车荷载均布于路基面上，起保护路基的作用；提供抵抗轨排纵、横向位移的阻力，保持轨道的几何形位；提供了良好的排水性能；提供一定的弹性；通过起道、拨道等手段，便于调整轨道的几何尺寸。

城市轨道交通的地面线路通常用碎石道砟。碎石道砟一般分为3种规格：标准石砟（粒径25~70mm粒径）用于新建、大修及维修；中砟（粒径15~40mm）用于维修；细砟（粒径3~20mm）用于垫砟起道。

碎石道床优点是结构简单，容易施工，减震、减噪性能较好，造价低，但其轨道建筑高度较高，因此造成结构底板下降，加大了隧道的净空，排水设施复杂，养护工作频繁，更换轨枕困难，捣固时粉尘飞扬，危害工作人员健康。为此，只有地面线及车场线道岔才采用木枕或钢筋混凝土枕的碎石道床。城市轨道交通的隧道内不采用碎石道床，而采用整体道床。

碎石道床的断面包括道床厚度、道砟肩宽及道床边坡3个主要特征，如图3-9所示。

1. 道床厚度

根据土质情况和地下水源情况的不同，道床有单层和双层两种。单层的为石砟层，双层的为先铺设200mm厚度的黄砂层，然后铺设不小于250mm厚度的石砟层，其厚度从线路中心线处量取。道床厚度应根据路基类型、线路类别确定，符合表3-48的规定。

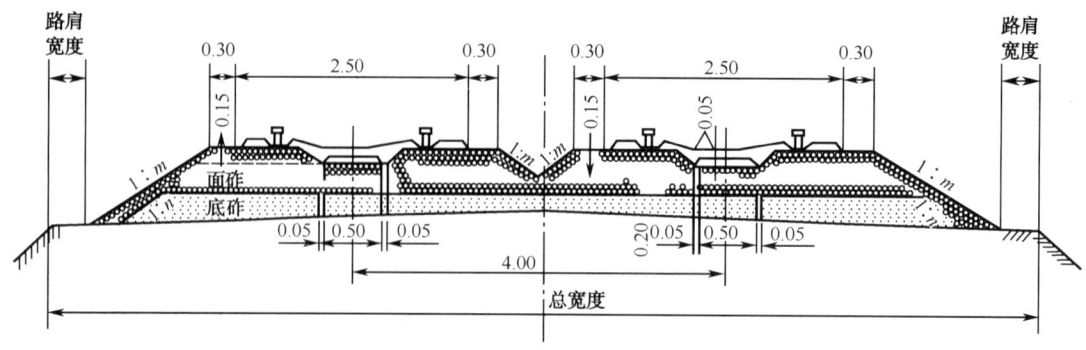

图 3-9 碎石道床断面图

表 3-4 碎石道床厚度   （单位：mm）

路基类型	道床厚度（mm）		车场线
	正线		
非渗水土路基	双层	道砟：250	单层：250
		底砟：200	
岩石、渗水土路基	单层道砟：300		

桥梁上道砟槽内碎石道床厚度不应小于250mm，与两端的道床厚度差应在桥台外不小于10m范围内递减。

2. 道砟肩宽

正线、联络线、出入段/场线和试车线无缝线路地段道砟肩宽不应小于400mm，非无缝线路地段道砟肩宽不应小于300mm。无缝线路半径小于800m、非无缝线路半径小于600m的曲线地段，曲线外侧道砟肩宽应增加100mm。其他车场线道砟肩宽不小于200mm，半径小于300m的曲线地段，曲线外侧道砟肩宽应增加100mm，道床边坡均为1∶1.5。

3. 道床边坡

正线、联络线、出入段/场线和试车线的道床边坡为1∶1.75，其他车场线的道床边坡为1∶1.5。

（二）整体道床

混凝土整体道床，也称为无砟轨道，是在坚实基底上直接浇筑混凝土以取代松散的碎石道砟层的新型轨下基础，常用于地下线路、高架线路及库内线路。

整体式道床优点是整体性好，结构坚固、稳定、耐久，几何尺寸变化小，外观整洁；轨道建筑高度小，减少隧道净空，节省投资；轨道维修工作量小，适应地铁和轻轨交通运营时间长、维修时间短的特点。但整体道床不可避免地存在一定的缺点：道床弹性差，几何尺寸的调整没有碎石道床方便；一旦发生沉降开裂或变形等问题，整治非常困难；建设期的造价昂贵。

目前，城市轨道交通采用的整体道床主要有无轨枕整体道床、轨枕式整体道床、钢弹簧浮置板式整体道床、弹性支承块式整体道床等。

1. 整体道床的类型

1)无枕式整体道床

无枕式整体道床也称为整体灌注式道床,有承轨台式、平过道式、坑道式及立柱式 4 类。无枕式整体道床施工麻烦、进度慢,施工精度不易保证。

无枕式整体道床轨道建筑高度小,道床混凝土强度等级为 C30,自下而上施工,先使用专用施工机具把连接扣件的玻璃钢套管按设计位置预埋在道床内,上面做成承轨台,然后再安装钢轨和扣件。施工方法复杂,机具复杂,施工进度较慢,道床顶面局部磨平费时,要求施工精度高,扣件安装精度不易保证。目前,国内城市轨道交通已基本不采用无枕式整体道床。

2)轨枕式整体道床

轨枕式整体道床也称为带枕浇筑式整体道床,施工方便,可采用轨排法施工,进度快,精度易保证。

轨枕式整体道床可分为短轨枕式整体道床和长轨枕式整体道床两种。

(1)短轨枕式整体道床。

短轨枕式整体道床的短枕基本上都为预制,大部分应用于停车库内带检查坑的线路,也开始为地下线路和高架线路所采用。长度大于 100m 的隧道内、隧道外 U 形结构地段、高架桥和大于 50m 的单体桥地段,宜采用短轨枕式或长轨枕式整体道床。

这种道床轨道建筑高度一般为 550mm 左右,道床混凝土强度等级为 C30,轨下道床厚度一般小于 160mm。它是一种改良整体道床结构,为方便施工及保证施工精度,它将预制好的承轨面平整、扣件钉孔距正确的短轨枕埋入轨下基础混凝土整体道床内,与道床形成一个整体结构。短轨枕在铁路上又称为支承块,结构坚固、轻巧、制造简单,采用 C50 钢筋混凝土,其横断面为梯形,底部外露钢筋钩,以加强与道床混凝土的连接。这种道床稳定、耐久,结构较简单,施工简便,进度较快。短轨枕整体道床如图 3-10 所示。

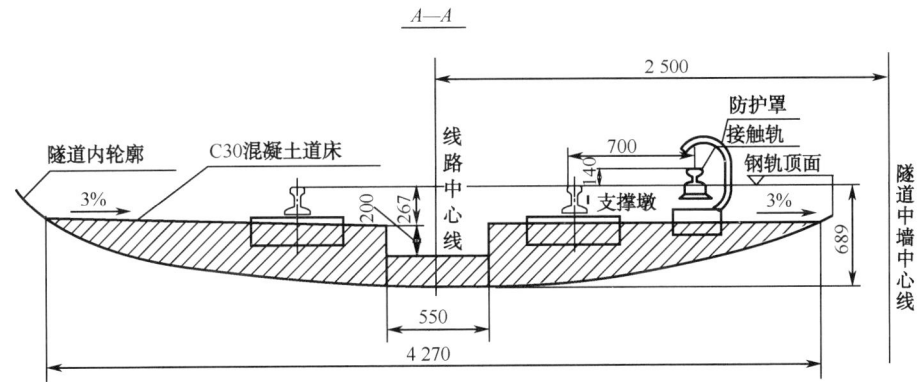

图 3-10 短轨枕式整体道床

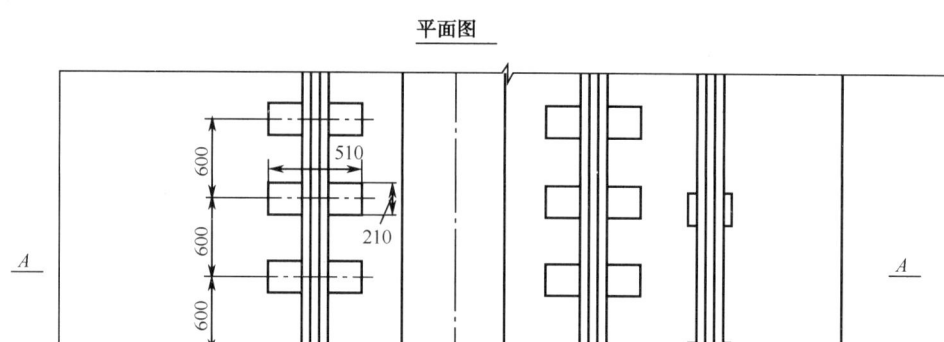

图 3-10 短轨枕式整体道床（续）

短轨枕式整体道床大部分应用于停车库内带检查坑的线路，不过近年来，也开始应用于地下线路和高架线路。

（2）长轨枕式整体道床。

长轨枕式整体道床是将长轨枕埋入整体道床内，为我国城市轨道交通建设的初期所采用，主要应用于地下线路，适用于软土地基。工厂预制长轨枕时，轨枕中部预留 5 个 $\phi 50mm$ 圆孔，铺道床时纵向钢筋从圆孔内穿过，加强了轨枕与道床的连接，使道床更坚固、稳定和整洁美观。道床内布有纵横交错的钢筋。每枕间隔布置一根横向钢筋，纵向布置 5 根，从轨枕的预留孔穿过，然后用混凝土浇筑为一体，结构强度非常理想。道床设侧向排水沟。长轨枕式整体道床如图 3-11 所示。

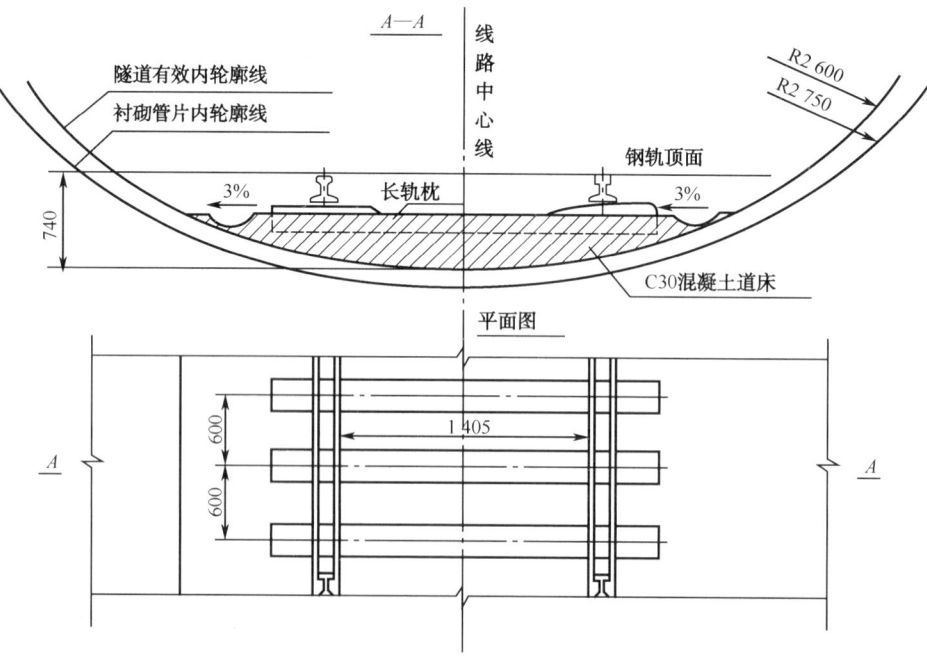

图 3-11 长轨枕式整体道床

3）钢弹簧浮置板式整体道床

钢弹簧浮置板轨道即弹性整体道床，由于造价极高，而且修理困难，所以通常很少采用，仅在特殊地段，由于减震的需要，设计有少量的浮置板式轨道。由钢筋混凝土板和支撑它的弹簧隔震系统组成，形成质量—弹簧体系，可减少传递到隧道结构或桥梁结构的震动力和震动加速度，隔震效果明显。该结构是目前减震轨道系统中较先进的一种，对震动频率在 12.2Hz 以下的震动提供了较好的隔震效果。使用寿命长，更换容易，可维修性能好，且不影响正常运营。浮置板与基础板间只需很小的空间。同时可通过调整弹簧高度消除线路沉降，以弥补基础不均匀沉降。目前，隔震效果最好的浮置板轨道系统是螺旋钢弹簧浮置板轨道结构，减震效果约为 25~40dB。在桥上铺设时，轨道建筑高度较一般道床高，如图 3-12 所示。

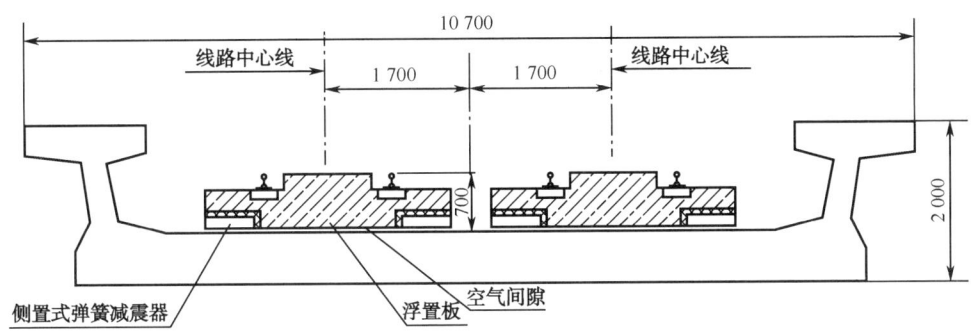

图 3-12 高架桥上钢弹簧浮置板式整体道床

4）弹性支承块式整体道床

弹性支承块式整体道床又称为承轨台式整体道床，是比较新颖的一种轨下基础，是一种整体灌注式的钢筋混凝土结构，尤其对高架线路适用。先预制支承块，通过扣件与钢轨连接，然后浇筑纵向混凝土承轨台，把支承块与高架桥面上预留的垂直钢筋浇筑为一体，如图 3-13 所示。在支承块下加设弹性垫层，支承块的下部及周边加设橡胶靴套，当支承块的高低、水平和轨距调整完毕后，就地灌注道床混凝土，将支承块连同橡胶靴套包裹起来。该结构属低震动型轨道结构，其垂向弹性由轨下、铁垫板下、支承块下三层橡胶垫板共同提供，提高了轨道结构的弹性，较一般无砟轨道降低震动及噪声 7~10dB。由于整体道床轨道调整量有限，所以对桥梁徐变及桥墩的不均匀沉降提出了更高的要求。造价较一般轨道结构略高，适用于高架线减震要求较高地段。

弹性支承块式整体道床是在每股钢轨下面沿纵向铺设条形分段的钢筋混凝土结构。相对于长轨枕式整体道床而言，承轨台结构简单、自重轻（仅为长轨枕式整体道床的一半）、排水性能好、工程造价低、方便施工及养护维修作业。支承块直接支承钢轨及轨道连接部件，并埋设在承轨台中。支承块底部外露钢筋与整体道床的钢筋连接。

5）可调式框架板整体道床

可调式框架板整体道床主要用于穿越地裂缝的轨道交通线，穿越地裂缝地段的轨道需要在隧道结构变形后及时调整轨道，适应线路调线或保持原线路几何形位，保证列车的正常运营。

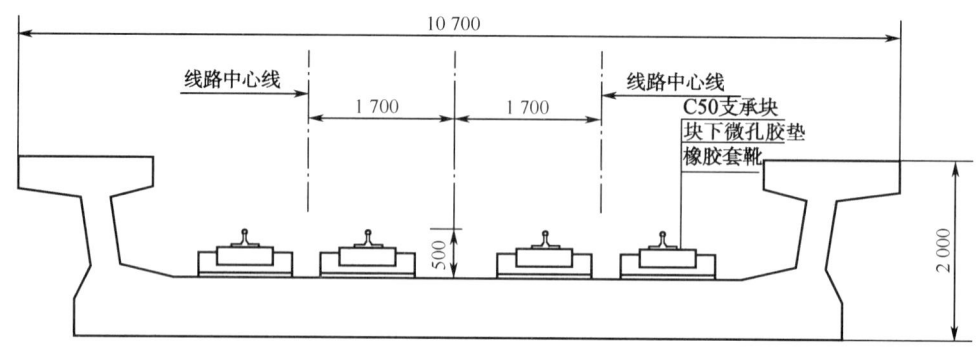

图 3-13　高架桥上弹性支承块式承轨台道床

6）平过道式（地坪式）整体道床

平过道式整体道床又称为地坪式整体道床，多为检修库内修建无须检查坑的整体地坪式的线路所采用。

7）坑道式和立柱式轨下结构

为了满足检修工作的需要，检修库内轨下结构设计为坑道式及立柱式的检查坑。检查坑的扣件在钢轨内侧全部焊接固定，当发生整体结构不均匀下沉时，调整轨面高低和水平非常困难。

2. 整体道床的结构高度

根据不同结构形式，宜采用下列数值。

（1）矩形隧道内混凝土整体道床为 560mm。

（2）单线马蹄形隧道内混凝土整体道床为不小于 650mm。

（3）单线圆形隧道内混凝土整体道床为不小于 740mm。

（4）高架桥上整体道床为 500~520mm。

（5）浮置板轨道为 750~900mm。

3. 道岔的整体道床

除了地面线路、车场线的道岔采用碎石道床外，在地下线路、高架线路上的铺设道岔均采用整体道床。地下线路上使用预制的混凝土短轨枕，先进行拼装，然后进行整体浇筑。高架线路上的道岔，铺设方案与高架线路的铺设办法基本相似，先预制支承块，通过道岔连接零件和一系列扣件将道岔拼装，再浇筑纵向承轨台。

短岔枕根据铺设部位进行分类可以分为转辙器滑床板部分、辙岔护轨部分、辙岔部分、辙后及辙岔趾跟端前后部分，根据铁垫板尺寸进行设计。短轨枕在铺轨基地预制。

4. 整体道床的过渡段

整体道床与碎石道床连接处设过渡段，长度为 6.25m，采用混凝土槽型基础，上铺设钢筋混凝土轨枕，碎石道床厚度为 25cm。

整体道床采用弹性分开式扣件，扣件静刚度较小、弹性好，所以，也可采取适当加大整体道床轨枕间距、加密碎石道床轨枕间距的方法实施弹性过渡，过渡段长度宜为 12~15m。

列车驶入车场库内线时速度低，又是空载，库内整体道床多采用弹性分开式扣件，弹性好，与库外线碎石道床衔接可采取适当加大整体道床轨枕间距、加密碎石道床轨枕间距的方法，实施轨道弹性过渡。

较高减震轨道结构与碎石道床衔接时，不必设轨道弹性过渡段。

二、路基

路基是经开挖和填筑而成的直接支承轨道的基础结构物，它直接承受由轨道传来的列车动荷载的作用，是轨道的基础。路基工程作为土工结构物，必须具有足够的强度、稳定性和耐久性。路基的稳定性与坚固性、耐久性关系着线路的质量和列车的运行安全。城市轨道交通只有采用碎石道床的地面线路和车场线路才有路基，且数量较少。

（一）路基的断面形式

路基的断面形式有 6 种：路堤、路堑、半路堤、半路堑、半堤半堑、不填不挖，如图 3-14 所示。

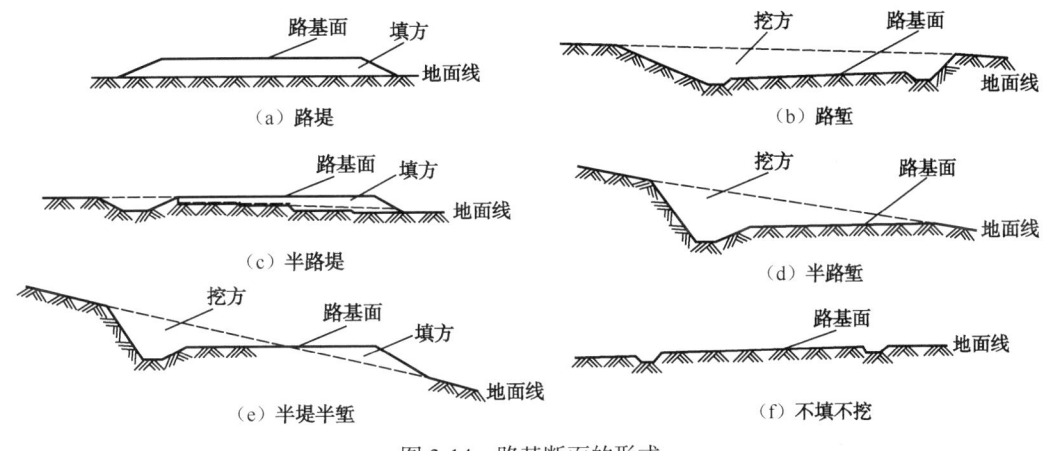

图 3-14　路基断面的形式

（二）对路基的规定与要求

（1）必须具有足够的强度、稳定性和耐久性。

（2）应优先采用新技术、新结构、新材料和新工艺，并采用机械化施工。

（3）应符合环境保护的要求，重视沿线的绿化，并与邻近的建筑物相协调。

（4）应做好防排水设计，确保排水通畅。

（5）路肩及边坡上不应设置电缆沟槽，必须设置时应采取适当措施，并及时回填夯实，确保路基的完整稳定。在路基上设置其他杆架、管线等设备时，也必须采取保证路基稳定的措施。

（6）根据维修要求可适当设置养路机械平台，间距宜采用 500m。在双线地段可采用两侧交错布置，单线地段可采用一侧布置。若采用移动平台时可不设。

(三) 路基断面

路基断面包括路基面、路肩、边坡、路拱和基床。

1. 路基面

路基顶部的表面称为路基面。区间曲线地段的路基面宽度,单线应在曲线外侧加宽,双线应在外股曲线外侧加宽。加宽值在缓和曲线范围内线性递减。

2. 路肩

路肩为路基本体顶面道床坡脚以外的部分,即路基两侧未被道床覆盖的部分,为专业人员通行而设置。正线路肩宽度不小于 0.6m。当路肩埋有设备时,路堤及路堑的路肩宽度均不得小于 0.6m,无埋设设备时路肩宽度均不得小于 0.4m,站场线路不小于 0.4m。

3. 边坡

路基横断面两侧边线,即线路外侧的部分,称为路基边坡。其中,坡底处称为坡脚,坡顶处为砟肩。路基边坡主要根据路基的土质、高度或土质的物理力学性质决定。一般取 1:1.5 和 1:1.75。如为高路堤,则上部 1:1.5,下部 1:1.75。路堤坡脚外应设宽度不小于 1.0m 的天然护道。站场线路由于股道较多,可根据具体情况设置为一面坡、两面坡、锯齿形坡。坡面排水横坡的坡度为 2‰~4‰。

4. 路拱

为利于排水,路基面设计为人字坡的断面形式,称为路拱。无缝线路双线上下行路基采用三角形路拱。

5. 基床

路基基床是指路基上部受轨道、列车动力作用,并受水文气候变化影响较大,须做处理的土层。路基基床分表层和底层,表层厚度应不小于 0.4m,底层厚度应不小于 1.1m。基床厚度以路肩施工高程为计算起点。

(四) 路基排水及防护

路基应有完善的排水系统,并宜利用市政排水设施。排水设施应布置合理,当与桥涵、隧道、车站等排水设施衔接时,应保证排水畅通。

在路堤天然护道外设置单侧或双侧排水沟;路堑应于路肩两侧设置侧沟;堑顶外应设置单侧或双侧天沟。

路基坡面防护包括:种草、铺草皮、植树;抹面、勾缝、喷浆、灌浆;砌片石、浆砌片石、浆砌骨架。

路基冲刷防护包括:抛石防护;片石防护;混凝土板防护;石龙护坡;挡土墙。

路基排水及防护的基本原则如下。

(1) 地面横坡明显地段,排水沟、天沟可在上方一侧设置。若地面横坡不明显,宜在路基两侧设置。

(2) 路堑顶部天沟内边缘至堑顶距离不宜小于 5m,当天沟采取加固防护时,不应小于 2m。

（3）路基排水纵坡不应小于2‰；地面平坦地段或反坡排水地段，仅在困难情况下可减少至1‰。

（4）排水沟的横断面应按流量及用地情况确定，并确保边坡稳定。

（5）对路基有危害的地下水，应根据地下水类型、含水层的埋藏深度、地层的渗透性等条件，设置暗沟（管）、渗沟、检查井等地下排水设施。地下排水设施的类型、位置及尺寸应根据工程地质和水文地质条件确定。

（6）对受自然因素作用易产生损坏的路基边坡坡面，应根据边坡的土质、岩性、水文地质条件、边坡坡度与高度及周围景观等，选用适宜的防护措施。在适宜于植物生长的土质边坡上应优先采用种草、铺草皮等方式进行绿化美化。

无砟轨道结构

无砟轨道又称为无碴轨道，是指采用混凝土、沥青混合料等整体基础取代散粒碎石道床的轨道结构统。其轨枕本身是混凝土浇灌而成，而路基也不用碎石，钢轨、轨枕直接铺在混凝土路基上。无砟轨道是当今世界先进的轨道技术，可以减少维护、降低粉尘、美化环境，而且列车时速可以达到300km以上。无砟轨道平顺性好，稳定性好，使用寿命长，耐久性好，维修工作少，避免了飞溅道砟。

无砟轨道具有高稳定性、少维修、寿命长的优点，并在国内外铁路获得了广泛应用。但无砟轨道结构存在以下一些缺点。

（1）现在有砟轨道的维修在很大程度上实现了机械化和自动化，比手工作业费用要低，并能够持久地保持轨道几何状态；无碴轨道也需要维修，钢轨打磨工作量相对有砟轨道要增加，随着无砟轨道使用时间的增加，伤损将增多，经济效益相对来说将降低，而且无砟轨道的修复工作比较复杂，并需要大量费用和时间，一旦损坏引起长期关闭线路而带来的投入将相当大，也是初期无法计算或预料的。

（2）混凝土无砟轨道为刚性承载层，当达到承载强度极限时将产生断裂，并引起轨道几何尺寸的突然变化和难以预见的恶化。

（3）无砟轨道不能在粘土深路堑、松软土路堤或地震区域铺设。

（4）无砟轨道噪声水平比有砟轨道高5dB，必须采取有效的降噪措施。

（5）对脱轨或其他原因导致的严重损坏还没有特别有效的措施，修复代价也十分昂贵。换言之，严重的事故将导致线路关闭时间比较长，对运输影响比较大。

（6）在路基上铺设时，任何情况下都要铺设防冻层（至少70cm厚）。要延长无砟轨道的寿命周期，水凝性材料层厚度几乎不能减少。路基处理深度也比有砟轨道深。

任务五　轨道安全设备

学习目标

（1）了解防脱护轨。

（2）了解车挡。

学习任务

学习掌握防脱护轨的原理，了解车挡的设置。

工具设备

城市轨道交通资料图片及仿真三维立体图多媒体课件。

教学环境

轨道交通理实一体化教室、城市轨道交通企业现场。

基础知识

轨道安全设备包括防脱护轨和车挡。

一、防脱护轨

（一）防脱护轨的原理

虽然承轨台结构为保持轨道结构的稳定提供了可靠的保证，但在局部地段，例如，小半径曲线的缓和曲线范围及竖曲线缓和曲线重叠地段因超高顺坡造成轨顶平面的扭曲，不利于轨道的平顺性。当列车通过时，势必加剧车辆某些车轮的减载或悬浮，同时还将使轮轨间产生附加的横向水平力，为确保列车运行安全，在高架轨道的特殊地段设置防脱护轨。

防脱护轨是新型护轨设备，轮缘槽较小，能消除列车车轮因减载、悬浮而脱轨的隐患，当一侧车轮轮缘将要爬上轨顶面时，同一轮对的另一侧车轮的轮背与护轨接触，促使要爬轨的车轮回复到正常位置，防止列车脱轨。防脱护轨设在基本轨内侧，用支架固定在基本轨轨底，安装拆卸方便。

防脱护轨能可靠地防止列车车轮在小半径曲线轨道上发生爬（或跳、滑）轨脱线事故，能提高小半径曲线轨道整体结构抗横向变形的承载能力，增强其稳定性，可改善轮轨相互作用的横向动力学效应，以减少其线路养护维修工作量。防脱护轨通用性好，护轨不与轨下基础（含轨枕）发生直接连接紧固关系。

（二）高架线上设置防脱护轨的地段

（1）半径小于500m曲线的缓圆（圆缓）点，缓和曲线部分35m、圆曲线部分15m的范围内曲线下股钢轨内侧。

（2）双线高架桥跨越城市干道和铁路地段及其以外各20m范围内，在靠近高架桥中线侧的钢轨内侧；单线高架桥上述地段两股钢轨内侧。

（3）竖曲线与缓和曲线重叠处，重叠范围内两股钢轨内侧。可根据实际需要增加安装防脱护轨的地段。

（三）防脱护轨的结构

防脱护轨由护轨、护轨支架、扣板、弹性绝缘缓冲垫片和连接紧固部件（螺栓、螺母）等组成，如图 3-15 所示。

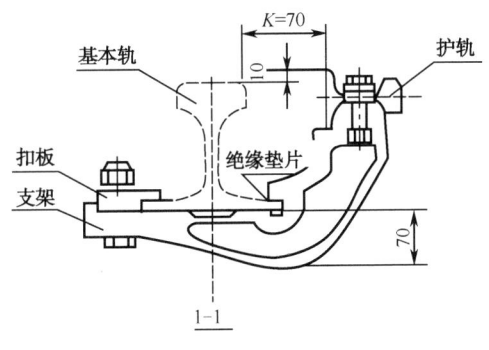

图 3-15　防脱护轨

护轨支架安装在相邻轨枕（支承块）之间的基本轨轨底上，用螺栓和扣钣将支架紧固在基本轨轨底上。护轨支架安装间距根据运输条件（速度与轴重）拟定，一般为每间隔两根轨枕（或支承块）安装一个支架。随后将加工好的护轨置于支架的承轨台上，用螺栓将护轨紧固于支架一侧。在护轨与基本轨之间，护轨螺栓设置的轮缘槽宽度值，应根据曲线半径、列车通过速度及现场使用条件，应用轮轨关系及其相互作用原理进行具体设置。护轨之间的接头用相应的夹板、螺栓连接。每一局部安装地段护轨的始端和终端，应设置缓冲段。护轨装置一般安装在小半径曲线轨道内股钢轨的内侧，安装长度：曲线圆缓点和缓圆点的前后各 40~60m，主要是防止列车车轮发生爬（或跳、滑）轨脱线事故，确保行车安全。

二、车挡

车挡是防止列车在意外情况下冲击线路终端造成车辆和设备损坏的安全防护装置。为保证行车安全，防止在遇到特殊情况时列车冲出线路，在正线、辅助线、试车线、库内线的末端都必须设置车挡。车挡也称为挡车器。车挡分为缓冲滑动式和固定式两类。正线、辅助线和试车线的末端宜采用缓冲式车挡。库内线末端宜采用固定式车挡。

（一）缓冲式车挡

缓冲式车挡上设有缓冲装置，能起缓冲作用，而且在被列车撞击后车挡还有一定的滑动距离，有效地消耗列车的动能，迫使列车停住，比较安全可靠。缓冲式车挡有滑动式、液压式等多种。滑动式结构简单、安全可靠。

缓冲滑动式车挡由主架和制动轨卡组成，如图 3-16 所示。缓冲滑动式车挡是摩擦制动，当列车重量 220t、时速 15km 撞击车挡时，可在 15m 内停车。车挡占用轨道长度为 12~15m，列车撞击速度不小于15km/h。在车挡的前端加设24.5m长度的安全区。车挡的滑动距离确定为13.5m，设计采用24m，增加部分安全余量。

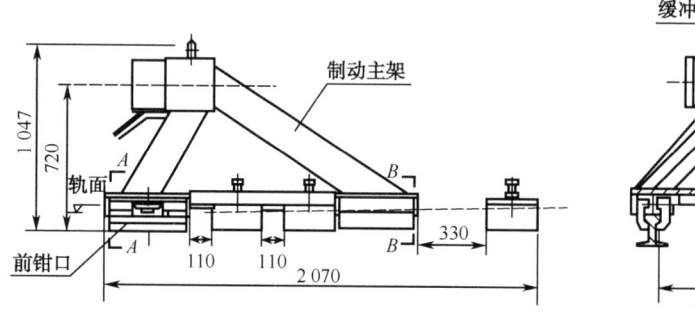
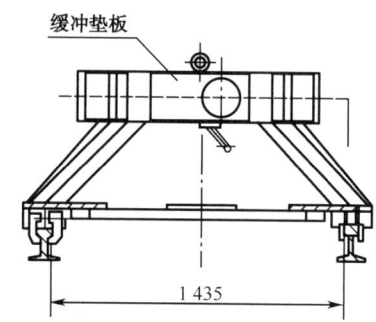

图3-16 缓冲滑动式车挡

缓冲液压式车挡是液压制动，技术先进，结构合理，制动距离短，能自动复位，主要用于地下线，可降低地下线路综合造价。缓冲液压式车挡结构复杂，造价较高，但具有自动复位及事故报警、记录等功能，从而可以缩短事故处理时间，并能在事故发生的瞬间发出警报，并同时记录、储存事故发生的时间、肇事列车的速度等数据。

（二）固定式车挡

固定式车挡结构简单，长度小，造价低。固定式车挡有XCD型、CDKN型、CDKW型。XCD型与缓冲滑动式车挡配套使用。CDKN型车场内车挡（铸钢月牙式）适用于车辆段/停车场的库内线路。CDKW型车场库外车挡（乙式竖壁式）适用于车辆段/停车场的调车作业线路尽头。

任务六　轨道的几何形位

学习目标

了解轨道的几何形位。

学习任务

学习掌握轨道的轨距、曲线轨距加宽、曲线外轨超高、水平、高低、轨向、轨底坡、线间距。

工具设备

城市轨道交通资料图片及仿真三维立体图多媒体课件。

教学环境

轨道交通理实一体化教室、城市轨道交通企业现场。

基础知识

轨道的几何形位是指轨道各部分的几何形状、相对位置和基本尺寸。轨道的几何形位主要有轨距、水平、曲线轨距加宽、曲线外轨超高、高低、轨向。

一、轨距

轨道的两股钢轨之间应保持一定的距离，这一距离称为轨距。轨距为两股钢轨头部内侧与轨道中线相垂直的距离。为使车辆能顺利通过轨道，轨道的轨距必须略大于轮对宽度，有一定的游间。游间不能过大，否则会使车辆行驶时的蛇行运动的幅度加大，横向加速度、轮缘对钢轨的冲击及作用于钢轨上，横向力也随之而增加。行车速度越高，这种影响越严重。游间也不能过小，否则会增加行车阻力和轮轨磨耗，严重时轮对有可能被钢轨卡住。所以，为了提高行车的平稳性和减少轮轨之间的动力作用，应对游间加以限制。

我国城市轨道交通线路的轨距都是采用标准轨距，即 1 435mm。

如图 3-17 所示，因为轨底坡的缘故，轨距应在钢轨头部内侧面下 16mm 处量取。轨距用道尺或轨检车进行测量。前者测得的是静态的轨距，后者则可以测得列车通过时轨距的动态变化。验收线路时，线路轨距相对于标准的容许误差为 4mm。

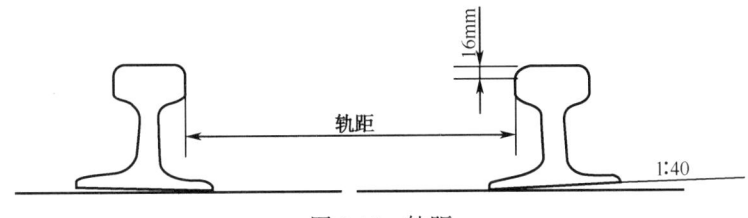

图 3-17　轨距

二、曲线轨距加宽

车辆在曲线轨道上行驶时，由于车辆固定轴距的影响，转向架前一轮对的外轨轮缘和后一轮对的内轨轮缘紧贴钢轨，致使行车阻力增大，轮轨磨耗加剧。为使轨道交通车辆能顺利通过曲线，并减少轮轨间的横向水平力，减少轮轨磨耗和轨道变形，半径等于及小于 200m 的曲线地段轨距要适当加宽。新建正线曲线半径一般大于 250m，无须轨距加宽。辅助线、车场线小半径曲线轨距加宽标准见表 3-5。

表 3-5　辅助线、车场线小半径曲线轨距加宽标准　　　　　　　　（单位：mm）

曲线半径	加宽值		轨距	
	A 型车	B 型车	A 型车	B 型车
200≥R>150	5	10	1 440	1 445
150≥R>100	10	15	1 445	1 450

轨距加宽值应在缓和曲线长度范围内递减，无缓和曲线时在直线地段递减。递减率不宜大于 2‰，困难地段不应大于 3‰。

道岔构造复杂，为缩短道岔长度，道岔的轨距递减率不受此限制。

三、水平

水平是指两股钢轨的顶面在直线地段应保持在同一水平面上或保持一定的相对高差，目的是使两股钢轨受力均匀，并保证车辆平稳行驶。

水平可用道尺或轨检车进行测量。验收线路时，其容许误差为 4mm。

有两种性质不同的钢轨水平误差，对行车的危害程度也不一样。第一种水平误差是在一段相当长的距离内，一股钢轨的轨顶较另一股钢轨的轨顶高，只要水平误差保持在容许范围值内，反倒可使列车贴着一股钢轨平稳地行驶。另一种称为三角坑或轨道扭曲，它是指在一段不太长的距离内，先是左股钢轨高，后是右股钢轨高。轨道上存在三角坑会出现车轮不能全部正常压紧钢轨的现象，在最不利的情况下甚至可以爬上钢轨，引起脱轨事故。

四、曲线外轨超高

车辆在曲线轨道上运行时，产生了离心力，为了平衡这个离心力，需要在曲线轨道设置外轨超高，即把曲线外轨适当抬高，借助车辆重力的水平分力以平衡离心力，从而达到内外两股钢轨受力均匀、垂直磨耗均等，使乘客不因离心加速度的存在而感到不舒适，以及提高线路横向稳定性，保证行车安全。

曲线超高值是根据列车通过曲线时平衡离心力，并考虑两股钢轨垂直受力均匀等条件计算确定的。最大超高值是根据行车速度、车辆性能、轨道结构稳定性和乘客舒适度确定的。经多年实践，曲线最大超高 120mm 比较合理、适宜。

由于列车在曲线上的运行速度与计算超高的平均速度不同，因此设置的外轨超高不能与列车运行速度完全适合。当实际速度大于平均速度时，实际超高会显不足，有一个欠超高，反之称为过超高或余超高。未被平衡的欠超高越大，外轮轮缘与外轨产生磨耗越严重。为了保证列车运行安全和乘客舒适，减轻钢轨磨耗，必须对未被平衡的欠超高加以限制。一般可允许有不大于 61mm 的欠超高。

曲线超高值应在缓和曲线内递减，无缓和曲线时应在直线段递减。超高顺坡率不宜大于 5‰，困难地段不应大于 10‰。

隧道内及隧道外 U 形结构的整体道床地段轨道曲线超高，宜采用外轨抬高超高值的一半、内轨降低超高值一半的办法设置，可不增加隧道净空，节省结构的投资，同时能使轨道中心线与线路中心线一致，还能减小超高顺坡段的坡度。高架线上的整体道床轨道，超高设置若采取内、外轨分别降低、抬高一半的方法，为不影响桥梁结构和保证内轨轨枕下最小道床厚度，要增加轨道结构高度，从而增加桥梁荷载。地面线碎石道床，若超高也采取上述办法。由于轨道几何尺寸不易保持，维修困难，所以高架线上的整体道床和地面线碎石道床的曲线超高均宜采取外轨抬高超高值的方法设置。

五、高低

高低是指一侧钢轨纵向的相对高低。轨道高低必须满足平顺要求，以减少列车对轨道的冲击,确保运营的安全和乘客的舒适。高低用 10m 弦线在钢轨顶面中间测量最大矢度,最大矢度即弦线与钢轨顶面之间的距离最大者。高低差用 10m 弦线测量,其误差不得超过 4mm。

六、轨向

轨向是指一侧钢轨作用边的走向,也称为方向。轨道方向要求直线段平直,曲线段圆顺。直线段轨向用 10m 弦线在钢轨顶面以下 16mm 作用边处测量矢度,其允许误差正线不得超过 4mm,其他线不超过 6mm。曲线段轨向用 20m 弦线在钢轨顶面以下 16mm 作用边处测量矢度,称为正矢,其误差应符合曲线正矢误差的规定。

七、轨底坡

为使钢轨顶面与车轮踏面斜坡相吻合,将钢轨适当向内倾斜,由此所产生的钢轨底面相对于轨枕顶面的倾斜度称为轨底坡,实际上就是钢轨的内倾度。

列车运行时,车辆踏面与钢轨顶面接触,由于车轮踏面有一个倾斜坡度,因此,钢轨的倾斜度必须与车轮踏面的倾斜度基本吻合。如果不符合,轮轨接触点将偏离轨面中心线。轨面上因车轮碾压会形成明亮的光带,如果光带居中,说明轮轨接触点良好,轨底坡适宜;如果光带偏向内侧,轨底坡偏小,如不纠偏,就要加剧钢轨内侧的磨耗。

轨底坡的设置是通过混凝土轨枕在制作过程来实现的,混凝土轨枕的承轨台已按规定设计有一定的坡度,对于线路的各种特定地段,还必须在轨下增设斜型垫片加以改善。

正线、辅助线和车场线上的钢轨,应设置 1/40 或 1/30 的轨底坡。在曲线地段,要根据超高的不同情况加以调整。道岔碎石道床,辙叉跟端轨缝后一定范围内是用普通长轨枕,在无轨底坡道岔间不足 50m 的不应设置轨底坡。

八、线间距

线间距为上、下行线路或两相邻线路中心线之间的垂直距离,通常为 4.5~5m。

拓展知识

铁路线间距

普速铁路直线部分线间距见表 3-6。高速铁路直线部分线间距见表 3-7。

表 3-6 普速铁路直线部分线间距

序号	名 称		线间最小距离(mm)
1	区间双线	v≤120km/h	4 000
		120km/h<v≤160km/h	4 200
		160km/h<v≤200km/h	4 400
2	三线及四线区间的第二线与第三线		5 300
3	站内正线		5 000

续表

序号	名　　称			线间最小距离（mm）
4	站内正线与相邻到发线	无列检作业		5 000
		有列检作业或上水作业	v≤120km/h 一般	5 500
			v≤120km/h 改建特别困难	5 000
			120km/h<v≤160km/h 一般	6 000
			120km/h<v≤160km/h 改建特别困难	5 500
			160km/h<v≤200km/h 一般	6 500
			160km/h<v≤200km/h 改建特别困难	5 500
5	到发线间或到发线与其他线			5 000
6	站内线间设有高柱信号机时，相邻两线（含正线）均须通行超限货物列车			5 300
7	站内线间设有高柱信号机时，相邻两线（含正线）只有一条通行超限货物列车			5 000
8	牵出线与其相邻线	调车作业繁忙车站		6 500
		改建困难或仅办理摘挂取送作业		5 000

表 3-7　高速铁路直线部分线间距

序号	名　　称		线间最小距离（mm）
1	区间双线	v=160km/h	4 200
		160km/h<v≤200km/h	4 400
		200km/h<v≤250km/h	4 600
		250km/h<v≤300km/h	4 800
		300km/h<v≤350km/h	5 000
2	三线及四线区间的第二线与第三线		5 300
3	站内正线	v≤250km/h	4 600
		250km/h<v≤300km/h	4 800
		300km/h<v≤350km/h	5 000
4	站内正线与相邻到发线		5 000
5	到发线与相邻到发线		5 000
6	安全线与其他线路		5 000

思考与练习

1. 钢轨的作用是什么？钢轨的类型有哪些？
2. 无缝钢轨的主要技术特点有哪些？
3. 轨道扣件的主要性能有哪些？
4. 路基的断面形式有哪些？
5. 什么是轨距？标准轨距是多少？
6. 曲线地段为什么要进行轨距加宽？
7. 什么叫水平？什么叫高低？什么叫轨向？

项目四 道岔

道岔是使机车车辆从一股轨道转入或越过另一股轨道时必不可少的连接设备,是铁路轨道的一个重要组成部分。由于道岔具有数量多、构造复杂、使用寿命短、限制列车速度、行车安全性低、养护维修投入大等特点,与曲线、接头并称为轨道的三大薄弱环节,是工、电、运输专业和多部门管理的结合部分,也是行车事故的多发地点,所以道岔是保证行车安全的关键设备。为了保证行车安全和列车畅通,道岔养护是线路养护的重点。

本项目主要介绍道岔类型、单开道岔的构造、道岔的形位、影响道岔通过速度的因素及道岔养护。

任务一 认知道岔的类型

学习目标

(1)了解道岔的类型。
(2)了解道岔号数。

学习任务

认知道岔的类型,包括单开道岔、对称道岔、三开道岔、交分道岔、交叉道岔、渡线等设备;认知道岔的号数与辙叉角的关系。

工具设备

道岔仿真模型。

教学环境

轨道交通线路实训场。

基础知识

道岔是一种能使机车车辆从一股道转入另一股道的线路连接设备,在线路上大量使用。道岔的构造复杂,零件较多,过车频繁,技术标准要求高,是轨道设备的薄弱环节之一,道岔对轨道交通运输有较大的影响。

道岔的分类方法有很多,按照道岔的几何形状可分为单开道岔、对称道岔、三开道岔及交分道岔4种;道岔按结构可分为连接设备、交叉设备、连接设备与交叉设备的组合。常用的连接设备包括单式道岔和复式道岔;交叉设备包括直角交叉和菱形交叉;连接与交叉设备的组合包括交分道岔和渡线;道岔还可以按钢轨类型、辙叉号数、岔枕、轨下基础等分类。

一、按道岔的几何形状分类

道岔按几何形状分为 4 种类型：单开道岔、对称道岔、三开道岔、交分道岔。

（一）单开道岔

我国最常见的道岔类型是普通单开道岔，简称单开道岔，其主线为直线，侧线由主线向左侧（称为左开道岔）或右侧（称为右开道岔）岔出，如图 4-1 所示。其数量占各类道岔总数的 90% 以上。单开道岔构造相对简单，了解和掌握这种道岔的基本特征，对各类道岔的设计、制造、铺设、养护均有十分重要的意义。

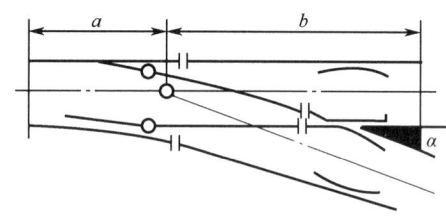

图 4-1　普通单开道岔

（二）对称道岔

对称道岔由主线向两侧分为两条线路，道岔各部件均按辙叉角平分线对称排列。如图 4-2 所示，整个道岔对称于主线的中线或辙叉角的中分线，列车通过时无直向及侧向之分。当尖轨长度相同时，尖轨作用边和主线方向所成的夹角约为单开道岔的一半；当导曲线半径相等时，对称道岔的长度要比单开道岔短，其他条件相同时，导曲线半径约为单开道岔的两倍；在曲线半径和长度保持不变时，可采用比单开道岔更小号数的辙叉。因此在道岔长度固定的条件下，使用对称道岔可获得较大的导曲线半径，能提高过岔速度；在保持相同过岔速度的条件下，对称道岔能缩短道岔长度，从而能缩短站坪长度，缩短股道的有效长度。对称道岔的这些特点使得它在驼峰下、三角线上获得应用，并被使用于工业铁路线和城市地面上轻轨线上。

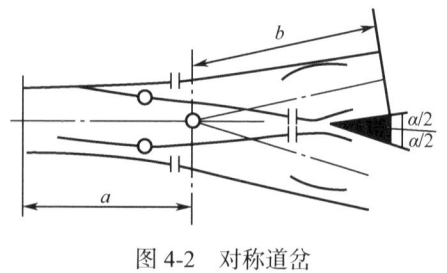

图 4-2　对称道岔

（三）三开道岔

三开道岔又称为复式异侧对称道岔，是复式道岔中较常用的一种形式，如图 4-3 所示。三开道岔是将一个道岔纳入另一个道岔内构成的，但其长度却远比两组单开道岔的长度之和短。其缺点是尖轨消弱较多，转辙器使用寿命短，同时两普通辙叉在主线内侧无法设置护轨，机车车辆沿主线不能运行，因此，只有在地形不允许及需要尽量缩短线路连接长度的地方，如调车场头部或尽头式车站内连接机车走行线与相邻两到发线时使用。

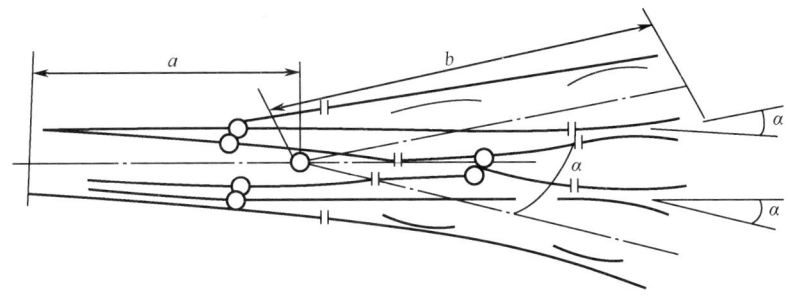

图 4-3　三开道岔

（四）交分道岔

交分道岔由多组尖轨、辙叉和导曲线构成，用于将两条交叉线路直接连接在一起，并开通多个方向的线路连接设备。根据尖轨数量的不同可分为单式交分道岔和复式交分道岔。复式交分道岔相当于两组对向铺设的单开道岔，实现不平行股道的交叉，具有道岔长度短、开通进路多及两个主要行车方向均为直线等优点，因而能节约用地、提高调车能力并改善列车运行条件。交分道岔由菱形交叉、转辙器和连接曲线等部分组成。菱形交叉一般是直线与直线的交叉，由二副锐角辙叉、二副钝角辙叉和连接钢轨组成。

1. 单式交分道岔

两条线路相交，中间增添两副转辙器和一副连接曲线，列车可沿某一侧由一条线路转入另一条线路，这种道岔称为单式交分道岔，如图 4-4 所示。

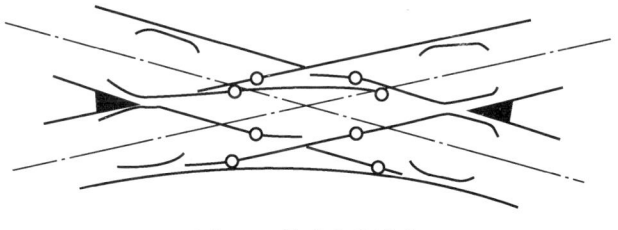

图 4-4　单式交分道岔

2. 复式交分道岔

两条线路相交，中间增添四副转辙器和两副连接曲线，列车能沿任何一侧由一条线路转入另一条线路，这种道岔称为复式交分道岔。这种道岔既能达到线路交叉的目的，又能起到线路连接的作用。一组复式交分道岔能起到四组单式道岔的作用，与普通道岔比较起来，不仅能节省用地面积，同时也能节省调车作业时间，如图 4-5 所示。

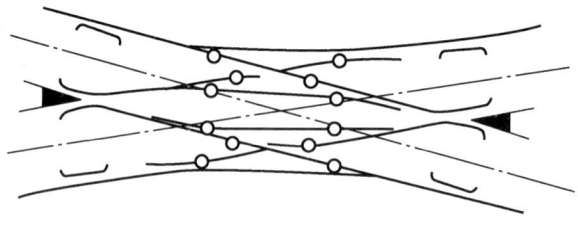

图 4-5　复式交分道岔

二、按道岔的结构分类

按道岔的结构可分为连接设备、交叉设备、连接设备与交叉设备的组合。常用的连接设备包括单式道岔和复式道岔；交叉设备包括直角交叉和菱形交叉；连接与交叉设备的组合包括交分道岔和渡线。其中，单式道岔、复式道岔、交分道岔在前面已经讲述，不再赘述，下面主要讲一下交叉设备及渡线。

（一）交叉设备

交叉设备只有辙叉部分而无转辙器部分，当机车车辆通过交叉设备时，只能沿着原来的线路继续运行而不能转线。

交叉道岔包括直角交叉与菱形交叉，如图 4-6 和图 4-7 所示。

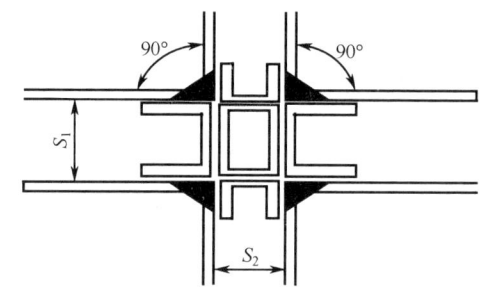

图 4-6　直角交叉

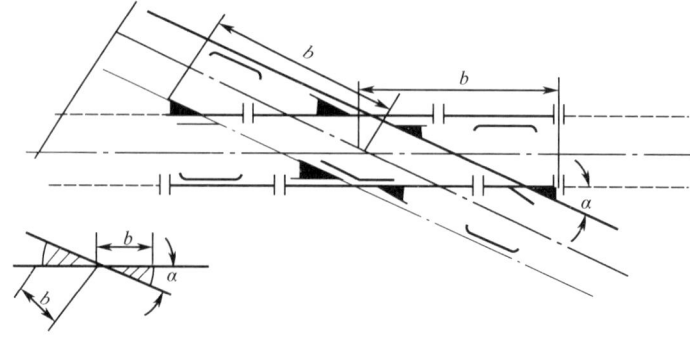

图 4-7　菱形交叉

（二）渡线

利用道岔或利用固定交叉连接两条相邻线路的设备，称为渡线，包括单渡线与交叉渡线，渡线在城市轨道交通线路中的运用比较多。

1. 单渡线

单渡线是由两组单开道岔及一条连接轨道组成的设备，如图 4-8 所示。

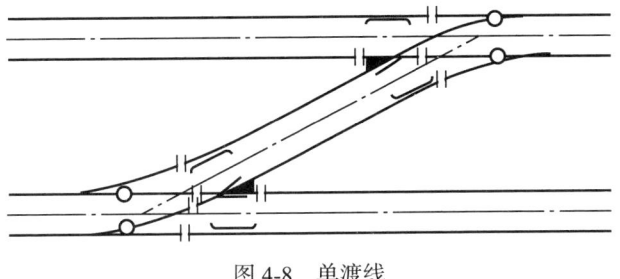

图 4-8　单渡线

2. 交叉渡线

交叉渡线由 4 组类型和号数相同的单开道岔、1 组菱形交叉，以及连接钢轨组成，如图 4-9 所示。交叉渡线用于平行股道之间的连接，一般在站场受到地形限制、或为缩短站坪长度、或为缩短咽喉长度时使用。

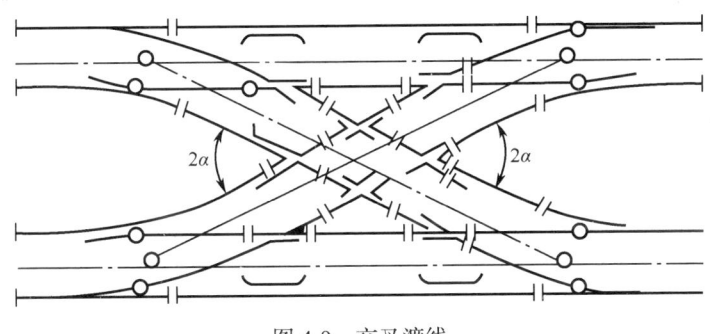

图 4-9　交叉渡线

其他类型的道岔如图 **4-10** 所示。

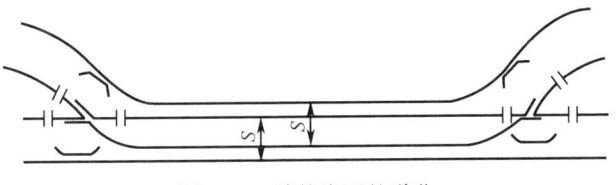

图 4-10　其他类型的道岔

三、按道岔的钢轨类型分类

道岔按钢轨类型分为 60kg/m 道岔、50kg/m 道岔、343kg/m 道岔。用 60kg/m 钢轨制作的道岔称为 P60 道岔。同样，用 50kg/m 钢轨制作的道岔称为 P50 道岔。道岔与线路衔接时必须保证道岔的轨型与线路的轨型相同。道岔按是否为 AT 钢轨制造的又可分为 AT 道岔和非 AT 道岔。

四、按道岔辙叉号数分类

道岔的基本角度有两种，一为转向角，或称为转辙角，是尖轨与基本轨之间的夹角，通常用符号 β 表示；二为辙叉角，即道岔辙叉作用边之间的夹角，通常用符号 α 表示。

辙叉角的大小可以反映道岔结构的形式，可按辙叉角的大小将道岔的型号进行分类。

辙叉号数也称为道岔号数，是表示辙叉角大小的一种方式，如图 4-11 所示。因为辙叉角是以度（°）、分（′）、秒（″）表示的，运用很不方便，故在实际工作中都以辙叉号数 N 表示。

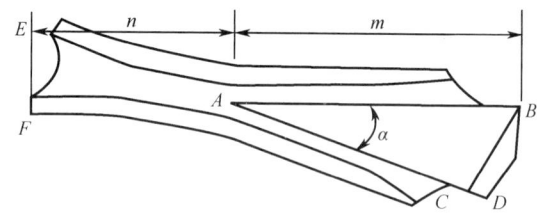

图 4-11 辙叉号数示意图

我国国标（GB 1246—1976）规定，道岔号数 N 以辙叉角 α 的余切值表示，见表 4-1。

$$N = \frac{AC}{BC} = \cot \alpha$$

式中　N——辙叉号数（道岔号数）；

　　　α——辙叉角；

　　　BC——叉心工作边任一点 B 至另一工作边的垂直距离；

　　　AC——由叉心理论尖端至垂足 C 的距离。

表 4-1　道岔号数与辙叉角的关系（一）

道岔号数（N）	辙叉角（α）	道岔号数（N）	辙叉角（α）
6	9°27′44″	7	8°07′48″
9	6°20′25″	12	4°45′49″
18	3°10′47″	24	2°23′09″

显然，从以上的对应关系，可以看出，辙叉角越大，道岔号数越小；反之辙叉角越小，道岔号数越大。

现场鉴别道岔号数的方法很多，可以采用以下较简便的两种方法进行。

（1）在图 4-11 中，分别量出前开口 EF、后开口 BD 及辙叉全长 BF，则

$$N = \frac{BF}{EF + BD}$$

（2）先在辙叉心轨顶面上找出一脚长的宽度处，由该处向前量至辙叉心轨理论尖端处，实量几脚就是几号道岔。

国铁的正线道岔以 12 号道岔为主，车场线以 9 号、7 号为主。城市轨道交通的正线道

岔基本以 9 号为主，车场线以 7 号为主，也有的在正线上使用了 12 号道岔，在车场线使用了 6 号道岔，主要根据设计单位按照具体情况而定。

随着国铁的不断提速，18 号以下的道岔，其过岔速度已不能满足提速的需求。所以，大于 18 号的道岔已设计问世，并已投入使用。

在市区，城市轨道交通由于站间距离小，运行时间短，提速的可能性不大，仍以 9 号道岔为主，即使郊区铁路，提速的幅度也不可能太大，12 号道岔已足够满足需要。

一个道岔群为了区分它们之间的位置关系，按一定的规律，对它们进行编号，这里所表达的道岔号数与道岔的型号无关。

位置编号的方法各有不同，我们在这里给大家介绍一种方法，如图 4-12 所示。

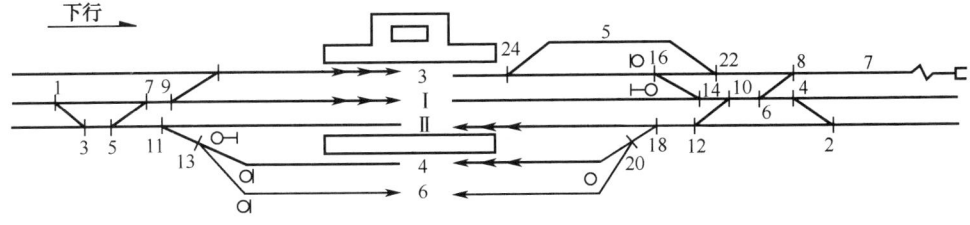

图 4-12　车站道岔位置编号示意图

（1）用阿拉伯数字从车站两端由外向里依次编号，上行列车到达一端用双数，下行列车到达一端用单数。

（2）站内道岔一般以车站站舍中心线作为划分单数号和双数号的分界线。

（3）每一道岔均应编为单独的号码，对于渡线、交分道岔等处的联动道岔，则应编为连续的单数或双数。

（4）当车站有几个车场时，每一车场的道岔必须单独编号，此时道岔号码应使用三位数字，百位数字表示车场号码，个位和十位数字表示道岔号码。应当避免在同一车站内有相同的道岔号码。

五、按道岔的轨下基础分类

和线路的轨下基础一样，道岔的轨下基础也分为碎石道床道岔和整体道床道岔两大类。

对道岔进行分类时，通常可以把该道岔的各种特点综合起来。例如，P60—9 碎石道床单开道岔的含义为

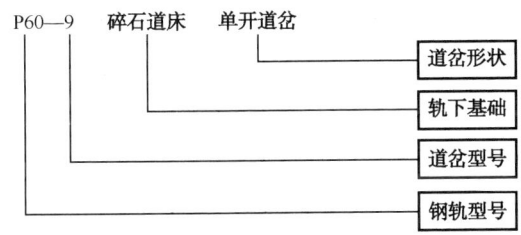

我国道岔的类型很多，这里仅介绍城市轨道交通道岔的几种类型。

目前，在运营正线上的主要道岔有：

P60—9 碎石道床 单开道岔（地面线路）；

P60—9 碎石道床 交叉渡线（地面线路）；

P60—9 整体道床 单开道岔（地下线路及高架线路）；

P60—9 整体道床 复式交分道岔（地下线路及高架线路）；

P60—9 整体道床 交叉渡线（地下线路及高架线路）；

P60—9 整体道床 菱形交叉道岔（地下线路及高架线路）。

在车场中，道岔有如下类型：

P50—6 碎石道床 单开道岔；

P50—7 碎石道床 单开道岔；

P50—7 碎石道床 交叉渡线；

P50—7 碎石道床 复式交分道岔；

P50—9 碎石道床 单开道岔。

案例

我国道岔的发展概况

新中国成立前，我国铁路使用的道岔主要依靠进口。解放初期，我国有300种道岔。这些道岔由100多种钢轨制造，仅单开道岔就有6、7、8、9、10、11、12、15、16、24号共10种型号，而且即使是同一轨型同一号码的道岔也可能分为多种形式，如40B钢轨8号道岔，就有"旧型"、"新型"、"暂定型"、"战时型"等多种，这就给道岔的养护维修和更换带来极大不便。新中国成立后，我国立即着手研制适应我国铁路具体条件的道岔。现将我国五十几年来道岔发展情况概述如下。

一、"50"型、"53"型、"55"型和"57"型道岔

铁道部于1950年颁发的《铁道建筑标准图集》中，规定了8号、10号和12号3种号码，38kg/m、43kg/m和50kg/m钢轨3种轨型共9种单开道岔的形式尺寸，简称为"50型"道岔。

1953—1957年，铁道部又先后规定了8号、9号、10号、11号和12号5种号码，38kg/m、43kg/m和50kg/m 3种钢轨，32种单开道岔，以及与之配套的12种型号的交叉渡线、对称道岔和复式交分道岔。按照设计年度区分，这些道岔分别简称为"53"型、"55"型和"57"型道岔。其中，"53"型道岔的转辙器基本轨为"切轨底"结构，投入运用后折损严重，很快就停止使用，而"55"型及"57"型则大量投入应用。随着这些型号道岔的推广应用和旧型道岔的逐步淘汰，到20世纪50年代末，我国的道岔种类由解放初期的300多种减少为44种（不包括当时进口苏联产的P50及P43型钢轨9号及11号单开道岔）。

二、"75"型(含"62"型)道岔

"55"型和"57"型道岔的零件强度较低,垫板及滑床板用150mm×16mm的扁钢制造,轨撑为单墙轨撑。在20世纪50年代末期,我国开始使用有5个动轴的前进型机车并且以载重50t及60t的货车取代载重30t的货车以后,"55"型道岔及"57"型道岔的养护难度迅速增加,脱轨事故不断发生,尤其是5动轴机车在8号道岔上脱轨及4轴货车在交分道岔固定型钝角辙叉上脱轨,成为当时的惯性事故。

为研制适应轴重21~23t,直向容许过岔速度80~100km的道岔,1959—1962年,在铁道部科学技术委员会、工务局、基本建设总局等单位主持下,由专业设计院、山海关桥梁厂、铁道部科学研究院及各铁路局共同开展了道岔标准化工作。1962年通过了我国第一代标准型单开道岔的设计标准,简称为"62"型道岔,1964年发布了38kg/m、43kg/m及50kg/m钢轨的9号及12号共6种型号单开道岔的49种铁道部部颁标准(TB399—64~TB448-64)。与过去各型道岔相比较,"62"型道岔的性能有了明显提高,主要表现在以下6个方面。

(1)道岔号码由过去的8号、9号、10号、11号和12号5种,简化为9号及12号两种。

(2)"62"型(以及"75"型)道岔的道岔全长、转辙器和辙叉长度与"57"型同号码道岔相同,便于互换。

(3)道岔增设内外轨撑,滑床板、轨撑垫板由150mm×15mm改为180mm×20mm,单墙轨撑改为双墙轨撑,护轨单螺栓改为双螺栓,与滑床板的连接由道钉改为螺栓连接,提高螺栓等级,因此道岔连接零件强度大幅度提高,稳定性增加。

(4)尖轨补强板厚度由10mm增加到12mm,长度相应加长,护轨与基本轨间隔铁由单孔改为双孔,导曲线增设轨撑垫板,使道岔稳定性提高,维修量减少。

(5)发展整铸高锰钢辙叉,钢轨组合式辙叉采用短心轨爬坡式,辙叉趾、跟端设桥型垫板,翼轨采用堆焊加高,轨面与护轨轨头侧面进行淬火,耐磨性能增强。

(6)"62"型(含"75"型)道岔系列的9号交分道岔采用活动心轨型钝角辙叉,交叉渡线的钝角辙叉护轨进行堆焊加高,菱形交叉轨距由1435mm改为1440mm等,消除了不安全因素。

1972—1974年,针对"62"型道岔在使用中发现的薄弱环节又进行了修改设计,如第一连接杆由扁钢改为方钢,轨撑螺栓直径由18mm改为22mm等,于1975年对道岔的部标准进行修改,同时取消38kg/m钢轨道岔,只保留43kg/m及50kg/m钢轨的9号和12号共4种单开道岔的部标准。至1977年止共颁布了45个部颁标准(TB399—75~TB445—75、TB447—74)。

在20世纪70年代至80年代中期还设计和生产了与"75"型9号、12号标准型单开道岔配套的交分道岔、交叉渡线、6号单式对称道岔、18号大号码道岔、三开道岔、混凝土岔枕道岔等配套的"75"型系列道岔。到20世纪90年代初期,我国铁路铺设使用的"75"型(含"62"型)道岔超过10万组,占全铁路道岔总数的80%以上。

长期的实践证明,"75"型道岔的结构强度和稳定性,可以满足轴重不超过 23t、直向过岔速度不超过 80~100km/h 各型机车车辆安全运行的需要。由于这种道岔价格较低、维修方便、部件互换性强及在现场已大量使用等原因,在今后相当长一段时间内,"75"型道岔仍将在我国铁路上行车速度较低(不超过 80~100km/h)的次要正线、站线及专用线上大量使用。

三、"92"型(含过渡型)道岔

随着 60kg/m 钢轨的推广应用,我国在 20 世纪 70 年代末开始着手研制与 60kg/m 钢轨配套的道岔。考虑到 60kg/m 钢轨是供重载和较高速度行车情况下使用的,因此设计 60kg/m 钢轨的配套道岔时,采用了比"75"型道岔更高一级的技术标准,其主要技术标准如下。

(1)轨型为 50kg/m 及 60kg/m(将来还包括 75kg/m)钢轨,不包括 43kg/m 钢轨。

(2)平面布置上采用半切线形藏尖式尖轨、圆曲线形导曲线,道岔除尖轨尖端轨距加宽 2mm 外,其余均为标准轨距,以保证高速行车时的运行平稳。

(3)在垂直于轨道方向上,因使用矮型特种断面尖轨,消除了普通钢轨尖轨那种比基本轨抬高 6mm 的垂直不平顺,在辙叉部分的心轨与翼轨过渡匹配也较"75"型道岔更合理,以保证高速行车时的纵向稳定。

(4)采用矮型特种断面钢轨尖轨。其中,60kg/m 及 75kg/m 钢轨道岔使用 60AT 钢轨、50kg/m 钢轨道岔使用 50AT 钢轨。

(5)尖轨尖端采用藏尖式结构,12 号单开道岔尖轨跟端采用弹性可弯式结构,9 号单开道岔、9 号和 12 号交分道岔尖轨采用间隔铁式跟端结构。

(6)辙叉采用高锰钢整铸辙叉和可动心轨辙叉两种形式。其中,高锰钢整铸辙叉采用前后分腿式结构,9 号和 12 号辙叉的跟距分别比"57"型及"75"型道岔同号辙叉长 721mm 和 1 092mm。

(7)提高护轨强度和可靠度。护轨有槽型及 H 型两种。其中,槽型护轨采用 U1C33 号槽钢制造,H 型护轨用低一级钢轨制造(如 60kg/m 钢轨的辙叉护轨用 50kg/m 钢轨制造)。为提高护轨在高速行车时的安全度,护轨轨顶比基本轨轨顶高 12mm。

(8)道岔扣件强度较"75"型道岔有较大提高。例如,采用楔形可调式轨撑、刚性分开式弧形扣板式扣件,导曲线部分使用螺纹道钉,取消钩头道钉等。

此种道岔的研制工作自 20 世纪 70 年代后期开始,由于有些关键技术难度较大,所以整个研制时间较长。例如,特种断面尖轨跟端加工技术在 1986 年才通过技术鉴定,用于牵引弹性可弯尖轨和可动心轨的转辙机在 1991 年才通过鉴定,因此这种道岔在 1992 年才定型,定名为"92"型道岔。

随着 60kg/m 钢轨的大量铺设,"92"型道岔在我国已大量推广应用,"92"型道岔已在我国正线道岔总数中占相当大的比重。这种道岔的主要结构,如矮型特种断面钢轨藏尖式尖轨、H 型(或槽型)护轨、可调式轨撑、整铸前后分腿式高锰钢辙叉或可动心轨辙叉等,性能已达到世界铁路 20 世纪 90 年代水平,因此它将在我国常速(100~120km/h)和快速(120~160km/h)铁路线路的正线道岔上大量使用。

我国铁路在 20 世纪 70 年代后期已开始铺设 60kg/m 钢轨，当时"92"型道岔尚未定型生产。因此我国生产了一批采用普通 60kg/m 钢轨刨制的爬坡式尖轨和整铸高锰钢前后分腿式辙叉。其性能介于"75"型和"92"型之间，因此称为"过渡型道岔"。原计划过渡型道岔在"92"型道岔投产后即予停产，但因弹性可弯尖轨跟端加工技术到 1986 年才通过铁道部技术鉴定，因此直到 1987 年才停止"过渡型道岔"批量生产。至 1996 年年底，我国铁路的 60kg/m 钢轨地段共有 5000 余组"过渡型道岔"，在相当长时期内还不能全部换掉。

"75"型道岔的普及和"92"型道岔的推广应用，使我国铁路道岔有了适应于低速不超过（80~100km/h）和快速行车 120km/h 所需的系列道岔，今后在相当长的时期内将继续大量使用。对于"92"型道岔系列，先后编制了 50kg/m、60kg/m 钢轨 9 号、12 号单开道岔、交叉渡线、复式交分道岔标准图。提速道岔的研制开发后，混凝土岔枕被大量采用，以及各单位对"92"型道岔新的要求，"92"新型道岔还在不断开发和改造应用。75kg/m 钢轨道岔因推广数量较少，现只在大秦线有 9 号、12 号固定型和可动心轨道岔在使用。

任务二　单开道岔的构造

学习目标
了解单开道岔的组成。

学习任务
认知单开道岔的组成。

工具设备
单开道岔仿真模型。

教学环境
轨道交通线路实训场。

基础知识
我国最常见的道岔类型是普通单开道岔，简称单开道岔，其主线为直线，侧线由主线向左侧（称左开道岔）或右侧（称右开道岔）岔出，其数量占各类道岔总数的 90%以上。单开道岔构造相对简单，了解和掌握这种道岔的基本特征，对各类道岔的设计、制造、铺设、养护均有十分重要的意义。

主股（主线）为直线，侧股（侧线）向左或向右分支的道岔称为单开道岔。站在道岔尖轨端，面向道岔，侧股向左分支的道岔为左开道岔，反之为右开道岔。

单开道岔由转辙器、辙叉及护轨、连接部分组成，如图 4-13 所示。

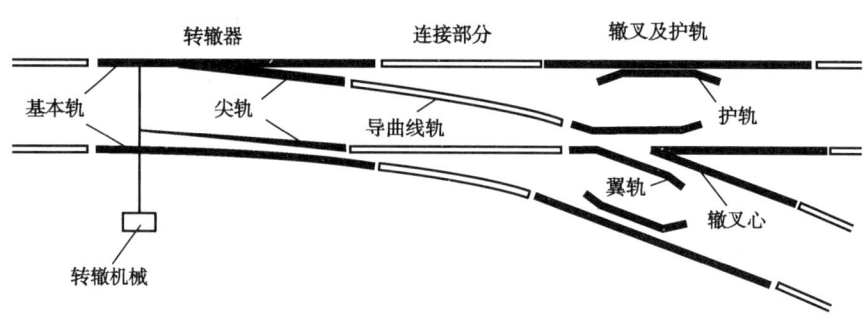

图 4-13 单开道岔的构造

单开道岔以它的钢轨每米质量及道岔号数区分类型。目前，我国的钢轨有 75kg/m、60kg/m、50kg/m、45kg/m 和 43kg/m 等类型，标准道岔号数（用辙叉号数来表示）有 6、7、9、12、18、24 号等。其中，6、7 两号仅用于厂矿企业内部铁路或驼峰下，其他各号则适用于铁路正线和站线，并以 9 号及 12 号最为常用。在侧线通过高速列车的地段，则须铺设 18 号、24 号等大号码道岔。

目前，我国铁路干线上大量使用着 60kg/m 钢轨固定型辙叉的 12 号单开道岔。为适应既有线提速改造的要求，我国自行设计、制造的新型 60kg/m 钢轨 12 号提速道岔已基本达到了国际先进水平，是我国高速道岔的雏形。

一、转辙器

转辙器由两根基本轨、两根尖轨、各种连接零件及转辙机械组成。它通过将尖轨扳动在不同的位置，引导机车车辆进入道岔不同方向。

单开道岔的转辙器是引导机车车辆沿主线方向或侧线方向行驶的线路设备，由两根基本轨、两根尖轨、各种连接零件及道岔转换设备组成，如图 4-14 所示。

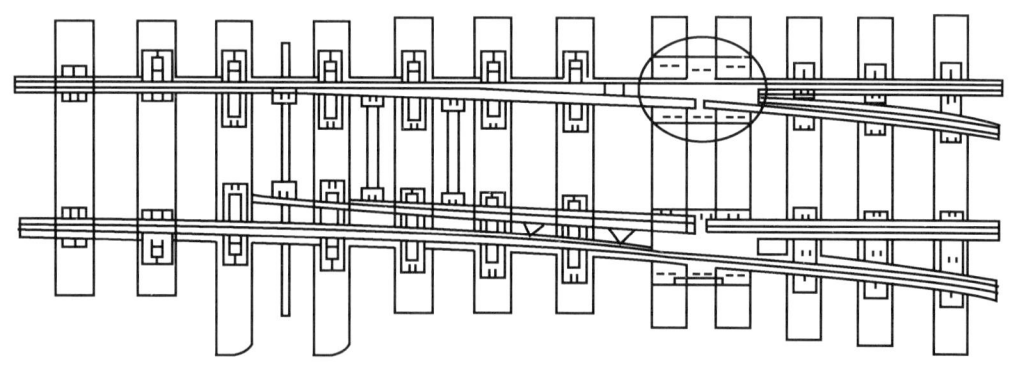

图 4-14 道岔转辙器

（一）基本轨

基本轨是用一根 12.5m 或 25m 标准断面的普通钢轨制成，主股为直线，侧股按转辙器各部分的轨距在工厂事先弯折成规定的折线或采用曲线形。通常，道岔中不设轨底坡，为改善钢轨的受力条件，提速道岔中基本轨设有 1∶40 轨底坡。基本轨除承受车轮的垂直压力外，还与尖轨共同承受车轮的横向水平力。为防止基本轨的横向移动，可在其外侧设置轨撑，为了增加钢轨表面硬度，提高耐磨性并保持与尖轨良好的密贴状态，基本轨头顶面一般还进行淬火处理。

（二）尖轨

尖轨是转辙器中的重要部件，依靠尖轨的扳动，将列车引入正线或侧线方向，尖轨在平面上可分为直线形和曲线形。我国铁路的大部分12号及12号以下的道岔，均采用直线形尖轨。直线形尖轨制造简单，便于更换，尖轨前端的刨切较少，横向刚度大，尖轨的摆度和跟端轮缘槽较小，可用于左开或右开，但这种尖轨的转辙角较大，列车对尖轨的冲击力大，当轨尖端易于磨耗和损伤。我国新设计的12、18号道岔直向尖轨为直线形，侧向尖轨为曲线形。这种尖轨冲击角较小，导曲线半径大，列车进出侧线比较平稳，有利于机车车辆的高速通过。但曲线形轨制造比较复杂，前端刨切较多，并且左右开不能通用。曲线形尖轨又分为切线形、半切线形、割线形、半割线形4种，我国铁路主要采用半切线形和半割线曲线尖轨。

尖轨可用普通断面钢轨或特种断面钢轨制成。用普通断面钢轨制成的尖轨，一般在尖轨前端加补强板以增加其横向刚度。用特种断面钢轨制成的尖轨，其断面粗壮、整体性强、刚度大，稳定性比普通断面钢轨好。与基本轨高度相同的称为高型特种断面，较矮者称为矮型特种断面，如图4-15所示。特种断面尖轨还有对称与不对称、设轨顶坡和不设轨顶坡之分。为便于在跟端与连接部分连接，特种断面尖轨跟部要加工成普通钢轨断面。我国已广泛推广使用矮型特种断面钢轨（简称AT轨），取消了普通钢轨尖轨6mm抬高量，减小了列车过岔时的垂直不平顺，有利于提高过岔速度，同理可采用高滑床台扣住基本轨底，增加基本轨的稳定性和道岔整体性。

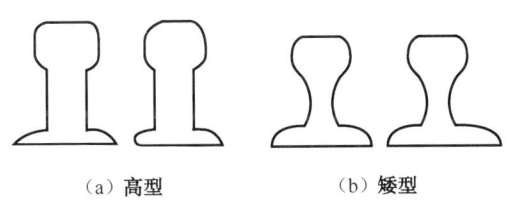

（a）高型　　　　　（b）矮型

图4-15　特种断面钢轨

尖轨的长度随道岔号数和尖轨的形式不同而异，在我国铁路上，9号道岔的尖轨长度为6.25m，12号道岔直线形尖轨长度为7.7m，曲线形尖轨长度为11.3～11.5m，18号道岔的尖轨长度为12.5m。

为使转辙器正确引导列车的行驶方向，尖轨尖端必须细薄，且与基本轨紧密贴合，从尖轨尖端开始，尖轨断面逐渐加宽，其非作用边一侧与基本轨作用边一侧应紧密贴合，保证直向尖轨作用边为一直线，侧向尖轨作用边与导曲线作用边为一圆曲线。尖轨与基本轨的贴靠方式通常有两种，即贴尖式与藏尖式。

当采用普通断面钢轨刨切时，为避免对基本轨和尖轨刨切过多，一般将头部经过铆切的尖轨置于较基本轨高出6mm的滑床板上，使尖轨叠盖在基本轨的轨底，形成贴尖式尖轨，如图 4-16 所示。基本轨轨腭不刨切，加工简单，备品方便。

当采用矮型特种断面钢轨加工尖轨时，一般在轨头下腭轨距线以下做 1∶3 的斜切，使尖轨尖端藏于基本轨的轨距线之下，形成藏尖式结构。这样就保护了尖轨尖端不被车轮扎伤，并使尖轨在动荷载作用下保持良好的竖向稳定性，如图 4-17 所示。因基本轨轨腭要刨切，要求基本轨与尖轨的刨切接触面良好，加工要求严格，并要备用曲、直基本轨。

 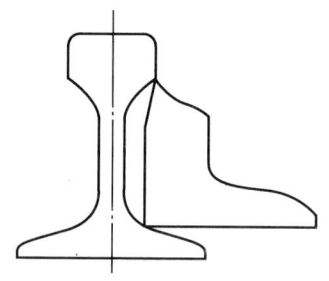

图 4-16　贴尖式尖轨　　　　　　　　图 4-17　藏尖式尖轨

为保证尖轨具有承受车轮压力的足够强度，规定尖轨顶宽 50mm 以上部分方能完全受力，而在当轨顶宽 20mm 以下部分，则应完全由基本轨受力。尖轨顶宽 20～50mm 的部分为车轮轮载转移的过渡段。为此，尖轨与基本轨之间应保持必要的轨顶面相对高差，对尖轨各个断面的高度都有具体的规定。

当用普通断面钢轨制作尖轨时，为了减少尖轨轨底的刨切量，将尖轨较基本轨抬高 6mm，如图 4-18 所示。这时尖轨尖端较基本轨顶面低 23mm，可以避免具有最大垂直磨耗的车轮轮缘爬上尖轨，尖轨顶宽 20mm 以下部分完全由基本轨受力。在尖轨整断面往后的垂直刨切终点处，尖轨顶面高出基本轨顶面 6mm，尖轨顶宽 50mm 以下部分完全由尖轨受力。

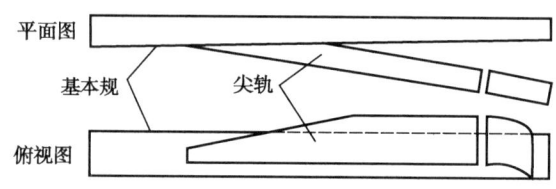

图 4-18　顶面高出基本轨的尖轨

当采用高型或矮型特种断面钢轨加工尖轨时，尖轨顶宽 50mm 以后部分与基本轨是等高的，尖轨顶宽 20～50mm 这一段为过渡段，如图 4-19 所示。

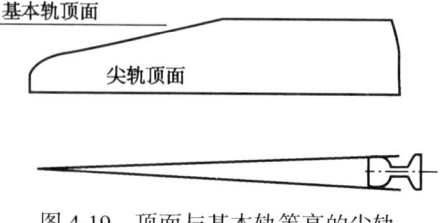

图 4-19　顶面与基本轨等高的尖轨

尖轨与导曲线钢轨连接的一端称尖轨跟端。尖轨的跟部结构必须保证尖轨能根据不同的转辙要求在平面上左右摆动,又要坚固稳定,制造简单,维修方便。我国的道岔主要采用间隔铁鱼尾板式和弹性可弯式跟端结构。

间隔铁鱼尾板式结构主要由间隔铁、跟端板及连接螺栓等组成,如图4-20所示。这种结构零件较省,尖轨扳动灵活,但稳定性较差,容易出现事故。

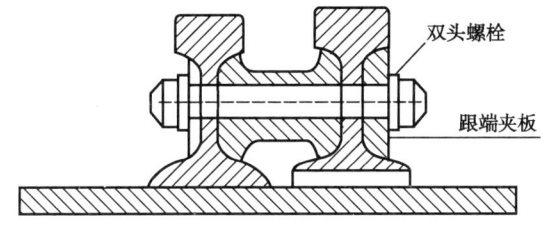

图4-20 间隔铁鱼尾板式跟端结构

在新设计的60kg/m钢轨12号道岔及大号码道岔上采用了弹性可弯式尖轨跟部结构。弹性可弯式尖轨在跟端前2~3根轨枕处,将轨底削去一部分,使与轨头同宽,形成柔性部位,使尖轨具有能从一个位置扳动到另一位置足够的弹性。提速道岔中未对尖轨跟端轨底做刨切,虽增加了尖轨的扳动力,但有利于保持尖轨跟端强度。

在跨区间无缝线路中,为限制尖轨尖端的伸缩位移,在尖轨跟部的基本轨和尖轨轨腰上可安装如图4-21所示的限位器结构,将过大的温度力传递给外侧基本轨。

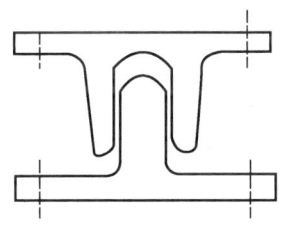

图4-21 限位器结构

(三)转辙器上的零、配件

1. 滑床板

在整个尖轨长度范围内的岔枕面上,有承托尖轨和基本轨的滑床板。滑床板有分开式和不分开式两类,不分开式用道钉将轨撑、滑床板直接与岔枕连接;分开式是轨撑由垂直螺栓先与滑床板连接,再用道钉或螺纹道钉将垫板与岔枕连接。尖轨放置于滑床板上,与滑床板间无扣件连接。

2. 轨撑

用以防止基本轨倾覆、扭转和纵横向移动的轨撑,安装在基本轨的外侧。它用螺栓与基本轨相连,并用两个螺栓与滑床板连接,轨撑有双墙式和单墙式之分。提速道岔中由于扣件扣压力足够大,未设轨撑。

3. 顶铁

尖轨刨切部位紧贴基本轨,而在其他部位则依靠安装在当轨外侧腹部的顶铁,将尖轨承受的横向水平力传递给基本轨,以防止尖轨受力时弯曲,并保持尖轨与基本轨的正确位置。

4. 各种特殊形式的垫板

例如,铺设在洒轨之前的辙前垫板和之后的辙后垫板;铺设在洒轨尖端和尖轨跟端的通长垫板;为保持导曲线的正确位置而设置的支距垫板等。

5. 道岔拉杆和连接杆

道岔拉杆连接两根尖轨,并与转辙设备相连,以实现尖轨的摆动,故又称为转辙杆。连接杆为连接两根尖轨的杆件,其作用是加强尖轨间的联系,提高尖轨的稳定性。

6. 转辙机械

最常用的道岔转换设备的种类有机械式和电动式。若按操纵方式分类,则有集中式和非集中式两类。机械式转换设备可以为集中式或非集中式,电动式转换设备则为集中式。道岔转换设备必须具备转换(改变道岔开向)、锁闭(锁闭道岔,在转辙杆中心处尖轨与基本轨之间不允许有 4mm 以上的间隙)和显示(显示道岔的正位或反位)等功能。

二、辙叉及护轨

辙叉是使车轮由一股钢轨越过另一股钢轨的设备。辙叉由叉心、翼轨和连接零件组成,按平面形式分,辙叉有直线辙叉和曲线辙叉两类;按构造类型分,有固定辙叉和活动辙叉两类。在单开道岔上,直线式固定辙叉最为常用。

(一)固定辙叉

直线式固定辙叉分为两种,即整铸辙叉和钢轨组合式辙叉。

整铸辙叉是用高锰钢浇铸的整体辙叉,如图 4-22 所示。高锰钢是一种锰碳含量均较高的合金钢(含锰 12.5%,含碳 1.2%),具有较高的强度、良好的冲击韧性,经热处理后,在冲击荷载作用下,会很快产生硬化,使表面具有良好的耐磨性能,同时,由于心轨和翼轨同时浇铸,整体性和稳定性好,可以不设辙叉垫板而直接铺设在岔枕上。这种辙叉还具有使用寿命长、养护维修方便的优点。

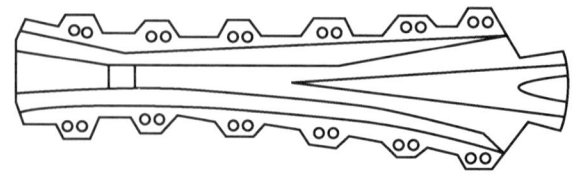

图 4-22 整铸辙叉

钢轨组合式辙叉是用钢轨及其他零件经刨切拼装而成的,它由长心轨、短心轨、翼轨、间隔铁、辙叉垫板及其他零件组成,如图 4-23 所示。辙叉由长、短心轨拼装而成,长心轨铺设在正线或运量较大的线路方向上,为尽可能保持长心轨断面的完整,而将短心轨刨去一部分,使短心轨轨底叠盖在长心轨轨底上,以保持叉心的坚固稳定。这种结构取材容易,无特殊工艺要求,加工制造方便。但这种结构零件多,养护工作量大,目前我国正线上已很少使用。

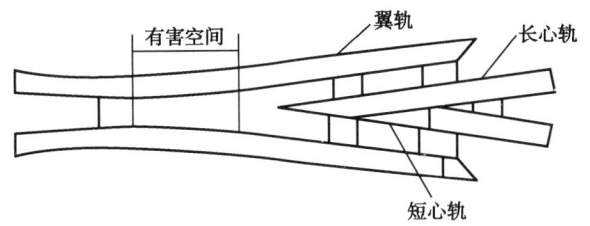

图 4-23 组合辙叉

叉心两侧作用边之间的角称为辙叉角 α,其交点称为辙叉理论中心(理论尖端)。由于制造工艺原因,实际上辙叉尖端有 6~10mm 宽度,称为辙叉实际尖端。

辙叉角 α 越小,道岔号数 N 越大,两者之间的关系为

$$N=\cot\alpha \tag{4-1}$$

我国道岔号数与辙叉角的对应值见表 4-2。

表 4-2 道岔号数与辙叉角的关系(二)

道岔号数	7	9	12	18	24
辙叉角	8°07′47″	6°20′25″	4°45′49″	3°10′47″	2°23′09″

翼轨由普通钢轨弯折刨切而成,用间隔铁及螺栓和叉心连接在一起,与辙叉间形成必要的轮缘槽,引导车轮行驶。翼轨作用边开始弯折处称为辙叉咽喉,是两翼轨作用边之间的最窄距离,从辙叉咽喉至实际尖端之间,有一段轨线中断的空隙,称为道岔的"有害空间",如图 4-24 所示。道岔号数越大,辙叉角越小,有害空间越大。车轮通过较大的有害空间时,叉心容易受到撞击,为保证车轮安全通过有害空间,必须在辙叉相对位置的两侧基本轨内侧设置护轨,

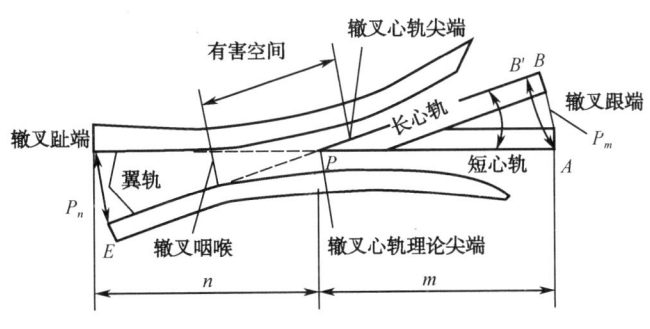

图 4-24 辙叉组成

辙叉是用来引导车轮的正确行驶方向的。

单开道岔中,辙叉角小于 90°,所以将这类辙叉称为锐角辙叉。

单开道岔辙叉从其趾端到跟端的长度 FA 或 EB,称为辙叉全长。从辙叉趾端到理论中心的距离 FO 或 EO,称为辙叉趾距,用 n 表示,从辙叉跟端到理论中心的距离 AO 或 BO,

称为辙叉跟距,用 m 表示。辙叉趾端翼轨作用边间的距离 EF 和辙叉跟端叉心作用边间距 AB,分别称为辙叉前开口 P_n 及辙叉后开口 P_m。

我国常用的标准道岔的辙叉尺寸见表 4-3。

表 4-3　标准辙叉尺寸

钢轨类型（kg/m）	道岔号数	辙叉全长（mm）	n（mm）	m（mm）	P_n（mm）	P_m（mm）
75、60	18	12 600	2 851	9 749	285	441
75、60	12	5 927	2 127	3 800	177	317
50	12	4 557	1 849	2 708	154	225
60	9	1 309	1 538	2 771	171	308
50	9	3 588	1 538	2 050	171	228

当车轮沿翼轨向叉心方向滚动时,由于车轮踏面是锥形的,车轮逐渐下降,当车轮离开翼轨完全滚到心轨后,又恢复到原来的高度,因此产生了垂直不平顺。为了消除垂直不平顺,并防止心轨在其前端断面过分削弱部分承受车轮荷载,采用了提高翼轨顶面和降低心轨前端顶面的做法,将翼轨顶面做成 1:20 的横坡,使翼轨和心轨顶面之前保持必要的相对高差。

对高锰钢整铸辙叉,规定叉心顶面 35mm 及其以上部分承受全部车轮压力,而在 20mm 及其以下部分则完全不承受存在压力。因此,将翼轨顶面从辙叉咽喉到叉心顶宽 35mm 一段以堆焊法加高。为防止车轮撞击心轨尖端,应使该处叉心顶面低于翼轨顶面 35mm,如图 4-25 所示。

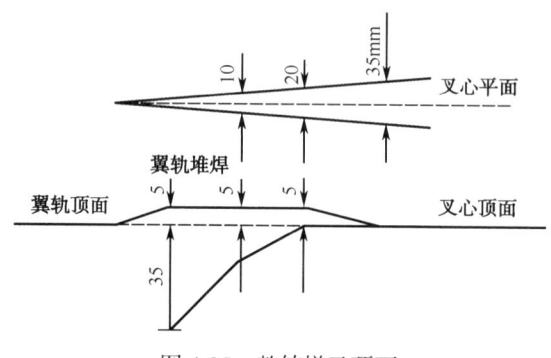

图 4-25　整铸辙叉顶面

对钢轨组合式辙叉,规定叉心顶面 40mm 及其以上部分承受全部车轮压力,而在 30mm 及其以下部分则完全不受压力。由于在工雨季制作时堆焊翼轨有困难,因此采用降低心轨顶面,如图 4-26 所示的方法,保持必要的相对高差。

护轨设于固定辙叉的两侧,用于引导车轮轮缘,使之进入适当的轮缘槽,防止与叉心碰撞。目前,我国道岔的护轨类型主要有钢轨间隔铁型、H 型和槽型 3 种。护轨的防护范围应包括辙叉咽喉至叉心顶宽 50mm 的一段长度,并要求有适当的余裕。辙叉护轨由中间平直段、两端缓冲段和开口段组成,如图 4-27 所示。护轨平直段是实际起着防护作用和部分，缓冲段及开口段起着将车轮平顺地引入护轨平直段的作用。缓冲段的冲击角应与列车允许的通过速度相配合。

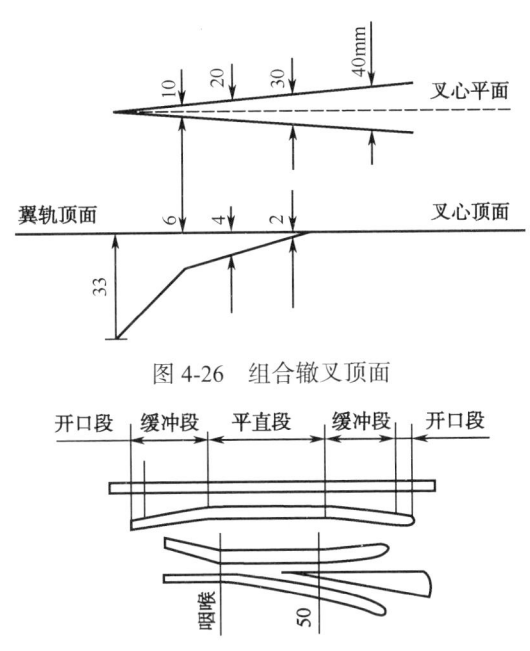

图 4-26 组合辙叉顶面

图 4-27 护轨

（二）可动辙叉

可动辙叉是指辙叉个别部件可以移动，以保证列车过岔时轨线的连续，消除固定辙叉上存在的有害空间，并可取消护轨，同时辙叉在纵断面上的几何不平顺也可以大大减少，从而显著地降低辙叉部位的轮轨相互作用，提高运行的平稳性，延长辙叉的使用寿命。长期的运营实践表明，可动心轨辙叉的使用寿命为同型号高锰钢整铸辙叉的 6～9 倍，养护维修工作量减少 40%，大大减少了机车车辆通过时的冲击力，提高了过岔容许速度及旅行舒适度。可动辙叉有以下 3 种形式。

1. 可动心轨式辙叉

可动心轨式辙叉的中心轨可动，翼轨固定。这种辙叉结构的优点是列车作用于心轨的横向力能直接传递给翼轨，保证了辙叉的横向稳定性。由于心轨的转换与转辙器同步，不会在误认进路时发生脱轨事故，故能保证行车安全。这种辙叉结构的缺点是制造比较复杂，并较固定式辙叉长。

可动心轨辙叉由两根翼轨、长心轨、短心轨、转换设备及各种连接零件组成。它分为钢轨组合型可动心轨辙叉及锰钢型可动心轨辙叉两大类。

心轨跟端有铰接式和弹性可弯式两种。铰接式心轨跟端通过高强螺栓固定在翼轨上的间隔铁来保证心轨与翼轨的相对位置，并传递温度力。这种辙叉便于铸造，转换力较少，可以保持原有固定式辙叉的长度。铺设这种可动心轨辙叉时不致引起车站平面的变动，因此尤其适用于既有线站场的技术改造。但是在辙叉范围内出现活接头，不如弹性可弯式结构稳妥可靠。

弹性可弯式跟部结构有两种形式，即心轨的一肢跟端为弹性可弯式，另一端为活动铰接式；或是心轨的两肢均为弹性可弯式。前一种结构不仅连接可靠，而且构造简单，辙叉转换力也较小，我国研制的可动心轨辙叉选用的就是这种形式。后一种结构在转换时长短心轨接合面上将产生少量的相对滑动，这种心轨较长，且转换力要求较大。

2. 可动翼轨式辙叉

可动翼轨式辙叉的中心轨固定，翼轨可动，又可分为单侧翼轨可动或双侧翼轨可动两种形式。这类辙叉可以设计成与既有固定辙叉互换的尺寸，铺设时可以避免引起站场平面的变动，同时又满足了消灭有害空间的要求，缺点是可动翼轨的横向稳定性较差，翼轨的固定装置结构复杂。

3. 其他消灭有害空间的辙叉形式

例如，德国的 UIC60 型钢轨道岔，就是用滑动的滑块填塞辙叉轮缘槽

在一些主要干线上试铺了 12 号弹性可弯式心轨活动辙叉道岔，其中技术含量最高的为可动心轨式提速道岔，如图 4-28 所示。其直向通过速度可达到 160km/h，并可用于跨区间无缝线路中，该道岔采用长翼轨结构，心轨末端与翼轨间采用间隔铁及高强度螺栓连接，区间温度力可通过间隔铁的摩阻力在长心轨与翼轨间传递。长心轨跟端为弹性可弯式，短心轨跟端为滑动端。直向不设护轨，侧向因防止心轨侧面磨耗影响直股密贴，设置有防磨护轨。长、短心轨均用 60AT 轨制造，长心轨第一牵引点在轨底下部设有转换凸缘。翼轨用 60kg/m 普通钢轨制造，对应长心轨转换凸缘部位，翼轨内侧轨底须进行刨切，为此在外侧轨腰上设有补强板，下部设有桥板，来保证翼轨强度。提速道岔为我国主要干线普遍提速做出了巨大贡献。

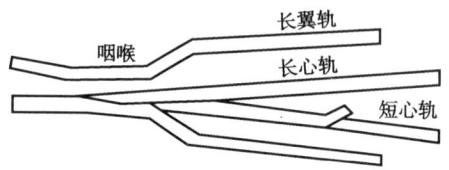

图 4-28 可动心轨式提速道岔辙叉结构

三、连接部分

连接部分是转辙器和辙叉之间的连接线路，包括直股连接线和曲股连接线（又称为导曲线）。直股连接线与区间线路构造基本相同。导曲线的平面形式可以是圆曲线、缓和曲线或变曲率曲线。我国目前铁路上铺设的道岔导曲线均为圆曲线，当转辙器尖轨或辙叉为曲线形时，尖轨或辙叉本身就是导曲线的一部分，确定导曲线平面形式时应将尖轨或辙叉平面一并考虑。圆曲线两端一般不设缓和曲线。导曲线由于长度及限界的限制，一般不设超高和轨底坡。

为防止导曲线钢轨在动荷载作用下的外倾及轨距扩大，可设置一定数量的轨撑或轨距拉杆。还可同区间线路一样设置一定数量的防爬器及防爬木撑，以减少钢轨的爬行。

连接部分一般配置 8 根钢轨，直股连接线 4 根，曲股连接线 4 根。配轨时要考虑轨道电路绝缘接头的位置和满足对接接头的要求，并尽量采用 12.5m 或 25m 长的标准钢轨。连接部分使用的短轨一般不短于 6.25m，在困难的情况下不短于 4.5m。

我国标准的 9、12 及 18 号道岔连接部分的配轨如图 4-29 所示，尺寸见表 4-4。

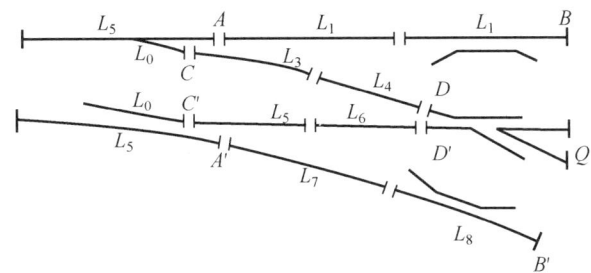

图 4-29 道岔连接部分

表 4-4 标准道岔的配轨尺寸　　　　　　　　（单位：mm）

N	9	12	18	N	9	12	18
l_1	5 324	11 791	10 226	l_5	6 836	12 500	16 574
l_2	11 000	12 500	18 750	l_6	9 500	9 385	12 500
l_3	6 894	12 500	16 903	l_7	5 216	11 708	10 173
l_4	9 500	9 426	12 500	l_8	11 000	12 500	18 750

四、岔枕

在我国铁路上，岔枕经常使用木枕为主，城市轨道交通大部分采用混凝土岔枕及钢岔枕。

木岔枕断面和普通木枕基本相同，长度分为 12 级，其中最短的为 2.60m，最长的为 4.80m，级差为 0.20m，采用螺纹道钉与垫板连接。

钢筋混凝土岔枕最长者为 4.90m，级差为 0.10m。混凝土岔枕与Ⅲ型混凝土枕具有相当的有效支撑面积，采用无挡肩形式，岔枕顶面平直，岔枕中还预埋有塑料套管，依靠扣件摩擦及旋入套管中的道钉承受横向荷载，按 $\phi 7$mm 配筋。

为了不让转换设备占用枕木空间，适应大型养路机械设备的需要，在提速道岔中设计并采用了钢岔枕。钢岔枕内腔应满足电务转换设备的安装要求，同时考虑允许尖轨或心轨 ±15mm 的伸缩量。钢岔枕外宽要控制，以保证与相邻岔枕间形成足够的捣固空间。钢岔枕自身还应有足够的刚度，在轮载作用下尽可能减小挠度，保证为上部构件及转换设备提供良好的支撑条件。钢岔枕与垫板、外锁闭设备间设有绝缘部件。钢岔枕底部焊有不规则条块，增大与道床间的摩擦系数。

为使道岔的轨下基础具有均匀的刚性，道岔的间距应尽可能保持一致。转辙器和辙叉范围内的岔枕间距，通常采用 1~9 倍区间线路的枕木间距。设置转辙杆的一孔，其间距应当适当增大。道岔钢轨接头处的岔枕间距应与区间线路同类型钢轨接头处轨枕间距保持一致，并使轨缝位于间距的中心。

铺设在单开道岔转辙器及连接部分的岔枕，均应与道岔的直股方向垂直。辙叉部分的岔枕应与辙叉角的角平分线垂直，从辙叉趾前第二根岔枕开始，逐渐由垂直角平分线方向转到垂直于直股的方向。岔枕的间距，在转辙器部分按直线上股计量，在导曲线及转向过流段按直线下股计量，在辙叉部分按角平分线计量。为改病况列车直向过岔时的运行条件，提速道岔中所有的岔枕均按垂直于直股方向布置，间距均匀一致，均为600mm。

岔枕长度在道岔各个部位差别很大。岔枕端部伸出钢轨工作边的距离 M 应与区间线路基本保持一致，按 M 值要求计算出的岔枕长度各不相等，为减少道岔上出现过多的岔枕长度级别，要集中若干长度相近者为一组，误差不应超过岔枕标准级差的1/2。

案例

地铁道岔的其他规定

（1）正线上道岔的钢轨类型应与正线的钢轨类型一致。

（2）正线、辅助线和试车线应采用不小于9号的各类道岔，车场线咽喉区应采用不大于7号的各类道岔，并宜采用AT型尖轨、高锰钢辙叉和可调式护轨。

（3）道岔上应采用弹性分开式扣件。

（4）隧道内和高架上的道岔区宜采用短枕式整体道床，车场线道岔宜采用碎石道床。

（5）相邻道岔间插入短钢轨的最小长度应符合相关规定。

岔枕一般根据道床而定，碎石道床的道岔采用木岔枕，整体道床的道岔采用混凝土岔枕，强度等级为C40，横断面为梯形，底部伸出钢筋钩，以加强与道床的连接。道床混凝土强度等级为C30。

道岔应设在直线地段，道岔基本轨端部至曲线端部的距离（不含超高顺坡及轨距递减段）不宜小于5m，车场线可减少到3m。

道岔宜靠近车站设置，但道岔基本轨端部至车站站台计算长度端部的距离不应小于5m。

设置交叉渡线两平行线的线间距宜按下列规定确定。

（1）12号道岔采用5m。

（2）9号道岔采用4.6m或5.0m。

（3）6、7号道岔采用4.5m或5.0m。

（4）对于交叉渡线的线间距小于上述标准规定的，应予特殊设计。

（5）折返线的有效长度宜为远期列车长度加40m（不含车挡长度）。

任务三　单开道岔的几何尺寸

学习目标

（1）了解单开道岔的几何尺寸。

（2）掌握标准轨距。

学习任务

单开道岔的几何尺寸。

工具设备

单开道岔仿真模型。

教学环境

轨道交通线路实训场。

基础知识

普通单开道岔各部名称如图 4-30 所示。直线线路中心线与侧线线路中心线的交点称为道岔中心。从道岔中心至基本轨前端轨缝中心的距离称为道岔的前长。从道岔中心至辙叉尾端缝中心的距离称为道岔后长。从基本轨前端轨缝中心到辙叉尾端轨缝中心的距离称为道岔全长。道岔全长包括道岔前长和道岔后长。

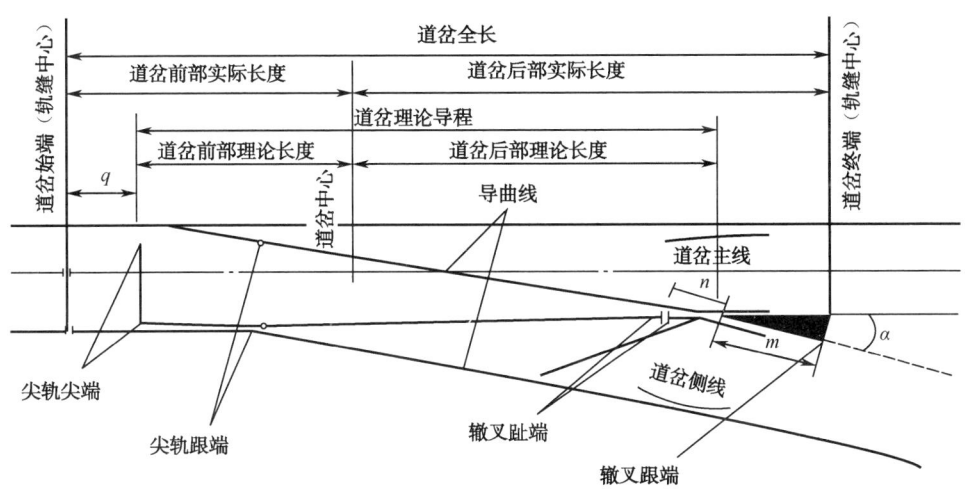

图 4-30　普通单开道岔各部位名称

一、道岔各部分轨距

直线轨道的轨距为 1 435mm，曲线轨道应根据曲线半径、运行速度及机车车辆的通过条件等因素来决定。

在单开道岔中，要考虑的轨距加宽部位有：基本轨前接头处轨距、尖轨尖端轨距、尖轨跟端直股及侧股轨距、导曲线中部轨距、导曲线终点轨距。

道岔各部分的轨距，按机车车辆以正常强制内接条件加一定的余量，计算公式为

$$S = q_{max} + (f_D - f_f) + \frac{1}{2}\delta_{min} - \sum \eta \tag{4-2}$$

式中　q_{max}——最大轮对宽度；

　　　f_D——外轮与外轨线形成的矢距；

　　　f_f——内轮与内轨线形成的矢距；

　　　δ_{min}——轮轨间的最小游间；

　　　$\sum \eta$——机车车辆轮轴的可能横动量之和。

根据对我国铁路上使用的各种机车车辆的检算，我国铁路标准道岔上各部分的轨距值见表4-5。

表4-5　标准道岔部分的轨距尺寸　　　　　　　　　　　（单位：mm）

N	9	12		18
		直线尖轨	曲线尖轨	
S_1	1 435	1 435	1 435	1 435
S_1	1 450	1 445	1 437	1 438
S_1	1 439	1 439	1 435	1 435
S_1	1 450	1 445	1 435	1 435

道岔各部分的轨距加宽，应有适当的递减距离，以保证行车的平稳性。尖轨尖端的轨距加宽，应按不大于6‰的递减率向尖轨外方递减。和差数应在尖轨范围内均匀递减。导曲线中部轨距加宽的递减距离，至导曲线起点时为3m，至导曲线终点时为4m。尖轨跟端直股轨距和递减距离为1.5m。

我国新设计道岔中，如提速道岔，除尖轨尖端宽2mm处因刨切引起的轨距构造加宽外，其余部分轨距为1 435mm。

道岔各部分的轨距应符合标准规定，如有误差，不论是正线、到发线、站线或专用线，误差一律在2～3mm范围内，有控制锁的尖轨尖端不超过±1mm，较一般轨道有更严格的要求。同时，还要考虑道岔轨距在列车作用下将有2mm的弹性扩张，由此可以计算出道岔各部分的最小、正常和最大轨距值。

二、转辙器几何尺寸

道岔转辙器上要确定的几何尺寸主要有最小轮缘槽和尖轨动程。

（一）尖轨和最小轮缘槽

当使用曲线尖轨直向过岔时，应保证在最不利条件下，即具有最小宽度和轮对一侧车轮轮缘紧贴直股尖轨时，另一侧车轮轮缘能顺利通过而不冲击尖轨的非工作边，如图4-31所示。此时，曲线尖轨在其最突出处的轮缘槽，较其他任何一点的轮缘槽为小，称为曲线

尖轨的最小轮缘槽。要保证轮对顺利通过该轮缘槽，而不以轮对和轮缘撞击尖轨的非工作边，轮缘槽的宽度应取以下最不利条件时的数值：

$$t_{\min} = S_{\max} - (T+d)_{\min} \tag{4-3}$$

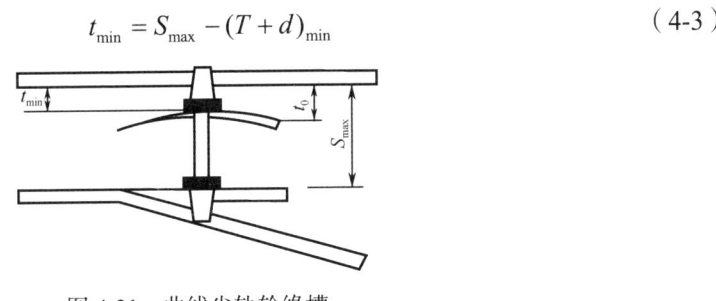

图 4-31　曲线尖轨轮缘槽

图 4-31 中的轮缘槽的宽度为尖轨突出处直向线路轨距的最大值，计算时还应考虑轨道的弹性扩张和轨道公差。

我国实际采用的轮缘槽的宽度不小于 68mm，同时也是控制曲线尖轨长度的因素之一，为缩短尖轨长度，不宜规定得过宽，根据经验可减少至 65mm。

对于直线尖轨来说，发生在尖轨跟端。尖轨跟端轮缘槽应不小于 74mm。

直线尖轨尖端与尖轨跟端如图 4-32 所示，b 为尖轨跟端钢轨头部的宽度。取 $b=70$mm，代入有关数据，可得 $y_g=144$mm。

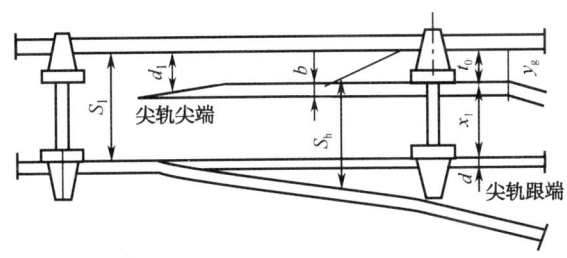

图 4-32　直线尖轨尖端与尖轨跟端

（二）尖轨动程 d_0

尖轨动程为尖轨端非作用边与其基本轨作用边之间的拉开距离，规定在距尖轨尖端 380mm 的第一根连接杆中心处量取。尖轨动程应保证尖轨扳开后，具有最小宽度的轮对尖轨非作用边不发生侧向挤压。曲线尖轨的动程由曲线尖轨最突出处的钢轨顶宽、曲线半径 R 等因素确定。由于各种转辙机的动程已定型，故尖轨和动程应与转辙机和动程配合。目前，大多数转辙机和标准动程为 152mm，因此《铁路线路修规则》规定：尖轨在第一连杆处和最小动程，直尖轨为 142mm，曲尖轨为 152mm。

三、导曲线几何尺寸

导曲线部分需要确定的几何尺寸，主要是导曲线外轨工作边上各点以直向基本轨作用边为横坐标轴和垂直距离，也称为导曲线支距。它对正确设置导曲线并经常保持其圆顺度起着十分重要的作用。

计算导曲线支距的方法有多种，下面以曲线尖轨、圆曲线形导曲线为例，进行计算。取直股基本轨上正对尖轨跟端的 0 点为坐标原点，如图 4-33 所示，这时导曲线始点的横坐标和支距分别为：

$$x_0 = 0, \quad y_0 = y_g \tag{4-4}$$

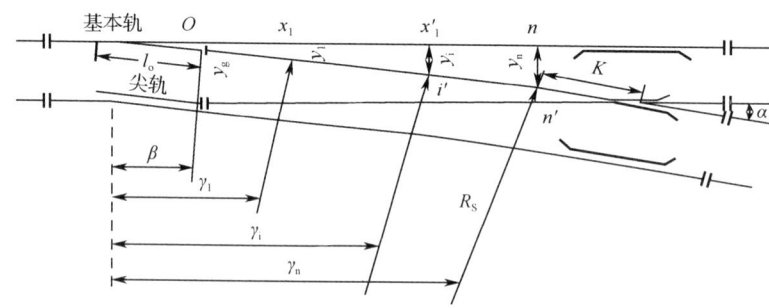

图 4-33 导曲线支距

在导曲线和终点，其横坐标和支距分别为

$$x_n = R(\sin\gamma_n - \sin\beta)$$
$$y_n = y_g + R(\cos\beta - \cos\gamma_n) \tag{4-5}$$

式中　R'——导曲线外轨半径；

　　　β——尖轨跟端处曲线尖轨作用边与基本轨作用边之间形成的转辙角；

　　　γ_n——导曲线终点所对应的偏角，显然 $\gamma_n = \alpha$。

令导曲线上各支距测点的横坐标为（依次为的整数倍），则其相应的支距为

$$y_i = y_0 + R(\cos\beta - \cos\gamma_i) \tag{4-6}$$

可用式（4-7）近似求得

$$y_i = \arcsin\left(\sin\beta + \frac{x_i}{R}\right) \tag{4-7}$$

最后计算得到的 y_g，可用式（4-8）进行校核：

$$y_n = S - K\sin\alpha \tag{4-8}$$

式中　K——导曲线后插直线长。

四、辙叉及护轨几何尺寸

（一）固定辙叉及护轨

固定辙叉及护轨需要确定的几何形位主要是辙叉咽喉轮缘槽、查照间隔、护轨轮缘槽、翼轨轮缘槽和有害空间。

1. 辙叉咽喉轮缘槽

辙叉咽喉轮缘槽确定的原则是保证具有最小宽度的轮对一侧车轮缘紧扣基本轨时，另一侧车轮轮缘不撞击辙叉的翼轨，如图 4-34 所示。这时最不利的组合为

$$t_1 \geq S_{\max} - (T + d)_{\min} \tag{4-9}$$

考虑到道岔轨距允许的最大误差为3mm，轮对车轴弯曲后，内侧距减小2mm，取车辆轮为计算标准，则 $t_1 \geq 68\text{mm}$，t_1 不宜规定过宽，否则会不必要地增大有害空间。

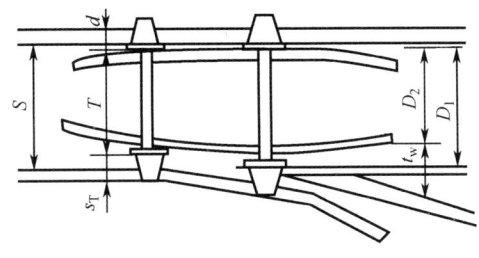

图4-34 查照间隔

2. 查照间隔

护轨作用边至心轨作用边和查照间隔确定的原则是具有最大宽度的轮对通过辙叉时，一侧轮缘受护轨的引导，而另一侧轮缘不冲击叉心或滚入另一线。这时最不利和组合为

$$D_1 \geq (T+d)_{\max} \qquad (4\text{-}10)$$

考虑到车轴弯曲使轮背内侧距增大2mm，代入具体值，取（$T+d$）较车辆轮更大的机车轮为计算标准，求得

$$D_1 \geq (1\,356+2)+33 = 1\,391\text{mm}$$

护轨作用边至翼轨作用边的查照间隔 D_2 的确定原则是具有最小宽度的轮对直向通过时不被卡住，必须有：

$$D_2 \leq T_{\min} \qquad (4\text{-}11)$$

代入具体值，取较机车轮 T 更小的车辆为计算标准，并考虑车辆轴上弯后轮对内侧距的减小值2mm，则

$$D_2 \leq 1\,350 - 2 = 1\,348\text{mm}$$

显然，D_1 只能有正误差，不能有负误差，容许变化范围为 1 391～1 394mm，D_2 只能有负误差，不能有正误差，容许变化范围为 1 346～1 348mm。

3. 护轨轮缘槽

如图4-35所示，护轨中间平直段轮缘槽应确保不超出规定的容许范围，计算公式为

$$t_{g1} = S - D_1 - 2 \qquad (4\text{-}12)$$

式中 2——护轨侧面磨耗限度（mm）。

为使车轮轮缘能顺利进入护轨轮缘槽内，护轨平直段两端应分别设置缓冲段及开口段。终端轮缘槽 t_{g2} 应保证有和辙叉轮缘槽相同的通过条件，即 $t_{g1} = t_1 = 68\text{mm}$。在缓冲段的外端，再各设开口段，开口段终端轮缘槽 t_{g3} 应能保证线路距为最大允许值时，具有最小宽度的轮对能顺利通过，而不撞击护轨的终端开口，由此得

$$t_{g3} = 1\,435 - (1\,350 + 22 - 2) = 65\text{mm}$$

实际采用 $t_{g3}=90\text{mm}$，用把钢轨头部向上斜切的方法而得到。

护轨平直部分长 x，相当于辙叉咽喉起至叉心顶宽 50mm 处止，外加两侧各 100～300mm。缓冲段长 x_1 按两端轮缘槽宽计算确定，开口段长 $x_2=150\text{mm}$。

4. 翼轨轮缘槽

根据图 4-35，辙叉翼轨平直段轮缘槽 t_2 应保证两查照间距不超出规定的容许范围，计算公式为

$$t_\omega = D_1 - D_2 \qquad (4\text{-}13)$$

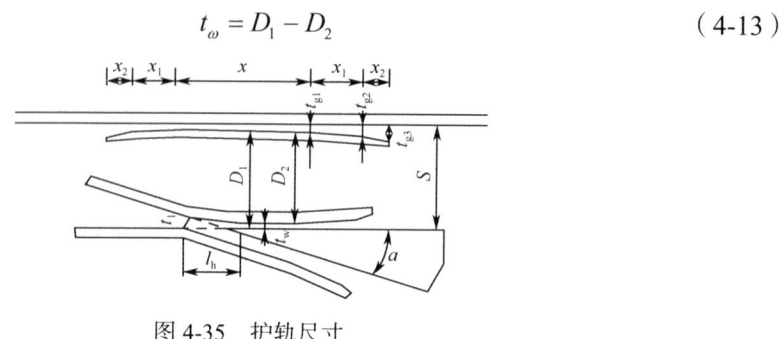

图 4-35 护轨尺寸

采用不同的 D_1、D_2 组合，得到 t_ω 的变化范围为 43~48mm。

5. 有害空间

辙叉有害空间可采用下式计算：

$$l_h = \frac{t_1 + b_1}{\sin\alpha} \qquad (4\text{-}14)$$

式中　b_1——叉心实际尖端长度，通常可取 10mm。

因 α 较小，可近似采用下式计算：

$$l_h \approx (t_1 + b_1)N \qquad (4\text{-}15)$$

取 t_1=68mm，b_1=10mm，则 9 号、12 号及 18 号道岔的有害空间分别为 702mm、936mm 及 1 404mm。

（二）可动心轨辙叉及护轨

可动心轨辙叉的主要几何形位有辙叉咽喉轮缘与翼轨端部轮缘槽。可动心轨辙叉与固定式辙叉不同，其咽喉宽度不能用最小轮背距和最小轮缘厚度进行计算，应根据转辙机的参数来决定。现有电动转辙机的动程为 152mm，调整密贴的调整杆的轴套摆度最小可达 90mm，因此，可动心轨辙叉咽喉的理论宽度不应小于 90mm，并不大于 152mm。现已使用的 60 钢轨 12 号可动心轨辙叉中，这个数值采用 120mm。翼轨端部的轮缘槽宽度不应小于固定式的辙叉咽喉宽度，一般采用大于 90mm。若可动心轨辙叉中设置有防磨护轨，护轨轮缘槽确定的原则为确保心轨不发生侧面磨耗而影响心轨与翼轨的密贴。

 案例

常用单开道岔主要尺寸见表 4-6。

表 4-6　常用单开道岔主要尺寸表

单位：mm

道岔辙叉号	钢轨类型 (kg/m)	图号	辙叉角度 α	导曲线半径(股道中心) R	道岔全长 L_Q	道岔始端(轨缝中心)至道岔中心距离 a	道岔中心至辙叉跟端(轨缝中心)距离 b	尖轨前基本轨长度 q	辙叉趾距 n	辙叉跟距 m	尖轨长度 l_0	道岔跟端(轨缝中心)至木枕岔枕中心距离 L'	岔枕类型	附注
18	60	专线4223	3°10′47″	800 000	60 000	22 744	37 256	3 520	2 836	5 400	15 680	9 900	砼	可动心轨
	50	专线4155			54 000	22 745	31 255	3 878			13 500	11 164	木	
	75	专线4214	4°45′49″	350 000	36 600	15 392	21 208	3 195	2 038	3 954	13 000		砼	
		专线4247			37 800			4 395			12 400	11 100	砼	设钢岔枕
12	60	专线4228			43 200	16 592	26 608	2 920				3 900	砼	可动心轨
		铁联线001			37 800		21 208	4 395	2 038	3 954	13 880	5 100	木	
		铁联线002										9 300	砼	
		铁联线003				16 853					12 400	11 100	砼	固定辙叉
	50	专线4249			37 907	21 054		2 850	2 127	3 800	11 300	6 806	木	
		专线4190										6 806	木	
		专线4147										9 235	砼	
		专线4198		330 000	36 815	19 962		2 650	1 849	2 708	7 700	7 897	木	
	43	专线4144										8 883	木	
		TB399-75												

续表

道岔辙叉号	钢轨类型 (kg/m)	图号	辙叉角度 α	导曲线半径（股道中心）R	道岔全长 L_Q	道岔始端（轨缝中心）至道岔中心距离 a	道岔中心至跟端辙叉（轨缝中心）距离 b	尖轨前基本轨长度 q	辙叉趾距 n	辙叉跟距 m	尖轨长度 l_0	道岔跟端（轨缝中心）至末根岔枕中心距离 L'	岔枕类型	附注
9	60	专线4194	6°20′25″	180 000	29 569	13 839	15 730	2 650	1 538	2 771	6 450	5 718	木	
9	60	专线4204	6°20′25″	180 000	29 569	13 839	15 730	2 650	1 538	2 771	6 450	7 060	砼	
9	50	专线4141	6°20′25″	180 000	28 848	13 839	15 009	2 650	1 538	2 050	6 450	5 997	木	
9	50	专线4151	6°20′25″	180 000	28 848	13 839	15 009	2 650	1 538	2 050	6 450	8 153	砼	
9	43	TB399-75	6°20′25″	180 000	28 848	13 839	15 009	2 650	1 538	2 050	6 450	6 585	木	
7	50	专线4182	8°07′48″	150 000	22 967	10 897	12 070	2 242	1 065	1 970	6 250	4 632	木	仅适用于标准轨距专用线铁路
7	50	叁标线(90)4082	8°07′48″	150 000	22 967	10 897	12 070	2 242	1 065	1 970	5 000	5 138	木	
7	43	叁标线(90)4076	8°07′48″	150 000	22 967	10 897	12 070	2 242	1 065	1 970	5 000	5 168	木	
6	50	专线4179	9°27′44″	110 000	18 485	8 491	9 994	1 221	1 220	1 321	4 100	4 089	木	
6	50	叁标线(90)4079	9°27′44″	110 000	18 485	8 491	9 994	1 221	1 220	1 321	4 100	4 049	木	
6	43	叁标线(90)4073	9°27′44″	110 000	18 485	8 491	9 994	1 221	1 220	1 321	4 100	4 079	木	

任务四　单开道岔的总布置图

学习目标

道岔主要尺寸计算、配轨计算、导曲线支距的计算、各部分轨距的计算、岔枕布置、绘制道岔布置总图、提出材料数量表。

学习任务

单开道岔的设计。

工具设备

单开道岔仿真模型。

教学环境

轨道交通线路实训场。

基础知识

道岔的设计一般分为两种情况。

一种是给出钢轨类型、侧向容许通过速度、机车类型等条件进行道岔设计。这时必须按规定的容许离心加速度、加速度时变率及撞击动能损失的容许值来确定所需要的道岔号数、导曲线半径、各部分轨距，并进行整个道岔的设计。

另一种是在生产实际中大量遇到的情况，已知钢轨的类型和道岔号数、导曲线半径、转辙器类型、辙叉类型及长度，来计算道岔布置总图。

单开道岔总图计算包括以下几项主要内容：道岔主要尺寸计算、配轨计算、导曲线支距的计算、各部分轨距的计算、岔枕布置、绘制道岔布置总图、提出材料数量表。

一、曲线尖轨、直线辙叉单开道岔的计算

（一）转辙器计算

曲线尖轨大多采用圆曲线形。半切线形尖轨如图4-36所示。

半切线形尖轨曲线的理论起点与基本轨相切，在尖轨顶宽为 b_1 处开始，将曲线改为切线，为避免尖轨尖端过于薄弱，在顶宽3~5mm处再作一斜边。这种形式的曲线尖轨的侧向行车条件较直线尖轨好，且尖轨比较牢固，加工也比较简单，是我国目前大号码道岔的标准尖轨形式。

曲线尖轨转辙器中的主要尺寸包括：曲线尖轨长度、直向尖轨长度、基本轨前端长、基本轨后端长、尖轨曲线半径、尖轨尖端角、尖轨转辙角和尖轨辙跟支距。

尖轨曲线半径通常与导曲线半径相同，以保持转辙器与导曲线的容许通过速度一致，并使道岔全长较短。

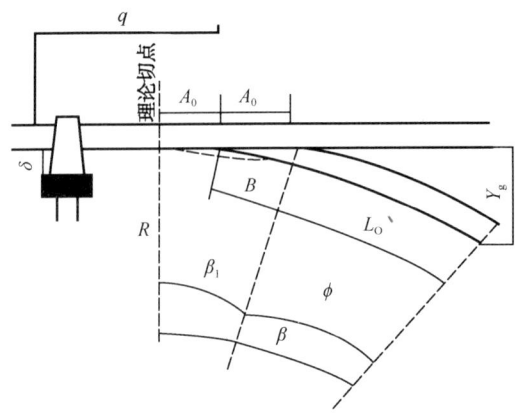

图 4-36 半切线形尖轨

尖轨尖端角为导曲线实际起点的半径与垂直线的角,又称为始转辙角。由图 4-36 可得

$$\beta_1 = \arccos \frac{R - b_1}{R} \qquad (4\text{-}16)$$

AB 线为 B 点的切线,理论切点 O 与 A、B 点所形成的三角形中,有 $OA=AB$。由于始转辙角极小,可近似认为尖轨实际尖端至理论起点的距离与尖轨实际尖端至尖轨顶宽处的距离相等。则 A 可采用下式计算:

$$A_0 = \tan \frac{\beta_1}{2} \qquad (4\text{-}17)$$

基本轨前端长是道岔与连接线路或另一组道岔之间的过渡段。为使两组道岔对接时,道岔侧线的理论顶点能设置在道岔前端接头处,尖轨尖端前部基本轨的长度 q 应不小于 $A_0-\delta/2$,同时 q 还应满足轨距递变的限值,S_0 为尖轨尖端处的轨距值,S 为正常轨距值,i 为容许的轨距递变率,i 不应大于 6‰,q 值的长短还应考虑岔枕的布置。我国在 9 号和 12 号标准道岔上,在满足岔枕合理布置的前提下,统一采用 $q=2\,646\text{mm}$。

然后,计算曲线尖轨的长度。尖轨跟部所对的圆心角称为转辙角,即

$$\beta = \arccos \frac{R - y_g}{R} \qquad (4\text{-}18)$$

由图 4-36 可知,曲线尖轨的长度为

$$l_0 = AB + BC$$
$$= A_0 + \frac{\pi}{180} R(\beta - \beta_1) \qquad (4\text{-}19)$$

曲线尖轨扳开后,与基本轨之间所形成的最小轮缘槽的位置在尖轨中部的某个位置上,这个宽度应满足最小轮缘槽的要求,因此所算得的尖轨长度还应根据该尖轨扳开时所形成的轮缘槽的宽度来进行调整。这时可变更尖轨跟端支距,重新计算,并校核轮缘槽宽度,直至符合要求,最小轮缘槽的计算见式(4-3)。

设尖轨跟端支距为尖轨扳开后尖轨突出处距尖轨理论起点的距离,这时该处尖轨工作边与基本轨工作边之间的距离为 T,利用曲边三角形的关系,有:

$$T \approx \frac{x^1}{2R} + \frac{d_0(l_0+q-x)}{l_0-x_0} - b \qquad (4\text{-}20)$$

令 $dT/dx=0$，则可得到尖轨最突出处距尖轨理论起点的距离 x_t 为

$$x_t = \frac{d_0 R}{l_0 - x_0} \qquad (4\text{-}21)$$

因此，尖轨非工作边与基本轨工作边之间的轮缘槽宽为

$$t_{\tan} = \frac{x_r^2}{2R} + \frac{d_0(l_0+q-x_r)}{l_0-x_0} \qquad (4\text{-}22)$$

尖轨的长度还与跟部的构造有关，如尖轨跟部为间隔铁式，则按式（4-19）计算。如果是弹性可弯式跟部结构，则求得的尖轨长度还要增加 1.0~2.0m，作为尖轨跟部的固定部分。

转辙器的另一根尖轨为直尖轨。直尖轨以曲线尖轨实际尖端与跟端在水平方向的投影长作为其长度，这样可保持两尖轨的尖端及跟端对齐，直尖轨长为

$$l_0' = A_0 + R(\sin\beta - \sin\beta_1) \qquad (4\text{-}23)$$

基本轨后端长 q' 主要决定于尖轨跟端连接结构、岔枕布置及配轨要求。

新设计 60kg/m 的钢轨 12 号提速单开道岔转辙器中采用的是切线形尖轨，仅在尖轨尖端轨头宽处做补充刨切，使尖端藏于基本轨轨线以内。其主要尺寸的计算原理与半切线尖轨是一致的，基本参数如下：

$R=350\,717.5$mm，$q=29\,169$mm，$b_2=2$mm，$y_g=311$mm，$l_0=13\,880$mm，$l_0'=13\,800$mm，尖轨尖端的轨距加宽为 2mm，导曲线理论起点离尖轨实际尖端为 886mm，导曲线实际起点离尖轨实际尖端为 298mm。

（二）锐角辙叉主要几何尺寸

锐角叉的主要尺寸包括趾距、跟距及辙叉全长。趾距影响道岔连接部分及配轨的长度，跟距决定道岔后端接头的位置，直接影响着道岔的全长。

直线锐角辙叉的长度应根据给定的钢轨类型、辙叉角或辙叉号数进行计算。首先，根据辙叉的构造要求，即根据我国夹板的孔型布置，能使各个夹板螺栓顺利空入为控制条件，计算辙叉的容许最小长度，再按岔枕布置及护轨长度等条件进行调整，最后确定其采用值。我国铁道标准 9、12 及 18 号道岔直线辙叉的长度已列入表 4-3 中。新设计的 60kg/m 钢轨 12 号提速道岔中锰钢固定式辙叉的长度是 $n=2\,038$mm，$m=3\,954$mm。

（三）道岔主要尺寸

半切线形尖轨、直线辙叉单开道岔中的主要尺寸如图 4-37 所示，其中各项符号的意义：道岔号数 N 或辙叉角、轨距、轨缝、转辙角、尖轨长、尖轨跟端支距，基本轨前端长；辙叉趾距，辙叉跟距；导曲线外轨半径、导曲线后插直线长 K。

O 点为道岔直股中心线与侧线辙叉部分中心线的交点，称为道岔中心。

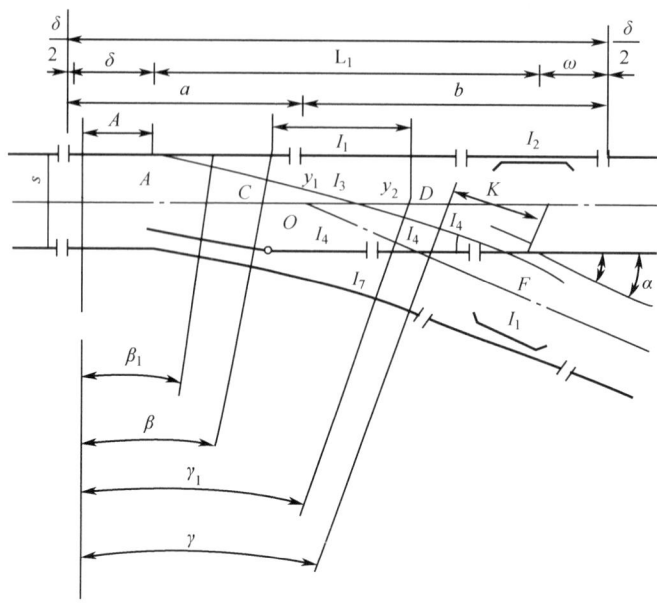

图 4-37 单开道岔总图

需要计算的尺寸：道岔前长 a（即道岔前轨缝中心至道岔中心的距离），道岔后长 b（即道岔中心至道岔后轨缝中心的距离）；道岔理论全长（尖轨理论尖端至辙叉理论尖端的距离）；道岔实际全长（道岔前后轨缝中心之间的距离）；导曲线后插直线长（当 R 为已知时）或导曲线外外轨半径 R（当 K 已知时）。

导曲线后插直线段能减少车辆对辙叉的冲击作用，避免车轮与辙叉前接头相撞，并使辙叉两侧的护轨完全铺设在直线上，一般 K 有 2~4m 的长度，最短不得小于辙叉趾距 n 加上夹板长度的半数，即。

为求得道岔的有关数据，把导曲线外股作用边 $ACDEF$ 投影至直股中线上，得

$$L_r = R\sin\alpha + K\cos\alpha - A_0 \tag{4-24}$$

再把它投影到直股中线的垂直线上，得

$$S = y_r + R(\cos\beta - \cos\alpha) + K\sin\alpha \tag{4-25}$$

道岔各主要尺寸的计算公式为

$$K = \frac{S - R(\cos\beta - \cos\alpha) - y_g}{\sin\alpha} \tag{4-26}$$

或者

$$R = \frac{S - K\sin\alpha - y_g}{\cos\beta - \cos\alpha} \tag{4-27}$$

$$L_a = q + L_r + m + \delta \tag{4-28}$$

$$b = \frac{S}{2\tan\frac{\alpha}{2}} + m + \frac{\delta}{2} \tag{4-29}$$

$$a = L_a - b \tag{4-30}$$

（四）配轨计算

一级单开道岔，除转辙器、辙叉及护轨外，一般有 8 根连接轨，分 4 股，每股 2 根。所谓配轨就是计算这 8 根钢轨的长度并确定其接头的位置。

配轨时应考虑如下一些原则。

（1）转辙器及辙叉的左右基本轨长度应尽可能一致，以减少基本轨备件的数量，并有利于左右开道岔的互换。

（2）连接部分的钢轨不宜过短，小号码道岔一般不小于 4.5m，大号码道岔不小于 6.25m。

（3）配轨时应保证对接接头，并尽量使岔枕布置不发生困难，同时要考虑安装轨道电路绝缘接头的可能性。

（4）充分利用整轨、缩短轨、整轨的整分数倍的短轨，做到少锯切、少废弃，选用钢轨利用率较高的方案。

（五）导曲线支距计算

导曲线支距计算已在前边做了介绍。现仍对 60kg/m 钢轨 12 号提速单开道岔进行计算。

已知的参数为 $\beta = 2°24'47''$，$a = 4°45'49''$，$y_g = 311$mm

支距计算起始点为 $x_D = 0$，$y_0 = y_g = 311$mm

支距计算终点坐标为

$x_g = R(\sin\alpha - \sin\beta) = 350\,717.5 \times (0.083\,044\,95 - 0.042\,104\,7) = 14\,358$mm

$y_g = S - K\sin\alpha = 1\,435 - 2\,692 \times 0.083\,044\,95 = 1\,211$mm

其余各点支距可按公式（4-6）进行计算。

二、直线尖轨转辙器的计算

直线尖轨、直线辙叉与上述的曲线尖轨、直线辙叉单开道岔的计算方法和步骤基本上一致。在计算时要考虑如下一些特点。

（1）两根尖轨都是直线形的，冲击角、始转辙角和转辙角都是一样的，同时尖轨也比较短。

（2）尖轨的跟部结构通常用间隔铁鱼尾板式，尖轨非工作边与基本轨工作边之间的最小距离发生在尖轨辙跟处。

（3）一般在导曲线前插直线 K，以减少车轮对尖轨辙跟的冲击。

（4）侧股线路和轨距加宽要比曲线尖轨的大。

三、可动心轨辙叉的计算

1. 主要参数

可动心轨的主要参数有：心轨转换过程中不发生弯折的长度，弹性肢长，转辙机必需的扳动力 P，心轨角，第一、第二转辙杆处的心轨动程等，如图 4-38 所示。

图 4-38 可动心轨辙叉

在计算这些参数时,心轨可作为段,为绝对刚体,段为弹性可弯的一端固定的梁,在第一、第二转辙杆处作用有力。根据这样的力学模型便可得到这些参数一系列计算公式。但是上述参数都是互相关联的未知量,无法直接计算出来。实用的工程方法是先假定某几个值,计算其他的量,从而得到一系列曲线。在此曲线上查找合适的数据,同时考虑构造上的要求及岔枕布置,最后定出合理的参数。

如果可动心轨只设一根转辙杆,功率的大小、心轨截面及可弯部分在心轨转换时的弯曲应力值通常可根据经验,参照转辙器部分尖轨的转换条件进行选定。

2. 心轨摆动部分的长度

心轨实际尖端至弹性可弯中心的一段为心轨摆动部分。心轨摆动部分的长短与转辙机的扳动力及摆度、心轨危险截面的弯曲应力等因素有关。心轨摆动部分的长度加长,对上述各项指标有利。

3. 辙叉趾距

可动心轨辙叉的最小趾距不能采用固定式辙叉趾端接头(即按构造计算的方法),而应根据趾端的稳定性来决定,并要与道岔配轨、岔枕布置等一并考虑。

4. 辙叉跟距

辙叉跟距是指辙叉轨距线交点至辙叉跟端的距离。当叉根不设置伸缩接头时,辙叉跟距指轨距线交点至心轨跟端间的距离,这时有

$$m_{\min} \geq L + l_1 - \frac{t_1}{2\sin\frac{\alpha}{2}} \tag{4-31}$$

式中 L——长心轨的尖端到可弯中心的距离;

l_1——心轨可弯中心到辙叉跟端的距离,此值不应小于 2m;

t_1——心轨尖端处的咽喉宽。

任务五 过岔速度和提高过岔速度的措施

学习目标

(1)了解侧向过岔速度及提高过岔速度的途径。

(2)了解直向过岔速度及提高过岔速度的途径。

项目四　道岔

学习任务
过岔速度。

工具设备
单开道岔仿真模型。

教学环境
轨道交通线路实训场。

基础知识
列车通过道岔的速度包括直向通过速度和侧向通过速度。道岔的过岔速度是控制行车速度的重要因素之一。道岔容许通过速度取决于道岔结构的强度及平面形式两个方面，这些是保证列车安全平稳运行和旅行舒适度所必不可少的条件。

一、侧向过岔速度

就一组单开道岔而言，侧向通过速度包括转辙器、导曲线、辙叉及岔后连接路这四部分的通过速度，每一部分都影响道岔侧向的通过速度。然而，辙叉部分，无论从目前的结构形式、强度条件和平面设计来看，都不是控制侧向过岔速度的关键。岔后连接线路不属于道岔的设计范围，且一般规定，岔后连接线路的通过速度不低于道岔导曲线的容许通过速度。因此，侧向通过速度主要由转辙器和导曲线这两个部位的通过速度来决定。

（一）影响道岔侧向通过速度的因素

影响侧向过岔速度的因素很多，主要限制因素是由于导曲线一般不设超高和缓和曲线，且半径较小，列车未被平衡的离心加速度较大。

机车车辆由直线进入道岔侧线时，在开始迫使车辆改变运行方向的瞬间，将必然发生车辆与钢轨的撞击，此时，车体中的一部动能，将转变为对钢轨的挤压和机车车辆走行部分横向弹性变形的位能，即动能损失。动能损失过大将影响旅行舒适度和道岔结构的稳定，降低其使用寿命，因此动能损失必须限制在容许范围之内。

（二）基本参数的确定

目前，道岔设计中用 3 个基本参数来表达列车运行在道岔侧线上所产生的横向力的不利影响：动能损失、未被平衡的离心加速度、未被平衡的离心加速度增量。

1. 动能损失

假定撞击前后车体质量为常量，并近似地把车体视为一个用于冲击部位的质点，同时略去道岔被冲击后的弹性变形，那么车辆与钢轨撞击时的动能损失，将正比于车体运行速度损失的平方。由图 4-39 可见，车轮在 C 点与直线尖轨撞击后，运行方向被迫相同，运行方向上的速度由 v 变成 $v\cos\beta'$，速度的损失为 $v\sin\beta'$，因此撞击时的动能损失为

$$\Delta\omega = \frac{1}{2}mv^2\sin^2\beta' \qquad (4\text{-}32)$$

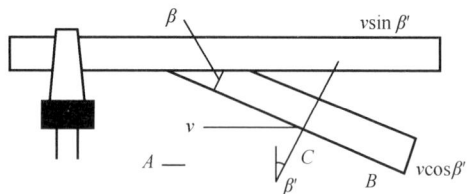

图 4-39 直线尖轨冲击角

车辆与直线尖轨和曲线尖轨撞击时，其动能损失的表达式稍有不同。

（1）车辆逆向进入直线尖轨转辙器时，由于冲击角 β' 与尖轨平面辙角 β，如图 4-39 所示，故动能损失为

$$\omega = v^2 \sin^2 \beta \tag{4-33}$$

（2）车辆自直线撞击圆曲线形尖轨时，轮缘与钢轨之间的游间与曲线半径 R 冲击角的关系，由图 4-40 可知：

$$\delta = R(1 - \cos \beta') = 2R \sin^2 \frac{\beta'}{2} \tag{4-34}$$

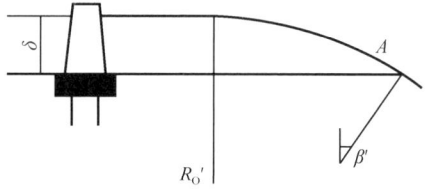

图 4-40 曲线尖轨冲击角

一般 β' 很小，可近似认为

$$\sin^2 \frac{\beta'}{2} \approx \left(\frac{\beta'}{2}\right)^2 \approx \frac{1}{4} \sin^2 \beta' \tag{4-35}$$

代入式（4-35），可得到冲击角为

$$\beta = \arcsin \sqrt{\frac{2\delta}{R}} \tag{4-36}$$

由此代入动能损失计算公式得

$$\omega = \frac{2\delta}{R} V^2 \tag{4-37}$$

为防止列车侧向过岔时，轮轨撞击的动能损失过大，ω 必须限制在一个容许值之内。

2. 未被平衡的离心加速度

道岔导曲线一般采用圆曲线，且导曲线一般不设超高。因此，列车在导曲线上运行时，将产生未被平衡的离心加速度 a，其计算式为

$$a = \frac{v^2}{R} (\text{m·s}^2) \tag{4-38}$$

其中，列车速度按 m/s 计，导曲线半径 R 按 m 计。

为保证列车平稳通过道岔，并满足乘客舒适度的要求，a 必须小于容许值 a_0。

3. 未被平衡的离心加速度增量 Ψ

车辆从直线进入圆曲线时,未被平衡的离心加速度是渐变的。其单位时间内的增量等于 $\Psi=da/dt$。同样 Ψ 也必须控制在一个容许值 Ψ_0 之内。未被平衡的离心加速度变化,可以近似地假定在车辆全轴距范围内完成,当导曲线不设超高时,Ψ 可计算为

$$\Psi = \frac{da}{dt} = \frac{v^2/R}{l/v} = \frac{v^2}{Rl} (\text{m/s}^2) \qquad (4-39)$$

式中 l——车辆全轴距,可采用全金属客车的值,即 $l=18\text{mm}$,列车速度 v 按 m/s 计。

综合考虑上述 3 个主要参数,结合现有各类道岔的结构情况,以及我国铁路线路维修规则的规定,道岔的侧向容许通过速度见表 4-7。

表 4-7 道岔侧向容许通过速度　　　　　　　　　（单位：km/h）

尖轨类型	道岔号数					
	8	9	10	11	12	18
普通钢轨尖轨	25	30	35	40	45	80
AT 型弹性可弯尖轨	—	—	—	—	50	—

（三）提高道岔侧向通过速度的途径

根据以上分析,增大导曲线半径,减小车轮对道岔各部位的冲击角,是提高侧向通过速度的主要途径。此外,加强道岔结构,也有利于提高侧向通过速度。

采用大号码道岔,以增大导曲线半径,这是提高侧向通过速度的有效办法。但道岔号数增加后,道岔的长度也增加了。例如,我国 18 号道岔全长为 54m,较 12 号道岔长 17m,较 9 号道岔长 25m,这就要相应地增加站坪长度,因而在使用上受到限制。

采用对称道岔,在道岔号数相同时,导曲线半径约为单开道岔的一倍左右,可提高侧向通过速度。但对称道岔两股均为曲线,使原来直股的运行条件变坏,因而仅适用于两个方向上的列车通过速度或行车密度相接近的地段。

在道岔号数固定的条件下,改进平面设计,如采用曲线尖轨、曲线辙叉,也可以达到加大导曲线半径的目的。

采用变曲率的导曲线,可以降低轮轨撞击时的动能损失和减缓未被平衡离心加速度及其变化率,但仅在大号码道岔中才有实际意义。导曲线设置超高,可以减缓未被平衡离心加速度及增量,但实际上受道岔空间的限制,超高值很小,只能起到改善运营条件（如防止出现反向超高）的作用,而不能显著提高侧向通过速度。

减小车轮对侧线各部位钢轨的冲击角,例如,防止轨距不必要的加宽,采用切线形曲线尖轨,尖轨、翼轨与护轨缓冲段选用尽可能相同的冲击角,并且使与导曲线容许通过速度相配合。

二、直向过岔速度

(一) 影响道岔直向通过速度的因素

1. 道岔平面冲击角的影响

当列车逆岔直向过岔时,车轮轮缘将与辙叉上护轨缓冲段作用边碰撞,而当顺岔直向过岔时,则将与护轨另一缓冲段作用边碰撞,如图 4-41 所示。

同护轨一样,翼轨缓冲段上也存在冲击角,这样在道岔直向过岔速度问题上,就会产生与护轨相类似的问题,如图 4-42 所示。

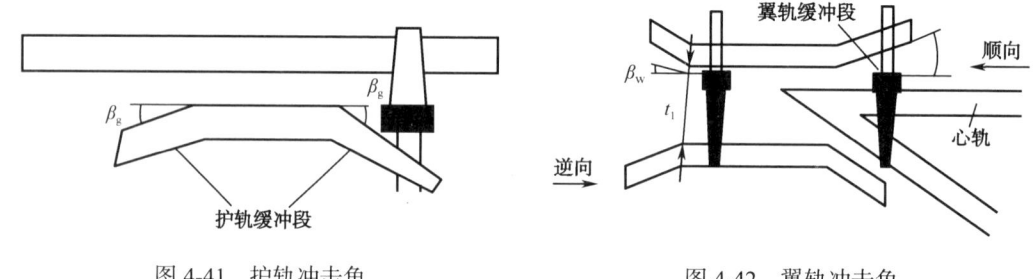

图 4-41　护轨冲击角　　　　　图 4-42　翼轨冲击角

在一般辙叉设计中,直向和侧向翼轨多做成对称的形式,冲击角采用与护轨相同的数值。

当列车逆向通过辙叉,轮对一侧车轮靠近基本轨运行时,另一侧的车轮则必然发生轮缘对翼轨的冲击,其冲击角与道岔号数有关,一般常见的道岔上,其值较其他几个冲击角为大,是一个起控制直向过岔速度的重要因素。例如,我国现有的标准 12 号固定辙叉道岔上,翼轨从辙叉咽喉至叉心尖端上的冲击角 β_w 可计算为

$$\sin \beta_w = \frac{t_1 - t_2}{Nt_1} = \frac{68 - 46}{12 \times 68} = 0.027\,0$$
$$\beta_w = 1°32'40''$$

式中　t_1——辙叉咽喉宽;

t_2——辙叉轮缘槽宽;

Nt_1——辙叉咽喉至辙叉理论交点间的距离。

2. 道岔立面几何不平顺和影响

车轮通过辙叉由翼轨滚向心轨时,车轮逐渐离开翼轨,因轮踏面为一锥体,致使车轮下降,当车轮滚上心轨后,车轮又逐渐恢复至原水平面。反向运行也相同,车轮通过辙叉必须克服这种垂直几何不平顺,引起车体的震动和摇摆。

车轮由基本轨过渡到尖轨时,锥形踏面车轮也会出现会先降低随后升高的现象,使车轮犹如在轨面高低不平顺上行驶,产生附加动力作用,限制着过岔速度的提高。

(二) 直向过岔速度的范围

目前,虽没有简便而成熟的直向通过速度计算法,不过根据我国的运营实践并结合一

定的理论分析，依据道岔的结构状况，将直向通过速度限制为同等级区间线路容许速度的80%～90%。

车辆直向通过道岔时，虽然不存在未被平衡的离心加速度和加速度变化率，但仍然有车轮对护轨和翼轨的撞击问题，作为辅助性的理论分析，也要控制轮轨撞击时的动能损失，限制不同条件下的动能损失不超过容许限值。由于列车直向过岔时，不存在迫使其改变运动方向的问题，因而参与撞击的列车质量较侧向过岔时小很多。

另外，要保证直向过岔时车轮不爬轨，这主要是指辙叉咽喉至叉心尖端的翼轨部分，要达到这一点，应取 $v\sin\beta'$ 不超过某一容许限值，这一数值在我国取为 3km/h。

（三）提高直向过岔速度的途径

提高直向过岔速度的根本途径是道岔部件须用新型结构和新材料。其次，道岔的平面及构造要采用合理的形式及尺寸，以消除或减少影响直向过岔速度的因素。

转辙器部分可采用特种数据面尖轨代替普通断面钢轨，采用弹性可弯式固定型尖轨跟部结构，增强尖轨跟部的稳定性。避免道岔直线方向上不必要的轨距加宽。将尖轨及基本轨进行淬火，增强耐磨性。

采用活动心轨型辙叉代替固定辙叉，保证列车过岔时线路连续，从根本上消灭有害空间，并使道岔强度大大提高。适当加长翼轨、护轨缓冲段长度，减小冲击角，或采用不等长护轨，以满足直向高速度的要求。

为减少车辆直向过岔时车轮对护轨的冲击，可以使用弹性护轨。

加强道岔的维修保养，及时修换磨耗超限的道岔零、部件，保持道岔经常处于良好的技术状态，这些均有助于提高直向过岔速度。

三、高速道岔

道岔是限制列车运行速度的关键设备，在高速铁路中占有特殊的地位。高速道岔在功能上和构造上与常速道岔相比，没有原则上的区别，只是对安全性和舒适度的要求更高了。近几年来，各国铁路根据高速运行时车轮与道岔的相互作用特点，对高速道岔的平纵断面、构造、制造工艺、道岔区内的轨下基础及养护维修均进行了大量的研究，设计制造出一系列适用于不同运行条件的高速道岔。

1. 高速道岔的分类

在高速铁路上使用的道岔仍以单开道岔为主。当前，高速道岔主要分为两类：一类是适用于直向高速行车的道岔，在改造客货混流的既有线以提高客车运行速度时，多半保留原有车站的平面布置，以避免较大的改造成工程量。在这种情况下，道岔的长度及辙叉角不宜有较大的改动，由于高速列车很少甚至不进入道岔侧线，而在直向要求从局部改善道岔的几何形状、强化结构强度、增强稳定性及延长使用寿命等方面保证列车的直向通过速度与区间线路一致。这类道岔一般为常用号码道岔。

另一类是直向和侧向都容许高速度通过的大号码道岔，适用于新建高速客车专用线，这类道岔应满足高速列车侧向通过时对运行平稳性及乘坐舒适性的要求，一般为大号码道岔，它们的侧向容许通过速度较高。

2. 高速道岔的平纵断面特征

（1）侧向高速道岔大多采用缓和曲线作为导曲线，其线形主要有三次抛物线和螺旋线两种，如法国用于渡线的 UIC60 轨 65 号道岔的导曲线采用单支三次抛物线，半径最大处位于导曲线终点（曲线形辙叉跟端），侧向容许通过速度为 220km/h；瑞士铁路在 UIC-54EI：25 道岔中采用螺旋线形导曲线。

在直向高速道岔中，由于道岔号数的限制，导曲线主要为圆曲线，侧向过岔速度无甚改变，一般通过减小护轨和翼轨的构造冲角、缩减尖轨尖端的轨距加宽及控制轨距变化率等途径限制平面不平顺。

（2）高速道岔直股的轨距通常与区间轨道一致，并有缩减的趋势。大号码道岔中，因导曲线内接条件大为改善，侧向轨距均与区间轨道一致。

（3）高速道岔导向侧股的尖轨均为大半径的曲线形尖轨，尖轨与基本轨的平面连接方式多为切线形，尖轨尖端不做加宽，这样可减少列车逆向进入道岔侧线时的冲击角。辙叉平面有直线形和曲线形两种，直线形辙叉铺设方便，曲线形辙叉可将导曲线延长至辙叉部分，达到增大导曲线半径的目的，在可动心轨辙叉中得到了广泛采用。

（4）在大号码道岔中，导曲线外轨设置超高。有些国家的道岔设置轨底坡或轨顶坡，以进一步改善乘坐舒适度。

（5）大号码道岔全长大大增加，如法国用 65 号道岔全长为 209m，原西德用 42 号道岔全长为 154m，瑞士用 28 号道岔全长为 100m。

3. 高速道岔的结构特征

（1）转辙器部分

高速道岔的基本轨通常采用与区间线路钢轨材质及断面相同的类型。采用藏尖式尖轨结构，尖轨多采用专门轧制的矮型特种断面钢轨制造，尖轨跟端采用稳定可靠的弹性可弯式结构。在可动心轨辙叉中心轨与翼轨的贴靠部位同样采用这样的结构形式。

（2）辙叉部分

可动辙叉在平面上消除了几何不平顺，在剖面及纵断面上的几何不平顺大为减少，与转辙器部分甚为接近，可显著减小轮轨间的附加作用力。可动心轨辙叉与可动翼轨辙叉相比，不存在翼轨稳定性的问题，易传递横向作用力，是各国铁路大力研制并广泛采用的结构形式。

在既有线的改造中也有使用固定式辙叉的实例，如俄罗斯的 P651/11 型高速道岔的辙叉主要是高锰钢整铸结构，由于固定式辙叉在造价、转换技术、设备及管理等方面比可动心轨具有优越性，故在客货混流的既有线上仍是一种可供选择的结构形式。国外在致力研究固定式辙叉具有优越性，故在客货混流的既有线上仍是一种可供选择的结构形式，国外正在致力研究固定式辙叉与普通钢轨的焊接技术、辙叉表面的爆炸硬化处理技术等。

（3）转换设备

转换设备的主任务是保证列车按规定的方向安全运行。转换系统必须按照给定的方向将密布尖轨（或心轨）与基本轨（或翼轨）牢靠地紧贴在一起。同时要求斥离的尖轨与基本轨有足够的距离以保证轮缘能顺利通过。高速道岔中多采用外锁闭装置，来改善转辙机械的工作条件，确保转换安全。

大号码道岔的尖轨一般较长，为保证尖轨转换可靠及扳动到位，常使用多根转辙杆。例如，法国的65号道岔，尖轨长57.50m，采用6根转辙杆；德国UIC60轨1:25.6道岔，尖轨长31.74m，设置了4根转辙杆。在长尖轨下还设置了尖轨扳动时的减摩装置。

（4）加强道岔结构

焊接道岔部位的接头形成无缝道岔，能提高高速列车过岔时的走行平稳性。

道岔区钢轨扣件均为可调型：转辙器部分设置可调式轨撑，中间扣件为扣板式，护轨部分设调整片。

道岔区内各钢轨表面均经表面全长中频感应淬火处理。

采用特种断面的弹性护轨，护轨轨面高于基本轨，这样可增加护轨与车轮的接触面，更有效地引导车轮，减小心轨磨耗。

试验道岔范围内的新型轨下基础，以便和区间线路的轨下基础类型一致。

案例

我国的提速道岔

为适应我国干线的提速，1996年研制出了新型提速道岔，可以满足乘客列车以160km/h的速度直向通过，轴重23t的货物列车以90km/h的速度直向通过，各类列车以50km/h的速度侧向通过。该道岔技术标准起点高，道岔在结构上主要有以下一些特点。

尖轨为弹性可弯式，60AT轨制造。在理论弹性可弯段轨底不做蚀切。跟端采用热锻成型工艺过渡为标准钢轨断面，尖轨跟部成型段扭转1:40的角度保证尖轨跟端与导曲线钢轨的正常连接。基本轨设1:40轨底坡，尖轨设1:40轨顶坡，滑床板在基本轨底部位置铣出1:40轨底坡，尖轨在顶面刨出1:40轨顶坡。尖轨尖端为藏尖式。尖轨采用二点牵引的分动转换方案，各类转换杆件均隐蔽设置在钢岔枕内。尖轨跟部设限位器。

道岔导曲线为半径350m的圆曲线，道岔各部轨距均为1435mm，尖轨局部范围对应的侧股有构造加宽。辙叉采用固定型和可动心轨型两种。

固定辙叉采用高锰钢整铸辙叉，趾、跟端为全夹板连接，翼轨缓冲段冲击角较标准性道岔减小34'。护轨用钢轨制造，采用分开式结构（H型），护轨顶面高出基本轨12mm，直向护轨缓冲段冲击角减小30'。直侧向采用不等长护轨，直向轨长为6.9m，侧向护轨长为4.8m。

可动心轨辙叉采用钢轨组合型，心轨用60AT轨制造，翼轨用60kg/m钢轨制造。长心轨跟部为固定端，在理论弹性可弯部分，轨底做削弱刨切，跟部设有3个双孔间隔铁，用高强度螺栓与长翼轨相连接，区间温度力可通过间隔铁的摩擦阻力传递给长翼轨。在长心轨第一牵引点处采用热锻工艺，将AT轨轨底长肢旋转，向钢轨竖轴下部延伸，与电务转换设备连接。长心轨与短心轨之间用间隔铁连接，短心轨末端为滑动端。长、短心轨均在顶面蚀切，形成1:40轨顶直通。在长心轨跟端成型段起点再扭转成1:40坡度，以便与区间钢轨连接。长翼轨上对应长心轨转换凸缘部位，翼轨内侧轨底有宽度为55mm的切口，便于转换锁闭，为弥补切口对翼轨截面的削弱，而在翼轨外侧轨腰设有补强板，在下部设有桥板。翼轨与心轨密贴段以前设轨底坡，其后部分在过渡段内扭转成平坡，简化垫板结构。叉跟尖轨用普通制造，设1:40轨底坡，短心轨尾部与叉跟尖轨非工作边相互贴合，在心轨转换过程中，短心轨尾部可前后滑动。直股不设护轨，侧股护轨用50kg/m钢轨制造，为H型分开式结构，护轨高出基本轨12mm。

岔枕采用木枕和混凝土枕两种形式。岔枕均垂直直股钢轨布置，岔枕间距均匀一致，均为600mm。混凝土枕的承载能力大于木枕的承载能力。混凝土枕采用弹条分开式扣件。道岔直股全部采用焊接接头，铺于跨区间超长无缝线路区段时，道岔侧股采用焊接与否，视具体情况而定。道岔各种钢轨（除尖轨、心轨外）及垫板下均设有弹性缓冲垫层，并尽可能与区间线路弹性保持连续。整组道岔分段合理，适应在厂内整组组装、分段运输及现场机械化铺设的需要。

任务六　道岔缺陷整治和养护维修

学习目标

（1）了解道岔缺陷。
（2）了解道岔养护维修。

学习任务

道岔缺陷整治和养护维修。

工具设备

单开道岔仿真模型。

教学环境

轨道交通线路实训场。

基础知识

道岔设备较一般线路构造复杂，弱点较多，因而容易产生缺陷。产生缺陷的原因错综复杂，有些是互为因果的。为了保持道岔的轨距、间隔、方向、水平、高低及各部尺寸等的良好状态，必须掌握规律，分析造成缺陷的原因，有针对性地采取有效预防和整治措施，提高养护维修质量。

一、产生道岔缺陷的主要因素

产生道岔缺陷的因素很多，综合起来大体有：道岔本身结构上的缺陷；铺设位置和各部尺寸不符合规定；道岔在列车车辆的动力冲击作用下发生的尺寸和结构变形；养护维修不当与自然侵害等。

道岔本身结构上的缺陷，又可分为不可避免或暂时难以避免的弱点和可以通过改造消除的缺陷两种。随着各种新道岔的问世，很多结构上的缺陷已逐步得到克服和解决。

（一）道岔结构缺陷

道岔本身结构特点所带来的主要缺陷，一般有以下各点。

（1）"75"型及"75"型以前的各型道岔普遍使用直线形尖轨。这种尖轨转辙角较大，车轮从基本轨过渡到尖轨时，列车急骤地改变运行方向，车辆冲击尖轨，从而对轨道产生较大的纵向和横向冲击力。

（2）尖轨经刨切后断面削弱，且只有连接杆和跟端结构（活接头）将其连接组成框架，在其全长范围内没有扣件将其固定在岔枕上，加上尖轨高于基本轨，当车轮通过时，尖轨容易发生跳动、横移和爬行，增大了尖轨尖端被轧伤的可能性。

（3）导曲线半径小，且无超高，因此轨距、水平、方向难以保持。

（4）从尖轨尖端起到导曲线终点止，轨距、方向和高度变化迅速，轨距、水平递减率较大，列车通过时对道岔的横向和纵向冲击力大于普通线路。

（5）固定型辙叉存在轨线中断的有害空间，车轮在辙叉翼轨与心轨间过渡时，由于高低和横向不平顺，对辙叉的翼轨和心轨的冲击明显大于普通钢轨接头，使翼轨与心轨容易被轧颓或轧伤。

（6）连接曲线与导曲线合成一对反向曲线，方向不易保持，导曲线无缓和曲线，使终点处发生横向冲击。

（7）道岔从转辙器到辙叉间，连接零件较多，容易发生松弛失效。同时钢轨密集、岔枕间隔窄小，给捣固带来困难，容易造成轨道坑洼，方向不良，助长爬行，破坏轨距，加剧钢轨及其零件的磨损。

（二）道岔各部分结构缺陷

1. 转辙器

（1）切轨底基本轨的轨底切口处容易折断。

（2）尖轨跟端无桥型垫板，尖轨跳动，轨距不易保持。

（3）尖轨尖端降低值过小，实际尖端过宽，容易被轧伤，并有被车轮爬上造成不安全因素的可能。

（4）直尖轨长度过短，转辙角过大，侧向过岔速度受限制。

（5）尖轨跟端轮缘槽过窄时起护轨作用，接头容易损坏，过宽时转辙角增大。

（6）尖轨跟端螺栓无套管，螺栓帽上紧则妨碍扳动尖轨，松开时尖轨跳动及横移。

2. 导曲线

（1）缺少连接铁板和通长垫板，容易发生横向移动。

（2）导曲线位置不正确，没有按支距做好圆度，轨距、方向不易保持。

3. 辙叉及护轨

（1）钢轨组合辙叉长心轨尖端未淬火。

（2）翼轨上未堆焊加高，车轮到辙叉心突然下降，轧伤心轨尖端。

（3）组合辙叉下面没有大垫板。

（4）辙叉各部分间隔尺寸不适当，例如，翼轨轮缘槽过宽、过窄、过宽时，减少了车轮踏面与翼轨的接触面积，使翼轨迅速磨耗，同时车轮过早地离开翼轨，加重了心轨尖的负担；过窄时，某些轮对通过辙叉时发生撞击，增加阻力，消耗动能，影响速度。

（5）翼轨与心轨采用切轨底式结构，容易折断。

（6）长心轨与短心轨接触位置太靠前，长心轨切割过多，强度减弱，容易折断。

（7）翼轨的咽喉尺寸过小，弯折点设置位置不当，引起严重磨耗，导致轮背冲击咽喉，影响速度提高。

（8）护轨及翼轨开口尺寸过小，缓冲段冲击角过大，甚至没有缓和段，车轮通过时对护轨及翼轨冲击力过大，使护轨及翼轨窜动，护轨及基本轨横移，螺栓折断，轨距、方向不易保持。

（三）连接曲线设备缺陷

（1）有的辙叉后无夹直线或夹直线过短，过车摇晃。

（2）连接曲线设超高时，顺坡距离不够。

（3）连接曲线未按规格位置设置，方向不圆顺，过车摇晃。

（4）有的连接曲线钢轨下木枕无垫板，轨距方向不易保持。

二、道岔整体主要缺陷整治维修

列车车轮对道岔的冲击，虽不可避免，但通过对某些构造上缺陷进行改造并加强养护维修，消除道岔前后50m范围内线路方向、水平、高低不良及大轨缝等病害，就可以使道岔保持良好状态。

（一）道岔方向不良

1. 产生原因

（1）忽视道岔的整体维修，忽略道岔前后线路，造成道岔与前后线路方向不顺；通过列车时发生剧烈冲撞，方向与轨距发生变化。

（2）道岔的铺设位置不正确，养护维修时又未考虑大方向，随弯就弯，逐渐使道岔与前后线路方向不吻合，使列车发生折角运行，增大了车轮对轨道的冲击，造成道岔位置前后、左右错位，轨距和各部间隔尺寸不合，加重了钢轨及其零件的磨损。

（3）作业方法不合理，在整正道岔各部分轨距及间隔时，错误地迁就导曲线或辙叉，使支距、轨距硬性凑合，造成各接续部不圆顺。

（4）曲基本轨未进行弯折或弯折点位置不对，使尖轨前端递减距离和方向难以保持，尖轨尖端和中部轨距变小，尖轨跟部与导曲线连接方向不顺，直股基本轨尖轨尖端处方向不良。

（5）捣固不实。由于道岔在构造上的特点，转辙器、导曲线与辙叉部分钢轨密集，岔枕间隔较小，岔枕间安装有转辙设备、尖轨连接杆、导曲线轨距杆，使扒碴与捣固作业不易进行，加上道岔直股与曲股的运量不均衡，捣固质量不实，使线路出现坑洼，加剧列车通过的摇摆和冲击，增加破坏方向的横向推力，方向容易变化。

（6）道碴不足，夯实不好。由于转辙器部分有转辙机基础角钢、转辙拉杆、尖轨连接杆，机械转辙地段还有导线或导管，这些都影响道碴的补足，加上运输部门往往将枕木盒石碴掏空以防积雪影响转辙，以致道岔内往往道碴不足，加上夯实困难，降低道床阻力，方向难以保持。

（7）各部分钢轨及其零件和岔枕连接不好，也可引起一系列问题，如基本轨横移、轨距变化超限、轨道爬行、零件磨耗折损等，导致方向不正。

（8）其他诸如尖轨方向不正；护轨、翼轨喇叭口坡度过陡，位置不合；辙叉咽喉过窄；轮缘槽宽度不合；轨距、间隔不对，轨距递减不良等，都能加剧车体的摇摆和车轮的冲击，破坏道岔方向。

2. 预防整治措施

（1）做好道岔前后50m线路的整体维修，经常保持轨面平、方向顺。在着手防治道岔病害时，先做好线路前后方向，再进行道岔方向的整正。

（2）做好直股基本轨方向，拨好道岔位置。道岔上的轨距，单开道岔导曲线支距，均以直股基本轨为基准，因此维修道岔时应首先拨好道岔的直股基本轨方向。整治位于道岔群中间的道岔方向时，如果前后、左右串动的牵涉范围较大，应事先进行测量，全面布置好道岔群位置，再进行道岔的拨正。

（3）弯好曲基本轨曲折点，做好轨距加宽递减。转辙部分轨距变比多，递减距离短，要正确弯好曲基本轨曲折点，方能保证转辙部分的轨距和方向的正确。

50kg/m、43kg/m钢轨的"57"型、"62"型和"75"型9号和12号单开道岔曲基本轨的弯折点均有三点。

（4）加强捣固作业，除按照普通轨道对手工捣固的规定进行捣固外，还应根据道岔构造的特点进行适当加强。道床以优质较小规格道碴为宜。捣镐应采用较普通捣镐两侧各加长150mm的长脖镐。另外，应据岔枕间隔宽窄及各部分受力情况，适当调整与增加镐数，力求质量均衡。

（5）补充夯实道床，道岔转辙部分设置转辙杆、连接杆，各枕木孔道床应比岔枕顶面低50~60mm，并夯实道床。

（6）加强各部分零件的养护维修，充分发挥各种扣件固定钢轨位置的作用。消灭不合格道钉，对转辙器、辙叉、护轨各部分，应使用足够长度的道钉。及时补充、更换与整修零件，消灭三道缝，防止基本轨横移动。

（二）道岔爬行

线路爬行是线路上严重的缺陷，是线路上"百病之源"。由于道岔构造本身的特点和弱点，道岔爬行对于道岔的危害性更大。接头缝隙挤瞎或拉大，就会造成钢轨及其零件的严重磨损甚至折断，拉弯道钉与扣件，拉斜、拉坏岔枕，破坏道岔轨距和方向等一系列问题，并影响转辙器、活动心轨钝角辙叉和可动心轨辙叉的密贴和锁闭。

1. 产生原因

（1）道岔前后线路防爬锁定不良，或道岔与无缝线路间缓冲轨轨缝不足影响到道岔，而道岔的转辙器和辙叉部分不能安装防爬设备，任何一条线路发生的爬行均集中到道岔，引起严重爬行。

（2）捣固不实，道床不足，夯实不好。

（3）尖轨跟端螺栓不紧或失效，造成尖轨爬行。尖轨跟端的双头螺栓或套管不紧、失效或缺落，使失轨发生前后串动而爬行。

（4）连接零件失效与缺少，道钉、扣件等零件失效与缺落后，减弱防爬阻力，助长轨道爬行。

（5）轨缝过大，不正确地使用短轨，造成接缝间隙过大，经车辆冲击产生爬行。

（6）驼峰编组场的峰下岔群位于较大坡道上，易于爬行。

2. 预防整治措施

（1）按规定，在道岔上及其前后线路上安装足够的、有效的防爬设备，有正规列车通过的道岔与绝缘接头前后各75m地段，增加防爬设备数量。

（2）加强捣固，填满夯实道床。

（3）整修尖轨跟端双头螺栓，及时更换磨损失效螺栓或套管，同时堆焊、整平磨损的间隔铁、夹板和螺栓孔。

（4）加强连接零件的养护维修，发现松弛及失效零件，及时紧固或更换。

（5）消灭大轨缝，更换长度不足的短轨，消除因爬行而拉大的轨缝，补足并上紧防爬设备。

（三）零件松动、失效和缺落

1. 产生原因

（1）养护不良，助长零件失效。例如，道床捣固不彻底，使道岔各部分出现暗坑、吊板，加大了过岔列车对线路的冲击，道岔震动加剧，零件由松动而失效。

（2）忽视零件的及时整修，日常养护时检查漏项，制订作业计划时，未按规定认真调查，应整修时长久放置不管，引起零件失效。

（3）技术作业不良，不明确零件作用和规格。不熟悉正确的零件安装作业方法，造成安装错误，违章作业而破坏其他零件，造成新缺陷。

2. 预防整治措施

（1）重视综合性整体维修，加强零件的养护维修。按标准图和有关规定，逐组按项对照调查，列入作业计划，逐项整修。根据岔枕间隔窄小的特点，采取适应的排镐方法和镐数。

① 尖轨跟端两根岔枕、辙叉底部所有岔枕各加打两个斜镐窝，每个斜镐窝加打6镐。

② 尖轨部分每根岔枕加打一个斜镐窝，对起道的岔枕加打6镐，不起道的岔枕加打

4镐。

③ 尖轨接头后及辙叉接头前后两轨底间距离狭窄地段，不能将两股钢轨分别打4镐，只能在两轨外侧对打4镐。为消除轨底空隙，加打一个斜镐窝，起道的岔枕每个斜镐窝加打6镐，不起道的岔枕加打4镐。

④ 对于尖轨跟端以后及辙叉前后端的钢轨轨底分开距离在131~400mm地段，据其间距逐渐增宽的情况，依次增加镐数。

⑤ 根据道岔各部分受力情况，分别调整与增加镐数。导曲线部分中间两股钢轨下岔枕受力较大，如捣固不良，往往容易发生岔枕弯曲病害，因此对两股钢轨每面应增加2~4镐。辙叉部分的护轨基本轨，在轨距线内侧由于有护轨，捣固时轨底不容易捣实。而且基本轨受垂直压力作用，护轨不承受垂直压力作用，所以护轨垫板往往倾斜，护轨常发生高起，应在这部分每根岔枕增加一个斜镐窝，但不增加镐数。

（2）健全检查整修制度。

及时发现问题，及时进行整修，经常保持零件的完好状态。

（3）严格要求正确作业方法，熟悉道岔各部分零件的作用，认真执行单项技术作业标准，预防缺陷的发生。

三、道岔各部分主要缺陷整治维修

（一）转辙器

1. 尖轨与基本轨不密贴或较长距离不密贴

这种缺陷在行车线上铺设的单开道岔与交分道岔上是常见的，应视不密贴原因做不同处理。

1）产生原因

（1）尖轨50mm断面内刨切长度不够。

（2）尖轨顶铁过长，尖轨补强板螺栓凸出。

（3）扳道器或转辙机的位置与尖轨动作拉杆的位置不在同一水平直线上。

（4）基本轨弯折点错后。

（5）钢轨内侧有飞边。

（6）基本轨横向移动。

（7）基本轨或尖轨有硬弯。

（8）第一、二位连接杆与尖轨耳铁连接的距离不合适。

（9）基本轨、轨撑、滑床板挡肩之间有离缝。

2）预防整治措施

（1）对刨切长度不足的尖轨再做刨切。

（2）顶铁与补强板螺栓可做打磨、焊补或更换。

（3）调整扳道器或转辙机及尖轨拉杆位置，使其在同一水平线上。

（4）拨正基本轨方向，矫正弯折点的位置和矢度。

（5）打磨基本轨内侧飞边。

（6）打靠道钉，消除假轨距。

（7）调直尖轨或基本轨，拨正方向，改好轨距。

（8）调整连接杆的长度，改变尖轨耳铁的孔位或者加入绝缘垫片，误差较大时更换尖轨耳铁或方钢。

2. 尖轨跳动

当车辆通过转辙器时，尖轨跟部受外力作用而致尖轨跳动，但不同道岔跳动的程度各不相同，尤其是长度为 6.250m 以下的尖轨，此种缺陷更为明显。

1）产生原因

（1）尖轨跟部连接零件磨耗，特别是间隔铁、夹板、尖轨螺栓孔和双头螺栓磨耗。

（2）跟部桥型垫板和防跳卡铁等缺少和失效。

（3）捣固不均匀，岔枕弯曲，有吊板。

（4）跟部接头错牙。

（5）尖轨中部滑床板拱腰。

（6）尖轨拱腰。

2）预防整治措施

（1）焊补或更换间隔铁、夹板，更换磨耗的双头螺栓。

（2）增补整修跟部桥型垫板和防跳卡铁。进一步采取尖轨防跳措施。例如，在基本轨轨底增设尖轨防跳器，或将尖轨连接杆两端安设防跳补强板，使其长出部分卡在基本轨轨底，以防尖轨跳动。

（3）加强尖轨跟部捣固，消除吊板处所，使轨底坚实，强度均衡。

（4）消灭接头高低、左右错牙。

（5）整治拱腰滑床板。

（6）整治拱腰尖轨。

3. 尖轨轧伤与侧面磨耗

尖轨轧伤多发生在尖轨尖端断面比较薄弱部分，当轧伤的长度和深度达到一定程度时，车轮就有爬上尖轨的危险。轧伤范围一般发生在距尖轨尖端 1m 长度以内，300mm 内较为明显，轧伤垂直深度很少超过 20mm，曲股尖轨多于直股尖轨。

1）产生原因

（1）尖轨与基本轨不密贴或假密贴。

（2）尖轨与滑床板不密贴。

（3）尖轨跳动。

（4）尖轨顶铁过短。

（5）基本轨垂直磨耗超限。

（6）尖轨前部顶面受车轮踏面和轮缘的轧、挤、碾作用。

2）顶防整治措施

（1）按照尖轨与基本轨不密贴、与滑床板不密贴和尖轨跳动等病害的整治办法，进行综合整治。

（2）尖轨顶面有飞边时，进行打磨。

（3）尖轨顶铁过短时，加长顶铁，使尖轨尖端不离缝。

（4）将垂直磨耗超限的基本轨与轧伤的尖轨同时更换，或采取焊补办法加强。

（5）导曲线可根据需要，设置 6mm 的超高，在导曲线范围内按不大于 2‰顺坡，严格禁止列车超速。

（6）必要时安装防磨护轨，减少尖轨侧面磨耗。在弯股基本轨里口，尖轨尖端前安装防磨护轨。

4．尖轨中部轨距小

尖轨中部轨距小至 1 430mm 以下时，将危及行车安全。这种情况多发生在 7.700m 及以上长度的尖轨。

1）产生原因

尖轨刨切不合标准。

尖轨密贴长度不足。

尖轨中部反弹。

尖轨动程小，非作用边被磨耗。

中部连接杆尺寸过小。

2）预防整治措施

刨切尖轨，使其与基本轨密贴，矫直弯曲变形的尖轨。

消除尖轨中部弹性矢度。

调整连接杆、拉杆的长度。

5．尖轨拱弯

尖轨拱弯是指尖轨拱腰和尖轨侧向弯曲。尖轨拱弯在型号较小、尖轨较短的道岔上较普遍。

1）产生原因

（1）尖轨刚度较低。

（2）尖轨尖端和跟端道床捣固不实。

（3）尖轨尖端和跟端所受冲击力大于中间部分。

（4）尖轨在制造和运输装卸过程中形成的拱弯。

2）预防整治措施

（1）将拱腰尖轨拆下来运回段修配厂，采用气体火焰调直和烘炉加热调直两种方法，调直拱腰尖轨。

（2）为节省时间，现场通常采用在轨道上调直拱腰尖轨的方法，一般使用 30～50t 液压尖轨调直器。

这种工具构造简单，操作方便，除防护人员外，只需4人即可进行。利用列车间隔施工，设好防护后才能进行。调直时采用的调直量一般为拱腰量的三倍左右。

（3）侧向弯曲尖轨的调直，一般可用调整连接长度的方法进行。

弯曲长度不超过1m时，只在弯曲顶点直一次即可。弯曲长度为1~2m时，要根据弯曲形状按图示顺序进行调直。

6．尖轨扳动不灵

1）产生原因

（1）尖轨爬行，两股前后不一致。

（2）拉杆或连接杆位置不正。

（3）尖轨跟端双头螺栓磨损或间隔铁夹板磨耗严重，螺栓上紧后影响尖轨扳动。

（4）基本轨有弯，滑床板不平直。

（6）拉杆、连接杆、接头铁螺栓孔壁磨耗扩大，螺杆磨细，减弱了尖轨整体框架的刚性。

2）预防整治措施

（1）串动尖轨、基本轨使之处于正当位置，并将尖轨跟端螺栓放正，锁定爬行。

（2）摆正拉杆或连接杆位置。

（3）焊补或更换已磨损超限的双头螺栓、间隔铁和夹板。

（4）整平不平直的滑床板。

（6）保持尖轨跟端轨缝不超过设计规定，不允许挤成瞎缝。

7．尖轨与滑床板不密贴

这种缺陷会使列车通过时尖轨上下跳动，尖轨与基本轨离缝，很易轧伤尖轨，还能使滑床板和尖轨跟端螺栓受到损伤，道岔扳动也不灵活。

1）产生原因

（1）尖轨拱腰。

（2）滑床板弯曲。

（3）岔枕变形和岔枕吊板。

（4）滑床台磨耗或塌陷。

（5）基本轨有弯。

（6）捣固不实。

2）预防整治措施

（1）刨切尖轨，使其与基本轨密贴，矫直弯曲变形的尖轨。

（2）消除尖轨中部弹性矢度。

（3）调整连接杆、拉杆的长度。

8．尖轨动程过小

单开道岔或其他类型道岔的尖轨动程常有不标准的情况发生，尤其是曲尖轨。动程过小是造成双尖轨横向摆动的主要原因，车轮冲撞尖轨的机会增多，不利行车，必须按照直尖轨或曲尖轨的标准动程做适当调整。

1）产生原因

（1）第一位连接杆过长。

（2）转辙机与道岔拉杆调试位置不适当。

（3）尖轨耳铁加垫过厚。

2）预防整治措施

（1）调好基本轨方向，使之达到要求标准。

（2）调好高速尖轨尖端第一连接杆处尖轨与基本轨的距离，使之合乎规定要求。

（3）对第一连接杆的距离尺寸，在电务人员配合下，调试合适后，即可固定下来，使动程合乎标准。

9. 三道缝

三道缝的概念，一是基本轨底边与滑床台槽边的缝隙超过 1mm 以上，；二是基本轨的腭部与外侧轨撑不密贴，缝隙超过 0.5mm；三是基本轨轨撑与滑床板挡肩不密贴，缝隙超过 0.5mm。

1）产生原因

（1）滑床板本身不平直，轨撑的外形不标准，组装不合适。

（2）道岔爬行，滑床板和轨撑磨耗。

（3）基本轨横移及方向不良。

2）预防整治措施

（1）从道岔的养护维修及道岔加强两方面进行整治，先把道岔位置拨正，使道岔的方向、高低处于良好状态，把转辙部分捣固坚实。

（2）焊补整修磨损挠曲不平的滑床台，更换磨耗严重的滑床板，使滑床板平直，并达到规定的厚度。

（3）用加铁块的办法焊补滑床板挡肩，使滑床台槽边与基本轨底边密贴。

（4）在轨撑与滑床板间用 18mm 以上直角的竖螺栓连接。

（6）用螺纹道钉将轨撑、滑床板与岔枕连接成一整体，避免用道钉钉在枕木上。

（6）用水平螺栓将轨撑横穿在基本轨腹部，牢固地连接在一起，个别尺寸不合标准的轨撑应换掉。

（7）AT 型单开道岔采用可调分开式扣件，对防止基本轨外移效果很好。

（二）辙叉及护轨

1. 辙叉垂直磨耗和压溃

1）产生原因

（1）车轮从心轨上通过辙叉有害空间向翼轨过渡，或从翼轨向心轨过渡时，在较大的车轮冲击作用下，翼轨和心轨便产生严重磨耗和伤损。

（2）磨耗和伤损常发生在翼轨弯折处和心轨断面 30~40mm 处，因为此处受到车轮冲撞震动的力量比较大。

（3）辙叉心处的岔枕经常发生吊板，当列车高速通过时便会出现辙叉连同岔枕上下起伏颤动，因而在下部破坏了道床基础的坚实性，引起排水不良、翻浆冒泥，在上部加重了翼轨和心轨的严重磨耗和损伤。

2）预防整治措施

（1）针对辙叉底部存在的空洞和吊板，加强辙叉底部的捣固，特别是叉心和辙叉前后接头处的捣固。

（2）辙叉底板较宽，岔枕间距小，不好捣固。有时采取冒起道钉，抬起辙叉，在适当位置用垫板垫高 3～5mm，然后撤除一根岔枕，用起道机抬起岔枕进行捣固。这样逐根进行，既能整治弯曲岔枕，又能提高捣固的坚实程度，提高辙叉基础强度。

（3）借助于有计划更换岔枕的机会，彻底加强辙叉底的捣固。

（4）利用翻转岔枕的办法，均匀地进行辙叉底捣固。

（5）运用经常保养中积累的经验，在辙叉底岔枕顶面垫胶垫，以缓冲受力，助长辙叉和岔枕使用寿命。

（6）为保持辙叉的整体稳定性，锰钢整铸辙叉与岔枕间要用螺纹道钉固定。

（7）钢轨组合辙叉底部和前后接头，应铺设大垫板和接头桥型垫板，用竖螺栓和板把辙叉固定在垫板上，如 AT 型道岔那样，加强辙叉的整体稳定性。

（8）在辙叉部位的岔枕上，安设特制铁座，用弹条 I 型扣件固定辙叉位置。弹性扣件扣压力大，既可防止辙叉横移，又可防止纵爬，对稳固辙叉可以取得较好的效果。

2. 辙叉偏磨

1）产生原因

辙叉偏磨主要是指单侧通过列车次数较多，造成辙叉偏沉或一侧偏磨，水平和轨距不合标准，岔枕弯曲。

2）预防整治措施

（1）对偏磨的辙叉进行焊补。

（2）有条件时，可倒换方向使用。

（3）加强偏沉部位的捣固，但要兼顾辙叉的水平状态。

3. 固定型钝角辙叉撞尖

1）产生原因

（1）钝角辙叉的护轨折角被轮背磨成圆弧，缩小了护轨作用，增大了有害空间的长度。

（2）钝角辙叉位置偏离菱形短轴而形成错位，造成车轮不能自护的一段有害空间，带来了撞尖的可能性。

（3）钝角辙叉轨距、轮缘槽宽不符合标准，影响查照间隔，造成撞尖。

2）预防整治措施

（1）在养护维修中经常检查，及时焊补被磨耗的护轨折角。

（2）铺设、更换和养护维修时，保证两个钝角辙叉的位置准确，不偏离，不错位。

（3）对于固定型钝角辙叉，经常保持轨距为 1 440mm，轮缘槽宽为 44mm。

（4）属于道岔构造上的缺陷或铺设施工遗留下来的问题，则应有计划的在构造上进行综合改造。

4. 辙叉轨距不合标准

1）产生原因

（1）辙叉翼轨作用边与护轨头部外侧距离大于 1 348mm。

（2）辙叉心轨作用边与护轨头部外侧距离小于 1 391mm。

（3）一般情况护轨轮缘槽宽度不在 42～44mm 范围内。

（4）辙叉心轨轮尖端至心轨宽 50mm 处，轮缘槽宽超出 45～48mm 范围内。

（5）轨距及水平超限。

2）预防整治措施

（1）先拨正直股方向，改好辙叉心轨 50mm 断面处轨距。

（2）调整辙叉和护轨轮缘槽的尺寸，使其达到标准，即护轨轮缘槽在 42～44mm，辙叉心轮缘槽宽度在 45～48mm 范围内。

（3）钢轨作用边有飞边时，用电砂轮进行打磨。心轨、翼轨伤损处可焊补。

（4）为加强辙叉和护轨的整体联系，必要时可在护轨处增设轨撑加固。

（5）在整修查照间隔尺寸时，必须兼顾查照间隔 1391mm 和护背距离 1348mm 两个数值。

（6）整治超限时，必须在轨距和方向良好的前提下，通过高速护轨和轮缘槽、改动轨距来解决。

四、小结

道岔是轨道交通线路的薄弱环节，结构复杂，强度较低，常存在正常养护维修手段难以解决结构上的弊端。各工务养护部门都下大力对道岔进行技术加强工作，力争达到"纵不爬、横不移、下部稳、上部准"。随着 AT 型尖轨道岔、可动心轨道岔全面推行，适应了繁重的运输需要。

道岔技术加强，本着因地制宜、修旧利旧的精神，针对道岔转辙器冲击角、导曲线部分超高、道岔有害空间等弱点，利用分开式扣件、轨撑垫板代替普通道钉垫板。将单块铁板改进为通长铁垫板或增设轨距杆，垫板下增加弹性垫层。这种加固形式，促使扣板、弹条扣件扣压力加大，提高了轨道框架刚度，加强了轨道纵向抗爬能力，控制了道岔爬行，控制了绝缘轨缝，延长了木枕使用寿命。

经过几年的实践，形成了以下比较完整的一套道岔技术加强措施。

转辙部分，先对单侧进路，曲股通过方向易变的道岔，研制了钢轨桩式可调防横移桩。在尖轨尖端后第四枕，每隔 2 根岔枕埋设有基础的钢轨桩 1 根，可以调节，便于作业。

采用绝缘可调式螺栓杆，控制转辙部轨距，尖轨尖端处、尖轨中部、尖轨跟端处各 1 根。

导曲线部分，采用分开式扣件、轨撑垫板代替道钉连接，以增加轨道框架刚度，防止导曲线横向移动，对控制道岔纵爬、横移起到较好的作用。

导曲线部分支距点,用连二轨撑垫板或利用短轨距杆加固,有效地控制导曲线支距的变化。

辙叉部分,可安装叉心压板和防横移绝缘螺栓杆。压板是比照混凝土枕尺寸,用扣板控制叉心,每个叉心安装6个,自叉心40mm断面处开始,前后每隔2根枕木,用木螺旋道钉固定,用扣板调整。绝缘螺栓杆是可调式的,每组道岔安装2根,直股1根,曲股1根,安装在叉心40mm断面处,这两种加固方法都是控制查照间隔,防止叉心横移的。

全面或重点安设弹性垫层,一般采用厚度10mm左右胶垫。

改善道床道岔状态,对正线道岔,在维修时坚持清筛道床和清土作业,必要时在岔枕孔内换填20~40mm优质小石砟。

整体防爬锁定,对包括前后75m线路,全部采用连排锁定,能较好地控制纵向爬行。

绝缘接头处更换高强度绝缘螺栓及配件代替普通螺栓,实现高强绝缘接头。

由于各地道岔设备状态和养护维修方式不同,在道岔技术加强上也各有其特点。除了普通对单开道岔加强外,部分单处对复式交分等其他类型道岔,也针对结构上的缺点,采取技术加强措施,提高了薄弱部位的强度和稳定性。

目前,全面推行的AT型尖轨和可动心轨辙叉的新型道岔,克服了不少结构上的缺点,提高了道岔强度和稳定性。AT型弹性可弯尖轨是用矮型特种断面钢轨制造。字母A为"矮"字拼音字头,T为"特"字拼音字头。此种尖轨跟端接头与普通钢轨接头一样,不是活接头式,可利用其弹性变形扳动钢轨。

 案例

SC330 道岔的养护和维修

一、SC330 道岔的养护

SC330 道岔的养护作业除应按照《修规》中有关道岔养护标准进行外,同时还应符合以下各条规定。

(1)道岔上道后,应及时检查调整各部轨距、水平、方向、高低。

(2)铺设初期,尖轨、心轨产生1mm飞边时,应立即打磨,避免掉块。

(3)铺设初期,应经常检查道岔范围内的螺栓紧固情况,特别是限位器螺栓及辙叉长短心轨间隔铁螺栓,如有松动必须及时按规定扭矩拧紧或更换。

(4)注意检查尖轨、心轨、叉跟尖轨的密贴状况,如有问题及时调整。

(5)及时清除影响尖轨、心轨密贴的夹异物。

(6)保持滑床台板、可动心轨台板的清洁,台板开焊应及时补焊或更换。

(7)经常检查扣压件的状态,发现问题及时调整或更换。

(8)高温季节应注意观察限位器前道岔及相连线路方向变化,发现失稳先兆,要立即泼水降温。

(9)当尖轨尖端或心轨尖端相对位移量超限时,要立即检查道岔钢轨扣压件是否松动,

限位器是否损坏，翼轨跟端间隔铁胶接是否被破坏，或者是否维修不当造成钢轨应力放散。发现问题及时补救和修整，应及时调整尖轨与基本轨的相对位置，并锁定限位器位置。

（10）确保路基、道床状态满足要求。

（11）限位器的观测与维修：在锁定轨温下采用焊连作业后，限位器相对位置不应随便调整，在轨温变化情况下，限位器子母块两侧缝隙不一致或有接触，属正常情况，不必调整。当因直曲基本轨相对位移较大，影响电务转换时，可适当进行张缩作业。

二、SC330道岔的维修方法

（1）尖轨、可动心轨有下列问题之一者，应及时修理或更换。

① 尖轨与基本轨、可动心轨与翼轨密贴程度超过允许范围。

② 尖轨弯曲变形，造成轨距不符合规定。

③ 尖轨、心轨断面宽35mm以前，其轨面高于基本轨、翼轨顶面。

④ 在尖轨断面宽50mm及以上断面，尖轨顶面低于基本轨顶面1.5mm及以上。

⑤ 伤损达到钢轨轻伤标准。

（2）基本轨、翼轨有下列伤损或缺陷时应及时修理或更换。

① 基本轨的弯折点位置不正确或弯折点尺寸不符合规定要求。

② 基本轨垂直磨耗，在正线上超过4mm。

（3）道岔护轨螺栓、可动心轨辙叉咽喉和叉后间隔铁螺栓、长短心轨连接螺栓必须齐全，作用良好，折断时必须立即更换。同一部位或同一间隔铁，同时有两根螺栓缺少或失效时，道岔应停止使用。

（4）道岔各种零件应齐全，作用良好，缺少时应及时补充。有下列伤损或缺陷时，应进行修理或更换。

① 各种螺栓、顶铁、间隔铁损坏、变形或作用不良。

② 滑床垫板损坏、变形或滑床台板磨耗达2.5mm以上。

③ 橡胶垫板损坏或失效。

④ 轨撑损坏、变形、失效。

⑤ 垫板上焊接件开焊。

⑥ 各种弹性扣压件损坏或失效。

⑦ 各种轨距调整件损坏或失效。

思考与练习

1. 简述轨道的组成及各部分的作用？
2. 简述道岔的组成及各部分的作用？
3. 道岔的有害空间是什么？有害空间对行车有什么影响？
4. 试画出一副普通右开单开道岔示意图，在图上标注各组成部分和主要部件，分析各部分的作用。
5. 用中心线表示法画出12号右开单开道岔图。

项目五　城市轨道交通车站

车站是城市轨道交通路网中一种重要的建筑物,它是供乘客乘降、换乘和候车的场所,应保证乘客使用方便、安全、迅速地进出车站,并有良好的通风、照明、卫生、防火设备等,给乘客提供舒适、清洁的环境。车站应容纳主要的技术设备和运营管理系统,从而保证城市轨道交通的安全运行。地铁车站里的辅助设备包括自动扶梯、直升电梯、卷帘门、防洪门、乘客引导、照明、售检票系统、车站设备自控系统等。根据需要还可设置屏蔽门和防核辐射门等。

任务一　认知城市轨道交通车站

学习目标

(1) 了解城市轨道交通车站的类型。
(2) 了解城市轨道交通车站的分类。

学习任务

认知城市轨道交通车站,包括车站的作用、类型及分类等。

工具设备

城市轨道交通车站仿真模型、图片及仿真三维立体图多媒体课件。

教学环境

轨道交通车站或现场。

基础知识

地铁车站在地铁中是重要的组成部分之一,是轨道交通系统中最重要的建筑。车站每天要办理大量的行车作业与客运作业。为此,根据车站的运营功能和客流量的不同,车站应设置各种不同种类和容量的技术设备。车站是客流集散的场所,它必须具有供乘客乘降、换乘的功能。某些车站还必须提供折返、停车检修、临时待避功能。由此,要求车站能安全、迅速、方便地组织乘客进出,能全面、可靠、机动地满足运营要求。

地铁车站功能复杂、设备及辅助设施多、专业性较强,设备布置不同,其相应的功能也不同,车站的众多建筑形成车站的功能。地铁车站站务人员应熟悉站台、站厅环境,能根据车站内主要技术设备和建筑的布置合理组织乘客运输,保证运输畅通,在突发事件(如火灾、地震等)时,能及时疏导乘客,保证人员安全。因此必须熟悉车站主要技术设备和主要建筑,以及车站的分类、位置、设计原则等相关知识,掌握车站的功能。

一、车站的分类

车站可按其运营功能或按其设备容量的不同来进行分类。

1. 车站按其运营功能的分类

车站按其运营功能,即主要用途的不同可分为中间站、换乘站和终点站等。

1）中间站

中间站功能单一,一般只供乘客乘降之用。有的中间站设有折返设备,可供列车折返和进行列车运行调整,以便在相邻区段上组织密度不同的行车和恢复正常的列车运行秩序。轨道交通路网中的车站大多属于中间站。

2）换乘站

位于两条及两条以上线路交叉点上的车站。除供乘客乘降之用外,还供乘客由一条线路的列车换乘到另一条线路的列车上去。在设计换乘站时,应尽可能将换乘客流和到发客流分开。

3）区域站（即折返站）

区域站是设在两种不同行车密度交界处的车站。站内有折返线和设备,区域站兼有中间站的功能。

4）枢纽站

由枢纽站可以分出另一条线路。枢纽站可接送两条线路上的乘客。

5）联运站

联运站内设有两种不同性质的列车线路进行联运及客流换乘。联运站具有中间站及换乘站的双重功能。

6）终点站

线路两端的车站,除供乘客上、下车外,还能供列车折返、停留和临时检修用,终点站一般设有多股停车线。

2. 车站按其设备容量的分类

车站按其设备容量的分类,即小时集散乘客能力的不同可分为一等站、二等站和三等站,客流量特别大、有特殊要求的车站,其规模等级可列为特级站。车站等级是车站设置相应机构和配备定员的基本依据之一。车站规模等级及适用范围见表5-1。

表 5-1 车站规模等级及适用范围

规模等级	适用范围
一等站	适用于客流量大,地处市中心区的大型商贸中心、大型交通枢纽中心、大型集会广场、大型工业区及位置重要的政治中心地区
二等站	适用于客流量较大,地处较繁华的商业区、中型交通枢纽中心、大中型文体中心、大型公园及游乐场、较大的居住区及工业区
三等站	适用于客流量小、地处郊区的车站

此外,车站还可按与地面相对位置分为地下车站、地面车站和高架车站;按车站站台

形式分为岛式车站、侧式车站和混合式车站；按车站埋深分为浅埋和深埋车站；按车站施工方法分为明挖站、暗挖站；按车站结构横断面形式分为矩形断面车站、拱形断面车站和圆形断面车站等形式。

二、城市轨道交通车站的特点

轨道交通车站是线网中的重要节点，也是客流集散的场所，同时也是城市用地高效开发的区域。总体来讲，城市地铁站点具有以下一些特点。

1. 交通复杂且客流频繁

城市地铁站点周边片区往往是乘客流量大、交通需求大的区域。城市地铁站点的建设在满足乘客乘车需求的基础上，还要有效协调好与其他轨道线路或其他交通方式的安全高效换乘。居民到达地铁站点的方式可以是自行车、公路交通或者对外交通方式。地铁站点要承担多种交通方式乘客在地铁的换乘。与其他公路交通方式不同，无论怎样换乘，地铁乘客最终都以步行方式到达站点。而从换乘的角度讲，部分乘客会因换乘不便而从始发点步行到达车站，这将会增加站点地区的步行距离。

2. 开发强度大

城市地铁站点的建设增加了交通的可达性，缩短居民的出行距离和时间距离。这使各种生活、商务、娱乐等设施向地铁站点周边集聚，进而拉动站点周边土地的开发强度，刺激地铁周边片区经济和文化的发展。而站点周边片区基础设施的完善，将会进一步带动站点周边房地产的增值，土地商业化、社会化开发强度日趋增强。因此，地铁站点周边的土地具有较高的开发强度。

3. 地下公共空间广阔

地铁有高架、地面及地下3种形式，但在商业发达的城市中心，车站以地下形式应用得最多。站点设施从地下到地面能极大推动地下空间的开发，尤其在人口高度密集的城市交通枢纽地区、城市副中心地区和城市中心商业区，站点具有广阔的地下空间。

4. 建设时序性强

轨道交通的建设是一个由整体到局部，从系统到个体逐步由规划到设计的过程，即是一个"面"—"线"—"点"逐步细化的过程。"面"包含了对整个研究区域的整体性研究，也包括对全市范围的影响分析，内容有区域交通分布和方式划分预测，地铁线路构架整合等；"点"即个别特殊问题的研究和地铁局部的规划、设计和建设，包括具体工程实施方案及工程难点，客流发生、吸引和客流的换乘点等主要发生点的研究设计；"线"即是城市主要交通走廊，特指城市客流主要路线的整体规划研究，是串联"点"与"面"的途径，包括交通线路规划、沿线土地利用和客流发展、交通走廊铺设工程条件等。地铁线路规划与站点选址即是一个由"线"到"点"逐步深入细化的过程。线路规划是"线"的规划，即站点数量及分布的规划，具体的站点选址则是结合实际情况"点"的规划设计。

三、车站位置与路口关系

1. 跨路口站位

跨路口站位便于各个方向的乘客进入车站,减少了路口人流与车流的交叉干扰,而且与地面公交线路有良好衔接,在有条件时应优先选用。跨路口站位如图 5-1 所示。

2. 偏路口站位

偏路口站位是在偏路口一侧设置,施工时可减少对城市地面交通及对地下管线的影响,高架时,较容易与城市景观相协调。不过,其缺点是路口客流较大时,容易使车站两端客流不均衡,影响车站的使用功能。一般在高架线或路口施工难度较大时采用。偏路口站位如图 5-2 所示。

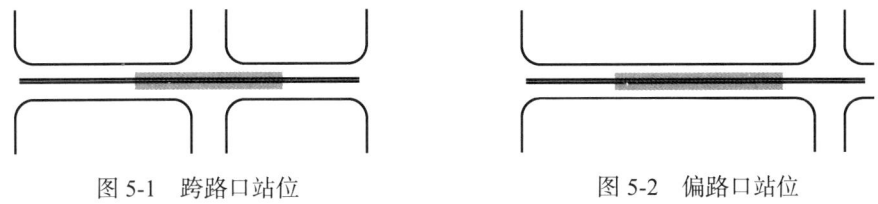

图 5-1　跨路口站位　　　　　　图 5-2　偏路口站位

3. 位于道路红线以外站位

典型的位于道路红线以外站位有:设于火车站站前广场或站房下,以利客流换乘;与城市其他建筑同步实施,和新开发建筑物相结合;结合城市交通规划,建设城市综合交通枢纽等。

四、车站主要技术设备

(一)车站线路

车站线路包括正线、配线、折返线和存车线,是列车在站内到、发及停留,或进行折返作业的线路。考虑到轨道交通线路的行车特点,同时为了降低工程投资,车站配线非特别需要一般不设置。

在线路的终点站及部分中间站上设置折返线及存车线,折返线的布置应尽可能地保证线路最大通过能力的实现。地铁设计规范规定:"线路的每个终点站和区段运行的折返站,应设置折返线或渡线,它的折返能力应与该区段的通过能力相匹配。当两折返站相距过长时,宜在沿线每隔 3~5 个车站的站端加设渡线或车辆停放线。"

1. 折返线

1)站前折返线

站前折返线是指列车经由站前渡线折返,如图 5-3 所示。

优点:站前折返时,列车空走少,折返时间较短,乘客能同时上、下车,可缩短停站时间,减少费用。

缺点:这种方式存在一定的进路交叉,对行车安全有一定威胁,客流量大时,可能会引起站台客流秩序的混乱。

2）站后折返线

站后折返由站后尽端折返线折返，可避免进路交叉，如图5-4所示。此外，列车还可采用经站后环线折返的方法。

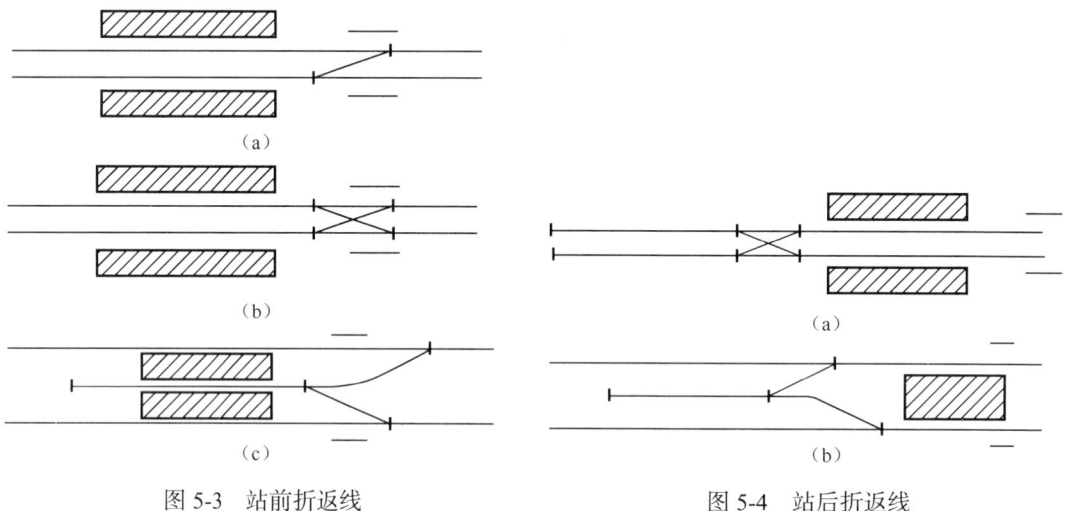

图5-3　站前折返线　　　　图5-4　站后折返线

优点：安全性能好，站后列车进出站速度较高，有利于提高旅行速度。

缺点：列车折返时间较长。站后渡线可为短交通提供方便；环形线折返设备可保证最大的通过能力，但施工量大，钢轨在曲线上的磨耗也大。一般说来，站后尽端折返线折返是最常见的方式。

2. 存车线

存车线可与折返线结合设置，也可单独设置，如图5-5所示。

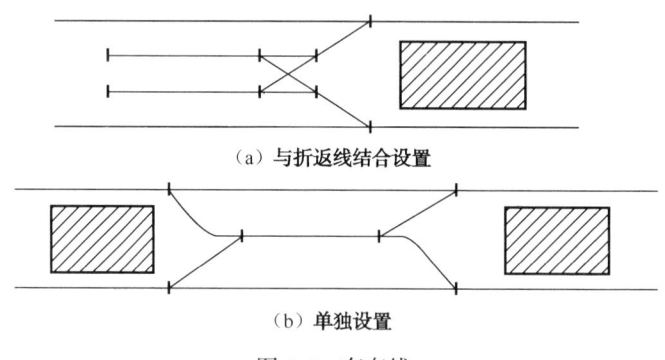

图5-5　存车线

（二）站台

站台是供列车停靠和乘客候车、乘车，以及上、下车的地方，如图5-6所示。

1. 站台形式

站台形式有岛式站台、侧式站台和混合式站台3种，如图5-7所示。

图 5-6　地铁站台

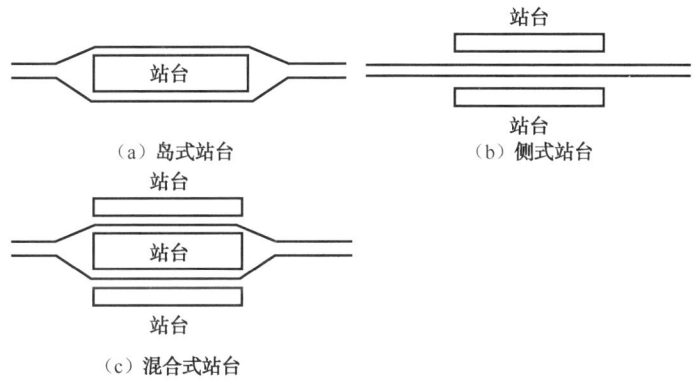

图 5-7　站台形式

车站采用的站台形式绝大多数为岛式站台与侧式站台两种。岛式站台与侧式站台优缺点比较见表 5-2。

表 5-2　岛式站台与侧式站台优缺点比较

项　目	岛　式　站　台	侧　式　站　台
站台使用	站台面积利用率高，可调剂客流，乘客有乘错车的可能	站台面积利用率低，不能调剂客流，乘客不易乘错车
站台设置	站厅与站台要设在两个不同高度上，站厅跨过线路轨道	站厅与站台可以设在同一高度上，站厅可以不跨过线路轨道
站内管理	管理集中，联系方便	站厅分设时，管理分散，联系不方便
乘客中途折返	乘客中途改变乘车方向比较方便	乘客中途改乘车方向不方便，须经天桥或地道
改建、扩建难易性	改建、扩建时，延长车站很困难，技术复杂	改建、扩建时，延长车站比较容易
站内空间	站厅、站台空间宽阔完整	站厅分设时，空间分散，不及岛式车站宽阔
喇叭口设置	要设喇叭口	不设喇叭口
造价	较高	较低

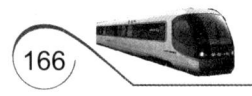

2. 站台长度

站台长度根据远期列车长度确定,考虑列车停车时位置的不准确和车站值班员、司机确认信号的需要,站台长度一般还要预留 2~6m。站台长度应为远期列车编组长度加上允许的停车不准确距离。

对于远期列车编组在 6~8 辆的轨道交通系统,站台长度一般在 130~180m。

3. 站台宽度

站台有效宽度主要根据车站远期预测高峰小时客流量大小、列车运行间隔时间、横断面形式、站台形式、站房布置、楼梯及自动扶梯位置等因素综合考虑确定。同时,应扣除安全带及柱子、座椅等占用的宽度。确定站台宽度的主要依据是高峰小时的客流量。在高峰小时内车站汇集了全日乘客人数的 10%~15%,同时在高峰小时内客流也不均匀。

岛式站台宽度一般为 10~15m,侧式站台宽度一般为 4~6m。我国《地下铁道设计规范》(GB 50157—1992)中规定了车站站台的最小宽度尺寸,见表 5-3。

表 5-3 车站站台最小宽度尺寸(GB 50157—1992)

车站站台形式		站台最小宽度(m)
岛式站台		8.0
多跨岛式车站的侧站台		2.0
无柱侧式车站的侧站台		3.5
有柱侧式车站的侧站台	柱外站台	2.0
	柱内站台	3.0

4. 站台高度

站台高度是指线路走行轨顶面至站台地面的高度,与车型有关。站台与车厢地板面同高,称为高站台;站台比车厢地板面低一、二个台阶,称低站台。我国生产的轻轨样车,车厢地板面到轨顶面的高度为 950mm,车辆第一踏面距轨面 650mm,所以站台高度 900mm 为高站台,650mm 或 400mm 为低站台。采用高站台时,考虑车辆弹簧的挠度,在最大乘车效率时,车厢地板下沉的范围在 100mm 以内,故高站台高度宜低于车厢地板面 50~100mm 为宜。

5. 轨道中心到站台边缘的距离

轨道中心到站台边缘的距离由车辆的建筑限界决定,还应考虑站台的施工误差,一般施工误差为 10mm。针对样车,当车体宽为 2.6m,把轨道中心到站台边缘的距离定为 1.4m。当车站设在曲线上时,应适当加宽。

(三)站厅、通道、升降设备和跨线设施

1. 站厅

如图 5-8 所示,站厅主要功能是集散客流兼客运服务等。具体来说就是将乘客迅速、安全、方便地引导到站台乘车,或将下车的乘客同样地引导至出入口出站。对乘客来说,站厅是上下车的过渡空间。乘客在站厅内要办理上下车的手续,因此站厅内要设置售票、

检票、问讯等为乘客服务的各种设施。此外，站厅一般还应有售检票、车站管理及小卖部等用房。

图 5-8　站厅

站厅规模大小、建筑特征要根据城市规划与交通的要求并与地面建筑相协调，又要各具特色，达到简洁、明快、开朗、流畅、富于时代感。站厅面积根据高峰小时最大客流量及集散时间的要求计算确定。

地铁站厅通常划分为付费区及非付费区两大区域。付费区是指乘客要经购票、检票后方可进入的区域，然后到达站台。非付费区也称为免费区或者公用区，乘客可以在本区内自由通行。付费区与非付费区之间应分隔。付费区内设有通往站台层的楼梯、自动扶梯、补票处，在换乘车站，尚须设置通向另一车站的换乘通道。非付费区内设有售票、问讯、公用电话等，必要时，可增设金融、邮电、服务业等机构。

2．通道

通道把站台、站厅和出入口连接起来，通道一般有斜坡式和阶梯式两种。

地下车站的出入口位置应根据车站位置的地形、地势等具体条件，并满足城市规划和交通的要求，可设在人行道上、街道拐角处、街道中心广场、街心花园处、建筑物内和建筑物边。

地下铁道车站的出入口及通道的数目和宽度应根据该地区的具体条件和客流量确定，并考虑紧急情况下，站台的乘客和停在列车内的乘客必须在 6min 内全部疏散出地下站并上到地面。

出入口及通道宽度应根据高峰小时客流量计算确定，采用宽度一般不小于 2m，最小不得小于 1.5m。地下通道净高一般为 2.5m 左右。

3. 升降设备

地下或高架车站还要设置楼梯和自动扶梯,如图 5-9 所示。站厅、通道和升降设备的通过能力应根据远期高峰客流的需要,并留有适当余地的原则进行配备。

图 5-9 地铁自动扶梯

高架站和地下站与地面的联系必然通过垂直交通来疏导乘客,天桥或地道跨线设施也要垂直交通。垂直交通的设计要求位置适宜、路线便捷、合理通畅的宽度。

高架站的垂直交通布置通常有两种方式:一种为街道两侧布置垂直交通,经天桥进入高架车站,即天桥进出方式;另一种是利用桥下空间,由楼梯通向休息平台,再向两侧高架站台或通向岛式站台,即为桥下进出方式。

4. 跨线设施

由于城市轨道交通列车的速度快、密度高,要求整个线路封闭程度较高。考虑乘客候车安全,侧式站台上、下行线间加防护栏杆隔开,所以有上下行越线问题。岛式站台乘客进站也有越线问题,而且行人过街也同样有越线问题。

对地面站来说,除了客流量小,一般均要设跨线设施。地面站的跨线设施可以是天桥或地道两种方案。天桥方案较经济,施工方便,对交通干扰少,应优先采用。

地下站跨线设施,可以在地下站内解决。

高架站的跨线设施如在高架桥上再设天桥,对于乘客来说会加重负担。安全感差,又占用较多高架站台面积,增加高架站结构的复杂性,提高了造价,也影响景观。因此,通常应该尽量利用高架桥面以下的结构空间解决跨线功能,也可以在解决高架站的垂直交通时,同时解决跨线问题。但要注意避开道路的交会路口,以满足道路上空的限高要求。

(四)作业或设备用房

车站作业或设备用房主要分为行车/客运作业用房、车站管理用房和各种设备用房 3 类。

(五)售检票设备

20 世纪 80 年代以来,售检票已从过去的单一人工售检票方式发展为人工售检票和计算机集中控制的自动售检票两种方式。自动售检票方式具有能缓解进出站拥挤情况,推行吸引客流的计程、计时票价,统计客流信息,加强财务管理和杜绝无票乘车等优点。一般而言，自动售检票设备由自动售票机、半自动售票机、辅币兑换机、自动检票口和控制计算机等组成。从技术类型上分，自动售检票设备目前主要有磁卡自动售检票系统、接触式 IC 卡自动售检票系统和非接触式 IC 卡自动售检票系统 3 种。

（六）信号与通信设备

为保证行车作业安全和提高行车作业效率，在车站设置信号、联锁、闭锁（信联闭）和通信设备。信号是对行车和其他有关作业人员发出的指示，联锁设备是保证车站范围内行车安全的设备，闭塞设备是保证区间内行车安全的设备。即使在采用先进的列车自动控制系统的情况下，仍须在有道岔车站上设置道岔防护信号机，在有折返线车站设置调车信号机，以及在有道岔的车站，设置具有自动排列进路和进路逐段解锁功能的微机连锁设备等。行车值班员可在控制台上对车站信联闭设备进行控制或监视。车站的通信设备包括调度电话、站间闭塞电话、行车自动电话、列车无线电话和广播设备等。

五、地铁车站建筑的组成

地铁车站由车站主体（包括站台、站厅、生产、生活用房）、出入口、通道、通风道、地面通风亭及其他附属建筑等组成，如图 5-10 所示。

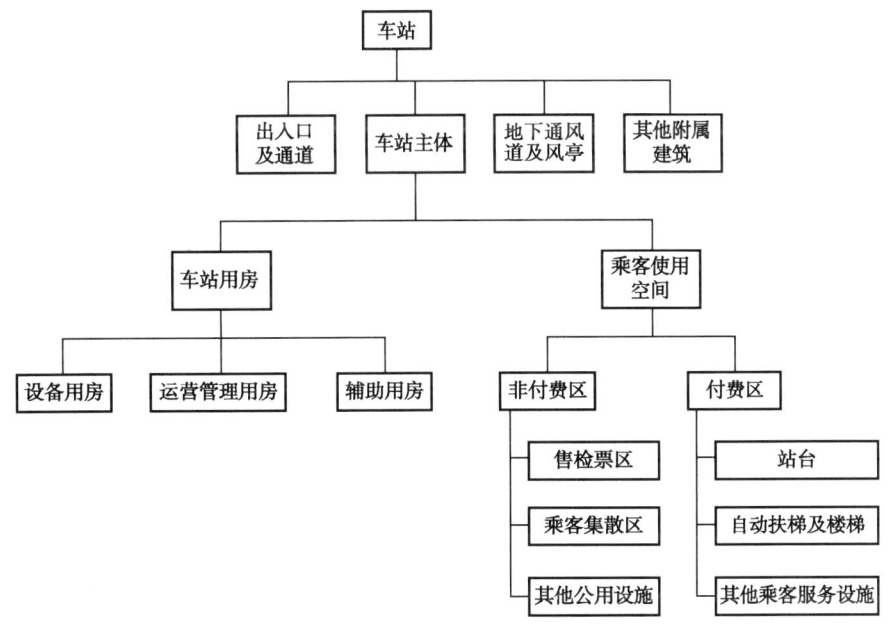

图 5-10　地铁车站建筑（设施）组成示意图

车站主体是列车在线路上的停车点，其作用是供乘客集散、候车、换车及上下车。它又是地铁运营设备设置的中心和办理运营业务的地方。出入口及通道是供乘客进、出车站的上部建筑设施。通风道及地面通风亭的作用是保证地下车站具有一个舒适的地下环境。对地下车站来说，这几部分必须具备；高架车站，一般由车站、出入口及通道组成；地面车站，可以仅设车站和出入口。

地铁车站建筑一般由下列部分组成。

1. 乘客使用空间

主要包括站厅、站台、出入口、通道、售票处、检票口、问讯、公用电话、小卖部、楼梯及自动扶梯等。乘客使用空间在车站建筑组成中占有很重要的位置,它是车站中的主体部分,此部分的面积占车站总面积50%左右,乘客使用空间是直接为乘客服务的场所。

2. 运营管理用房

运营管理用房主要包括站长室、行车值班室、业务室、广播室、会议室、公安保卫、清扫员室。它是为了保证车站具有正常运营条件和营业秩序而设置的办公用房,由进行日常工作和管理的部门及人员使用,是直接或间接为列车运行和乘客服务的。运营管理用房与乘客关系密切,一般布置在临近乘客使用空间的地方。

3. 技术设备用房

技术设备用房主要包括环控房、变电所、综合控制室、防灾中心、通信机械室、信号机械室、自动售检票室、泵房、冷冻站、机房、配电,以及上述设备用房所属的值班室、防灾报警系统、环控系统、AFC室、工区用房、附属用房及设施等。技术设备用房是整个车站的心脏所在地,是为了保证列车正常运行、保证车站内具有良好环境条件及在事故灾害情况下能够及时排除灾害的不可或缺的设备用房,它直接和间接为列车运行和乘客服务。

4. 辅助用房

辅助用房主要包括厕所、更衣室、休息室、茶水间、盥洗室、储藏室等。这些用房均设在站内工作人员使用的区域内。辅助用房直接供站内工作人员使用,是为了保证车站内部工作人员正常工作生活所设置的用房。

六、地铁车站的功能

在轨道交通运输中,车站起着极其重要的作用。就运输企业内部而言,车站不仅是线路上供列车到、发及折返的分界点,保证行车安全和必要的通过能力;而且也是客运部门办理客运业务和各工种联劳协作进行运输生产的基地。就运输企业外部而言,车站是乘客旅行的起始、终到及换乘的地点,它是运输企业与服务对象的主要联系环节。

车站的运输生产主要由行车组织和客运组织两部分工作构成。车站行车组织工作包括接发列车作业和列车折返作业等。车站客运组织工作包括售检票、组织乘客乘降和换乘,以及文化、生活等其他方面的服务。车站工作的组织水平在很大程度上影响着运输工作的数量和质量指标。因此,车站作业的科学管理是提高轨道交通运输工作水平的重要环节。

车站的建筑布置应能满足乘客在乘车过程中对其活动区域内的各部位使用上的需要。将乘客进、出站的过程用流线的形式表示出来,这种流线称为乘客流线。乘客流线是地铁车站的主要流线,也是决定建筑布置的主要依据。站内除乘客流线外,还有站内工作人员流线、设备工艺流线等。这些流线具体地、集中地反映出乘客乘车与站内房间布置之间的功能关系。

【操作过程】 乘客应急疏散路线图的画法。
（1）画出站台平面图。
（2）画出站台连接站厅的楼梯。
（3）画出楼梯上面的站厅。
（4）画出连接出口和站厅的通道示意图。
（5）画出用箭头表示的应急疏散方向图，如图5-11所示。

乘客出站流线是：列车→站台→楼梯→站厅→通道→出口→地面。

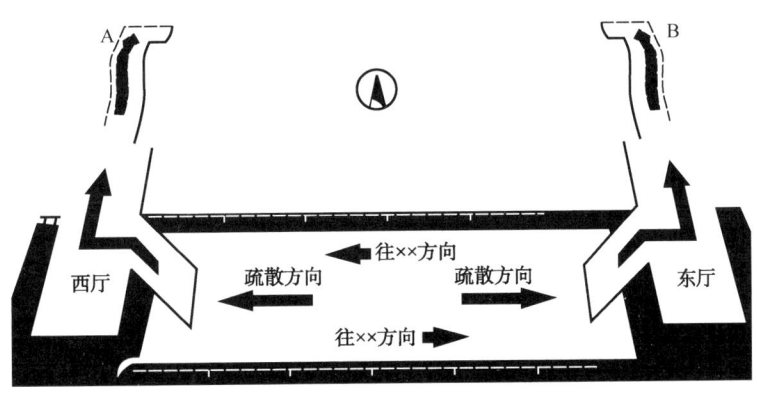

图5-11 地铁某站应急疏散路线图

案例

地铁车站

一、车站功能

地铁车站是客流的集散地，必须具有供乘客乘降和换乘功能，要求车站能安全、迅速、方便组织乘客进出；某些车站还必须提供列车折返、停车检修和临时待避功能。

二、车站的布置

一般车站布置包括出入口、站厅层、站台层、生产用房、设备用房和附属设施。

站厅层分为付费区和非付费区；车站设备用房、车控室及其他生产用房在站厅层的非付费区（注：花地湾站车控室在站台层）。

站台层主要供乘客上下车和候车。站台的布置有侧式站台、岛式站台和混合式站台3种，站台的有效长度为142m。

（1）广州地铁一号线16个站，其中西朗、坑口为地面站，花地湾、芳村、黄沙、长寿路、陈家祠、西门口、公园前、农讲所、烈士陵园、东山口、杨箕、体育西、体育中心、广州东站为地下站。

（2）广州二号线共24个站，分别为嘉和望岗、黄边、江夏、萧岗、白云文化广场、白云公园、飞翔公园、三元里、广州火车站、越秀公园、纪念堂、公园前、海珠广场、市二宫、江南西、昌岗、江泰路、东晓南、南洲、洛溪、南浦、会江、石壁、广州南站。

（3）车站分站厅、站台两层，部分车站站台同层，车站站台长度为142m，可停靠6节车厢编组的列车，站台设屏蔽门，屏蔽门的总长度为135.5m。

（4）一号线花地湾站和二号线江南西和越秀公园站各有两个站厅，大部分站是1个站厅。

（5）一号线坑口、花地湾站为侧式站台，西朗站为两岛一侧站台，公园前为一岛两侧式站台。

（6）公园前站的站厅与一、二号线站台层分别有扶梯、楼梯相连通。

（7）一号线设西朗车厂，车厂位于西朗站与坑口站间正线西侧，南端与西朗站连接，北端与坑口站连接。

任务二　城市轨道交通车站的规划与设计

学习目标

（1）了解城市轨道交通车站的规划。
（2）了解城市轨道交通车站的换乘方式。
（3）设计城市轨道交通车站的注意事项。

学习任务

认知城市轨道交通车站，包括车站的作用、类型及分类等。

工具设备

城市轨道交通车站仿真模型、图片及仿真三维立体图多媒体课件。

教学环境

轨道交通车站或现场。

基础知识

一、车站规划设计的总体基本原则

首先要满足地铁交通功能的需要，具体指对客流的运输作用，与线路中其他车站之间换乘方便，并且方便与其他交通方式的接驳。车站规模除满足高峰小时客流集散量以外，还要满足事故发生时乘客紧急疏散的需要。车站形式要结合周围环境特点，与周边经济发展形成良好互动。车站内部各分区布置要功能分区合理并布置紧凑；在装修上体现实用、经济、美观、简洁、明快的原则。

一项地铁工程是否合理及能否开展，主要可以从以下几个方面考虑。

首先，是从地铁的服务对象角度来考虑。地铁最初修建的目的就是服务乘客。所以由它的初衷可以看出，它的好坏首先要由它所能满足乘客需求来决定。

不可否认，一项城市轨道工程的开展和实施有许多约束条件，主要是制度和规范上的约束，还有工程技术上的约束，这是决定一项工程能否开展的具有一票否决权的因素。

其次，当工程实施开展后，那么所取得的社会效益和经济效益就是评价其好坏的决定性因素。

车站规划与设计要满足当前土地发展模式，也要为后续开发保有预留。

在新区开发时，对土地进行规划预留，使其与轨道交通共同开发，能够更好地实现建设和土地利用的协调发展。在新城开发的过程中，事先做好规划，通过在预留车站土地上进行合理的土地功能开发，为轨道交通的运营吸引客流量；同时，轨道交通的发展又为周边的物业带来更大的利益。

在车站规划与设计这一环节当中，体会最深的是功能决定结构。

功能是指其在整体中发挥的部分作用和自身的独特功用。功能是在规划阶段就确定的，这一规划不仅是在车站规划中，在线网、线路规划中均可以体现。在车站设计这一环节中，就是在功能具体落实中结构的分配和设置，具体可以总结出以下几点。

以换乘为主要功能的车站。主要考虑乘客的换乘条件，以尽可能减少换乘距离为主要因素进行设计，并留有足够的换乘能力。

接驳大型客流集散点的车站。要考虑突发性客流特点，留有足够的乘客集散空间，并创造快捷的进出站条件。

有列车折返运行需要的车站。以列车在车站的运营能力为主，考虑车站配线设置，以及由此带来的车站站位及平面布局的变化。

有与建筑物开发结合要求的车站。应考虑结构的统一性，并分清各种客流的流向，要使进出站客流有独立的通道，并尽量减少与其他客流的交叉干扰。

有其他特殊功能需要的车站，包括远期须进一步延伸的起点站、与其他交通系统的联运站等。

要注意车站设计的整体性。

车站规划与设计是一个系统工程，它需要先进的施工技术、建筑艺术、先进设备及现代化管理水平，涉及土建、通信、信号等多方面技术。由于其系统和复杂性，车站设计应以人为本（在这里，香港是一个典型的例子）、满足客流要求、乘降安全、疏导迅速、环境舒适、布置紧凑、便于管理，并加之综合考虑。

尤其注重换乘车站在整个线路或线网中所起到的特殊作用。

随着城市轨道交通网络的不断扩大，换乘枢纽的地位越来越突出，成为影响轨道交通效率和服务水平的主要因素。由于客流量和设备需求较大，它的容纳量也成为整个线路或整个线网中的制约因素，在面对巨大的服务客流时，要尤其注重它的分流作用，避免发生堵塞等。这也体现了系统工程当中的瓶颈作用，所以换乘车站设计时要考虑分流作用。这也是我把换乘车站提出来单一列举的原因。

多方案比选、注重其循环往复、向优发展的趋势。

车站造价高，车站数量对整个轨道交通的工程造价影响较大，在进行线路规划时，一般要做 2~3 个车站数量与分布方案的比选，比选时要分析乘客使用条件、运营条件、周围环境及工程难度和造价等几个方面，通过全面、综合地评价，确定推荐方案。因其是一项综合工程，故评价其优、劣、好、坏还得综合确定。

在满足基本结构需求基础上注重车站的协调性，在更高水平层次上注重其艺术性。

地铁作为公共建筑的一种，其功能和城市空间不是截然分开，而是紧密联系在一起的，两者应相互配合，不能冲突。有时候是城市空间的功能性质要求在它的旁边只能布置某些类型的建筑，有时候某建筑的存在规定了它附近城市空间的性质。艺术代表着一种城市的精神境界和精神面貌，发展程度不同的城市必定有着不同的城市精神，有条件的可以多注重这一形式的表达。

二、地铁车站规划与设计基本概念

（一）概述

车站是城市轨道交通路网中一种重要的建筑物，它是供乘客乘降、换乘和候车的场所，应保证乘客使用方便、安全、迅速地进出车站，并有良好的通风、照明、卫生、防火设备等，给乘客提供舒适、清洁的环境。

车站应容纳主要的技术设备和运营管理系统，从而保证城市轨道交通的安全运行。地铁车站里的辅助设备包括自动扶梯、直升电梯、卷帘门、防洪门、乘客引导、照明、售检票系统、车站设备自控系统等。根据需要还可设置屏蔽门和防核辐射门等。

车站主体是列车在线路上的停车点，其作用是供乘客集散、候车、换车及上下车，它又是地铁运营设备设置的中心和办理运营业务的地方。

（二）城市轨道交通车站规划与设计的目标

地铁车站是地铁系统的重要组成部分，它必须有供乘客乘降、换乘的功能。车站是客流集散的场所，某些车站还必须提供折返、停车检修、临时待避功能。由此，要求车站能安全、迅速、方便地组织乘客进出，能全面、可靠机动地满足运营要求。

车站同时又是地铁运营设备集中设置的场所，主要包括线路、道岔、通信、信号、环控、自动售检票、自动扶梯及电梯、低压配电及照明、给排水及消防、防灾报警（FAS）、设备监控（EMCS）等设备系统。

除满足以上需求外，还须考虑车站外观的吸引力、乘客的自由移动、残疾人通道、各种应急服务的通道以便人群的安全聚集与疏散、列车服务的可靠性、失效的恢复问题、投资的效益费用。

三、城市轨道交通车站规划

（一）车站站位规划出发点和具体要求

1. 规划出发点

（1）有利于车站用地控制。

（2）有利于城市土地利用规划的调整和配合。

（3）沿线大型建设项目的配合。

（4）有利于规划可实施性研究的进行。

（5）有利于其他交通方式衔接和客流发展倾向的引导。

2. 车站站位规划具体要求

（1）应与城市建设密切结合，与旧城房屋改造和新区土地开发结合。

（2）应尽可能靠近大型客流集散点，为乘客提供方便的乘车条件。

（3）在城市交通枢纽、地铁线路之间与其他轨道交会处设置车站，使之与道路网及公共交通网密切结合，为乘客创造良好的换乘条件。

（4）尽量避开地质不良地段，尽可能减少对周围环境的干扰。

在考虑以上因素外，要兼顾各车站间距离的均匀性。

（二）车站站间距的规划与确定

1. 站间距规划出发点

（1）设站要考虑该地区的发展，与城市规划相协调。

（2）从乘客总出行时间的角度优化站间距。

（3）站位应设于汇集大量客流的重要场所附近，并能和其他交通方式方便换乘的地方。

（4）从站间距对工程、运营及城市发展的影响来调整站间距。

2. 站间距确定原则

一般城市轨道交通的合理站间距范围在 0.8~1.6km 之间，城区用得小一些，郊区用得大一些，可在 2~3km 以上。

车站的间距大小会对乘客出行时间、运营费、工程费及车站在城市中的作用等多方面产生错综复杂的影响，应综合考虑，合理确定。

（三）换乘点规划

换乘点是线网构架中各条线路的交织点，是提供乘客转线换乘的重要地点，乘客通过换乘点的车站及其专用或兼用通道设施，实现两座车站之间人流沟通，达到换乘的目的。

1. 换乘方式的基本类型

换乘方式首先取决于两条线路的走向和相互交织形式。一般常见的有垂直交叉、斜交、平行交织等多种形式，但归纳到换乘方式，可分为同站换乘、通道换乘、共同换乘广场等。

确定换乘形式的主要原则如下。

① 满足换乘客流量的需要。

② 调整相交路线方向创造良好的换乘条件。

③ 尽量缩短乘客的走行距离。

④ 努力提高服务水平，引导乘客。

⑤ 结合地形布置车站形式。

1）同站换乘

（1）站台同平面换乘。

站台同平面换乘方式的车站可以为双岛式站台，也可以为岛侧式站台，如图 5-12、

图 5-13 所示。

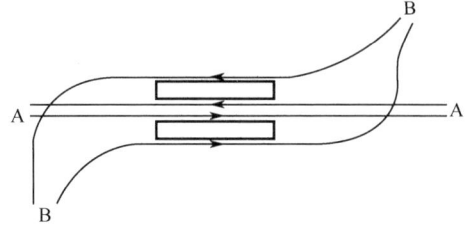

图 5-12　同站同平面双岛式换乘站

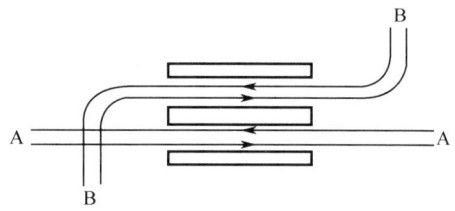

图 5-13　同站同平面岛侧式换乘站

双线双岛式站台能满足同站台两条线两个方向的换乘。双线岛侧式站台仅提供两线一个方向的换乘。这两种布置形式的其他换乘方向还要通过站厅层来换乘。其中，双线双岛式的 A 线也可以为前折返的终点站，二侧车门均可上下客，同时换乘 B 线的两个方向，如图 5-14 所示，新加坡的 JurongEast 车站就是这种形式。站台同平面换乘方式用于某一方向换乘客流量大，且有较大的用地来布置的车站。

（2）上下平行站台换乘。

上下平行站台换乘方式的车站为上下两层，均为岛式站台，同侧的上下层为同一条线的上下行线，如图 5-15 所示。该形式的车站布置较为普遍，日本、泰国、香港均有这种形式的车站。同一平面的两条路线一个方向，可以十分方便地进行换乘，另一个方向则通过一次或上下楼梯便可以达到换乘目的。

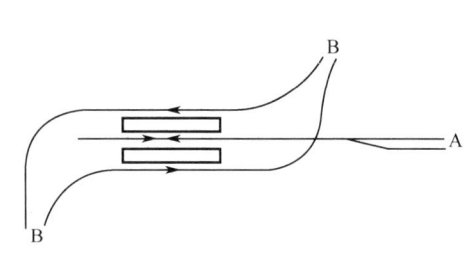

图 5-14　同站同平面尽头式换乘站

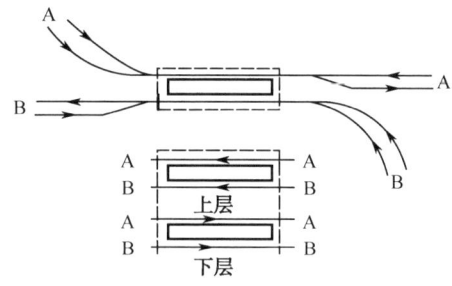

图 5-15　同站上下平行站台换乘站

（3）十字（或 T 字）形相交站台的换乘。

十字（T 字）形相交站台的换乘方式按站台布置形式可以有侧式站台与岛式站台、侧式站台与侧式站台、岛式站台与岛式站台 3 种情况，分别如图 5-16、图 5-17 和图 5-18 所示。这 3 种布置形式各有特点，但它们各个方向的换乘均通过一次上楼梯或一次下楼梯即可完成。其中，以侧式站台与岛式站台换乘方式较为理想，它满足较大的换乘量。岛式站台与岛式站台的换乘，由于是一点相交，因此如布置不当会造成换乘客流拥挤堵塞现象，如北京的复兴门车站，如果布置得当，就能满足一定数量的换乘量。

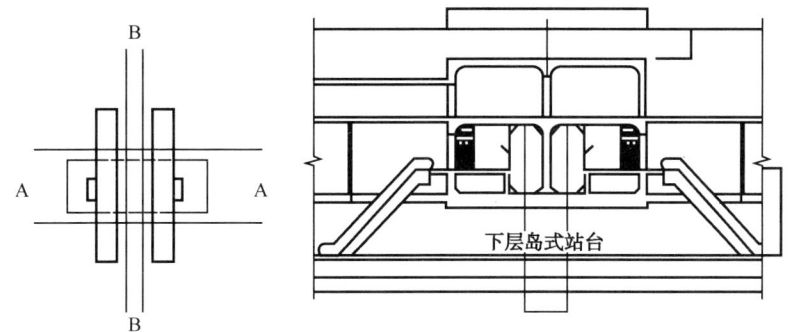

图 5-16　岛式站台与侧式站台换乘图

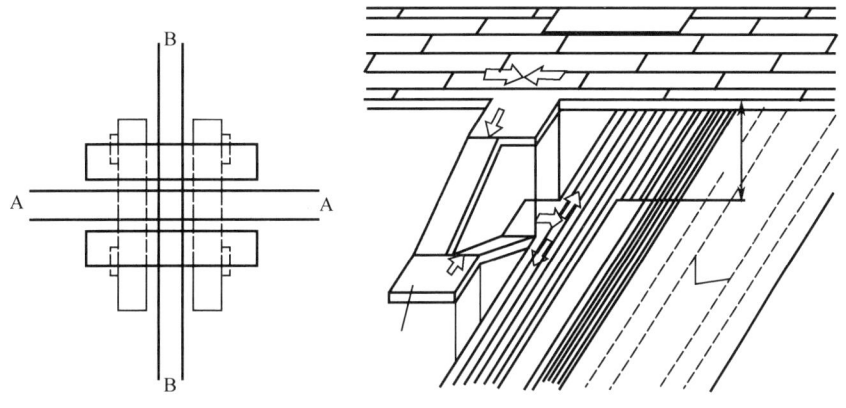

图 5-17　侧式站台与侧式站台换乘图

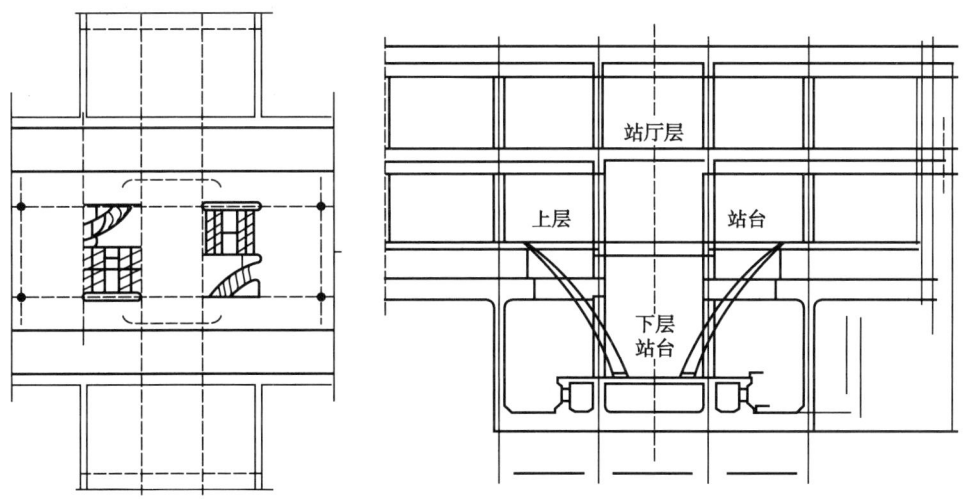

图 5-18　岛式站台与岛式站台换乘图

2）通道换乘

通道换乘方式适用于两个车站靠得很近，但又无法建造同一车站，因此换乘一定要设专用通道。通道可以连接两个车站的付费区，也可以连接两个车站的非付费区。它虽然没有同站换乘方便、直接，但设有专用通道能给乘客提供明显的换乘方向。上海地铁 1、2 号线在人民广场站，北京地铁 1 号线与环线在复兴门站都是采用通道换乘方式。

3）共同换乘广场

共同换乘广场是可以与商业开发和综合交通枢纽建设相结合。它除了用于轨道交通间的换乘，还可以同其他公共交通形式进行换乘。换乘广场可设在地下、敞开式半地下、地面或高架。这种换乘方式适用于换乘量较大的大型枢纽站。

2. 换乘方式影响因素

（1）两条线的修建顺序。

（2）两条线路交织形式和车站位置。

（3）换乘客流量和客流组织方式。

（4）线路和车站结构形式和施工方法。

（5）周围地形条件、地质条件、规划的地面和地下空间开发要求等。

换乘方式的选择首先要定换乘点，再定线路与车站位置（包括车站形式），同时选择车站换乘方式，最终进行车站设计时，确定换乘结构形式。

3. 换乘点的分布原则

（1）线网中任意两条线路应尽可能相交 1～2 次。

（2）换乘节点应适当分散，避免过分集中在城市中的某个狭小区域。

（3）换乘节点最好为两线交叉，有利于分散换乘客流，合理控制换乘站规模，简化换乘站客流组织，降低工程施工难度，节省工程造价，有利于车站维持良好乘车秩序，组织高密度行车，有利于提高运行质量。

（4）换乘节点应尽量避免 3 条以上线路交叉于一点，否则，一方面换乘客流干扰较大，另一方面工程难度较大。

（5）换乘点应主要分布于城市重点区域，如中心区或外围特大型客流集散点。

四、城市轨道交通车站设计

（一）车站设计的原则与目标

（1）车站选址要满足城市规划、城市交通规划及轨道交通路网规划的要求，并综合考虑该地区的地下管线、工程地质、水文地质条件、地面建筑物的拆迁及改造的可能性等情况合理选定。

（2）车站总体设计要注意与周围环境的协调，如与城市景观、地面建筑规划相协调。

（3）车站的规模及布局设计要满足路网远期规划的要求。

（4）车站站位应尽可能地靠近人口密集区和商业区，最大限度地方便乘客出行。

（5）车站的设计应尽可能地与物业开发相结合，使土地的使用达到最经济。

（6）车站设计应能满足设计远期客流集散量和运营管理的需要，应具有良好的外部环境条件，最大限度地吸引乘客。

（7）车站应在满足使用功能的前提下，尽量缩小建筑空间，使其规模、投资达到最合理。

（8）车站公共区应按客流需要设置足够宽度的、直达地面的人行通道，出入口的布置应积极配合城市道路、周围建筑、公交的规划等因素综合考虑，通道和出入口不应有影响乘客紧急疏散的障碍物。车站设计要尽量兼顾过街人行通道的要求。

（9）贯彻以人为本的思想，车站要解决好通风、照明、卫生等问题，以提供乘客安全、快捷和舒适的乘降环境。在经济条件许可的情况下，也应尽量从以人为本的出发点来考虑设计标准。

（10）车站考虑防灾设计，确保车站的安全性。

（11）车站设计要考虑其经济性。根据运营管理需要设置，在不同车站只配置必要房间，尽可能减少用房面积，以降低车站投资。

（二）车站的规模确定

在进行车站总体布局以前，要确定车站的规模。车站规模直接决定着车站的外形尺寸及整个车站的建筑面积等。轨道交通车站的规模主要是根据车站设计客流量（容量）确定的。一般可以参照日均乘降客流量和高峰小时客流乘降量来综合确定。

地铁车站规模主要根据车站远期预测客流及所处位置确定，一般可分三级：

A级：适用于客流量大、地处大型客流集散点及地理位置十分重要的车站；

B级：适用于客流量较大、地处市中心或较大居住区的车站；

C级：适用于客流量较小、地处郊区的各站。

（三）车站总平面布局

车站总平面布局包括车站中心的位置（站位）、车站外轮廓的范围及出入口风亭的确定等，它是车站设计的关键环节。

1. **车站平面布置原则**

（1）站厅层布置应分区明确，依据出入口的位置和数量、楼梯与扶梯的位置和数量、售检票系统的位置和数量及换乘要求对客流进行合理的组织，避免和减少进出站客流的交叉，合理布置管理、设备用房，应满足各系统的工艺要求。

（2）站台层布置要以车站上、下行远期超高峰小时设计客流量来计算站台宽度，根据线路走向及换乘要求确定站台形式。根据车站需要布置设备或管理用房区。

（3）有人行过街的功能。出入口规模应满足远期预测客流量的通过能力，并考虑与其他交通的换乘和接驳大型公共建筑所引起的客流量。

（4）车站主要服务设施应包括自动扶梯、电梯、售票机、检票机、空调通风设施等。

2. **车站总平面布局设计的步骤**

1）影响因素，确定边界条件

影响车站站位和总平面布局的因素如下。

（1）周围环境：道路现状及交通条件、公交及其他交通方式站点设置、文物古迹、自然条件等。

（2）建筑物拆迁和管线改移条件。

（3）施工方法：结合地质条件考虑。

（4）客流来源及方向：根据主要客流来源和方向，考虑站位和出入口通道设置。

（5）综合开发的条件：使车站与其他建筑物结合。

2）根据功能要求构思总体方案

（1）以换乘为主要功能的车站，主要考虑乘客的换乘条件，以尽可能减少换乘距离为主要因素进行设计，并留有足够的换乘能力。

（2）接驳大型客流集散点的车站，要考虑突发性客流特点，留有足够的乘客集散空间，并创造快捷的进出站条件。

（3）有列车折返运行需要的车站，以列车在车站的运营能力为主，考虑车站配线设置及由此带来的车站站位及平面布局的变化。

（4）有与建筑物开发结合要求的车站，应考虑结构的统一性，并分清各种客流的流向，要使进出站客流有独立的通道，并尽量减少与其他客流的交叉干扰。

（5）有其他特殊功能需要的车站，包括远期须进一步延伸的起点站、与其他交通系统的联运站等。

3）确定出入口、风亭数量和位置

《地铁设计规范》规定："车站出入口的数量，应根据客流需要与疏散要求设置，浅埋车站不宜少于4个出入口。当分期修建时，初期不得少于2个。小站的出入口数量可酌减，但不得少于2个。"

风亭的数量和采取的通风与空调方式有关，一般由环控专业确定。

4）绘制车站总平面布置图

3. 车站设计的主要标准

（1）站台的长度及宽度。

（2）车站大厅设置。

（3）检售票设置。

（4）楼梯及通道尺寸设置。

（5）站台高度。

（6）轨道中心与站台边缘距离。

（7）车站照明设施配置。

（8）无障碍设计。

（9）设备用房和管理用房。

（10）风亭、风道、车站防灾设计及其他附建物。

4. 换乘站形式设计

1）换乘站形式

根据换乘车站的平面位置，可将换乘车站形式分为以下几种。

（1）一字形换乘。

两个车站上下重叠设置构成"一"字形组合的换乘车站，一般采取站台直接换乘或站厅换乘。

（2）L形换乘——积水潭站。

两个车站平面位置在端部相连构成"L"形，高差要满足线路立交的需要。这种车站一般在相交处设站厅进行换乘，也可根据客流情况，设通道进行换乘。

（3）3T形换乘——复兴门站。

两个车站上下相交，其中一个车站的端部与另一个车站的中部相连，在平面上构成"T"形，一般可采用站台或站厅换乘。

（4）十字形换乘——西直门站。

两个车站在中部相立交，在平面上构成"十"字形，这种车站一般采用站台直接换乘或站厅加通道换乘。

（5）工字形换乘。

两个车站在同一水平面设置。以换乘通道和车站构成"工"字形，这种车站一般采用站厅换乘或站台到站台的通道换乘。

2）换乘站设计

（1）依据线路位置和客流方向，确定换乘关系。

两条线之间的换乘关系一般取决于两条线路的走向和站位条件，在两条交叉的线路上一般采用"十"字形换乘、"T"形换乘或"L"形换乘。在两条平行的线路上，可选择"一"字形换乘或"工"字形换乘。

换乘站周围的客流来源和方向是在考虑换乘站关系时要重点考虑的因素，一般来说，"T"形、"L"形、"工"字形照顾的客流面比较大，可以使车站的客流吸引范围增大，但其客流换乘不如"十"字形和"一"字形。"十"字形和"一"字形换乘站可以提供很好的换乘条件，在换乘客流为主的车站应尽可能采用。

（2）根据车站形式，设计客流流线。

根据车站站台形式确定的换乘方式可分为"岛岛换乘"、"岛侧换乘"和"侧侧换乘"。

"岛岛换乘"：指两个岛式站台车站之间的换乘。由于在这种方式中两车站之间直接换乘的节点只有一个，换乘能力受到局限，所以一般要辅以通道换乘来解决客流换乘问题。

"岛侧换乘"：指岛式站台车站与侧式站台车站之间的换乘。由于其比"岛岛换乘"增加了一个换乘节点，在一些换乘客流量比较小的车站可以设计为站台到站台直接换乘的方式。

"侧侧换乘"：指两个侧式站台车站之间的换乘，其换乘节点可增加到4个，为换乘客流创造了更方便的条件，可以根据站位和环境情况自如地处理客流的换乘。

换乘客流流线应与进出站客流分开，尽可能便捷顺畅。

（3）根据预测客流量，计算换乘楼梯（通道）宽度。

换乘客流一般属于集中的间断型客流，它是随着两条线列车的到发而形成的，因此，在一段时间内，其换乘客流量除取决于预测的小时客流量，还与两条线列车的运营间隔有关，在计算换乘楼梯（通道）宽度上，要重点考虑这一因素，为换乘客流提供足够的条件。

如换乘客流无须重新购票，一般不会形成集聚客流（即排队），但由于通道间的输送能力不同，如楼梯与通道交接处会形成客流集聚，应在此考虑一定的空间集散条件。

（4）结合车站结构和施工条件，考虑远期预留。

随着施工技术水平的进步，换乘车站的预留逐步从土建全部做成，过渡到只预留将来可能施工的条件，即从土建预留到条件预留。这样可大幅度降低初期工程造价，避免投资的浪费。

要做到条件预留，必须对近远期的车站方案和工程实施方案进行周密的考虑，尤其要考虑在远期实施换乘车站时，不能影响已运营车站的使用，并确保运营安全。

任务三　越行站

学习目标

（1）了解城市轨道交通车站的类型。
（2）了解城市轨道交通车站的分类。

学习任务

认知城市轨道交通车站，包括车站的作用、类型及分类等。

工具设备

城市轨道交通车站仿真模型、图片及仿真三维立体图多媒体课件。

教学环境

轨道交通车站或现场。

基础知识

越行站是为提高城市轨道交通区段通过能力，保证行车安全，并为沿线城乡及工农业生产服务而设的车站，它办理的主要作业有列车的通过、越行、运行调整及客运业务。

一、越行站的作业和设备

越行站设置在双线的城市轨道交通线路上，主要办理同方向列车的越行，必要时办理反方向列车的转线，也办理客运业务，因此越行站应铺设到发线并设置通信、信号及乘客乘降、设施及办公房屋等设备。

二、越行站布置图

越行站一般应采用横列式布置，如图5-19所示。其主要优点是站坪长短，工程费小；车站值班员对两端咽喉有较好的瞭望条件，便于管理；无中部咽喉，可减少现场作业人员；到发线使用灵活，站场布置紧凑等。目前，广州地铁21号线在未来将建成越行站，以便于开行快线列车。

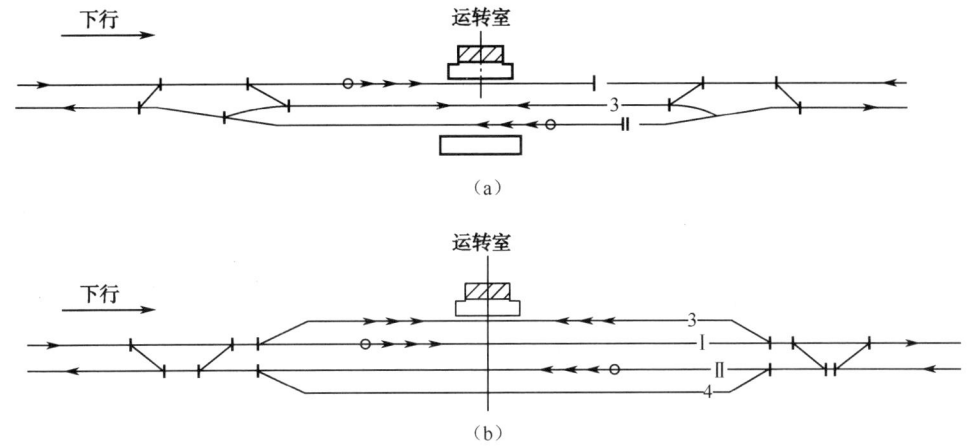

图 5-19 横列式越行站布置图

越行站一般应设两条到发线,以便双方向列车都有同时待避的机会,若上、下行无同时待避列车,地方客运量极少,或地形困难及其他条件限制的个别越行站,也可设一条到发线。

例如,横列式越行站仅设一条到发线,则到发线一般应设于两正线中间,如图 5-19(a)所示。其优点是上、下行停站列车一般接入正线,列车运行平稳,乘客舒适,且无须搬动道岔,有利于行车安全;车站值班员接发下行通过列车时,办理作业方便,且不会被待避列车阻挡;任何一方待避列车接入到发线时,均不与正线的列车干扰,而且接发列车进路灵活,使用效率高,并可推迟第二条到发线的铺设期限。其缺点是两正线变换线间距时,上行正线在站内须设反向曲线,瞭望不便,可能影响列车运行速度。例如,中间到发线采用单式对称道岔连接,则养护维修不便。图 5-19(a)适用地形特别困难或受其他条件限制的越行站。

横列式越行站设两条到发线时,两条到发线一般分设于正线两侧,如图 5-19(b)所示。图 5-19(b)具有正线顺直,接发通过列车方便;上、下行乘客列车作业或有待避列车时,不影响正线的通过;并便于远期发展等优点。适用于上、下行均有同时待避列车的越行站。若两到发线布置在正线同一侧,则一个方向待避列车在到发线接、发时,存在着与另一个方向发、接交叉,不仅影响行车安全,而且还会降低区间通过能力。因此,新建或改建越行站时,宜采用两到发线设于正线两侧的布置图。

在越行站上,为满足转线和反方向接发列车的需要,或因区间线路施工、线路临时发生故障及其他情况下采取运行调整措施,必须是一条线路上运行的列车转入另一条线上运行,车站两段咽喉区的正线间应设置渡线。在一般的越行站上,两端咽喉正线间应设 1 条渡线,互成大"八"字形为好,如图 5-19(b)中实线所示。其优点是可增加客车停靠基本站台的机会。有条件时每端可再预留 1 条渡线,如图 5-19(b)中虚线所示。

拓展知识

铁路车站

一、铁路车站基本知识

（一）车站的定义及作用

为完成国家运输任务，保证行车安全和必要的通过能力，满足人们对运输的需要，须通过分界点将一条上千公里的铁路线划分成若干个区段和许多个区间及闭塞分区。如图 5-20 中的甲、乙、丙、A、B、C、D、E、F、G、H 车站都是分界点，车站上除正线外，还配有其他线路（到发线、牵出线等）。所以车站的定义是在铁路线上设有配线的分界点。此外，还有无配线的分界点，它包括非自动闭塞区段的两车站间设置的线路所和自动闭塞区段的两车站间划分为若干个闭塞分区处所设置的通过色灯信号机。

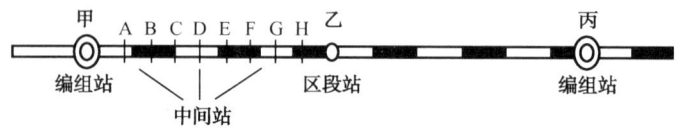

图 5-20　铁路分界点

车站是办理乘客运输与货物运输的基地，乘客的上下车和货物装卸车及其有关作业都是在车站上进行的。车站通过办理上述业务，使铁路运输生产与国民经济的发展和市场的需求联系起来，也是铁路和乘客、货主联系的纽带。

车站还是铁路运输的基层生产单位。在车站上，除了办理乘客与货物运输的各项作业外，还要办理与列车运行有关的各项作业。例如，列车的接发、会让与越行；车列的解体与编组；机车的换挂与整备；车辆的检查与修理等。车站不仅是铁路内部各项作业的汇合点，也是提高铁路运输效率和运输安全的保证。

（二）区间、区段和站界

1. 区间

为了保证行车安全和必要的线路通过能力，铁路上每隔一定距离需要设置一个车站，车站把每一条铁路线划分成若干个长度不同的段落，每一段落则称为区间，如图 5-21 所示，而车站就成为相邻区间之间的分界点，因此区间和分界点是组成铁路线路的两个基本环节。

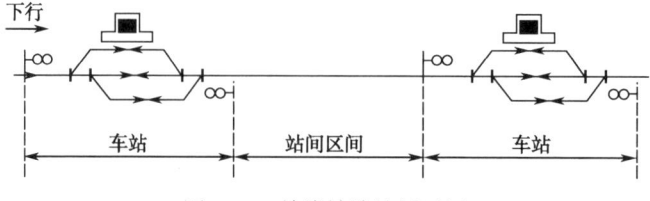

图 5-21　单线铁路站间区间

从上述可知，区间也有不同的分类。车站与车站之间的区间称为站间区间，车站与线路所之间的区间称为所间区间,如图 5-22 所示;同方向相邻两架通过色灯信号机柱中心线之间或进站(出站)信号机柱与通过色灯信号机柱中心线之间的一段线路空间,称为闭塞分区,如图 5-23 所示。

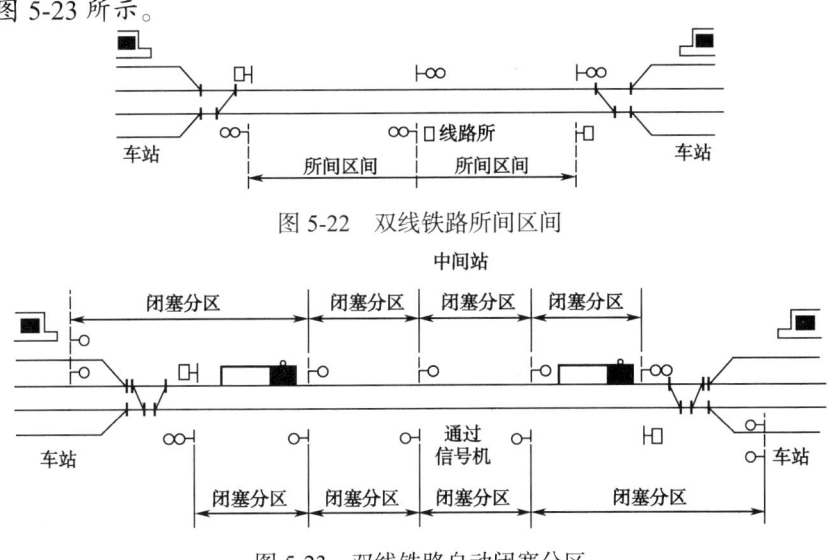

图 5-22 双线铁路所间区间

图 5-23 双线铁路自动闭塞分区

2. 区段

区段通常是指两相邻技术站间的铁路线段,如图 4-16 中的甲—乙区段和乙—丙区段,它包含了若干个区间和分界点,区段的长度一般取决于牵引动力的种类或路网状况。

3. 车站站界

为保证行车安全和分清职责,在车站和它两端所衔接的区间之间应明确规定界限。在单线铁路,车站的范围是以两端进站信号机机柱中心线为界,外方是区间,内方属于车站,如图 5-24 所示。在双线铁路上,站界是按上下行正线分别确定的。进站一端以进站信号机机柱中心线为界,出站一端则以站界标中心线为界,如图 5-25 所示。

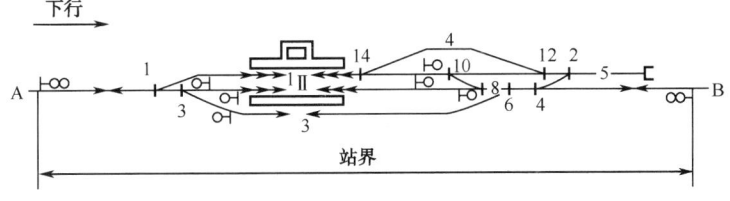

图 5-24 单线铁路中间站布置图

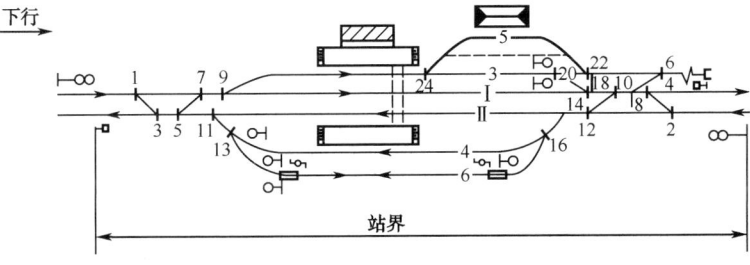

图 5-25 复线铁路中间站布置图

(三) 车站的分类与等级

铁路网上有大大小小、各式各样的车站几千个。这些车站因所担负的任务量、业务性质和技术作业的类型不同，而有不同的分类。

1. 按业务性质分类

1) 客运站

客运站是专门办理乘客运输业务的车站，设置在政治、经济、文化中心城市和旅游胜地等有大量乘客集散的地点。它的主要任务：组织乘客安全、迅速、准确、方便地上、下车；办理行包、邮件的装卸搬运；组织乘客列车安全、正点到发和客车车底取送；为乘客提供舒适的服务条件。

2) 货运站

货运站是专门办理货物运输业务的车站，设置在大城市、工矿、林区、口岸等有大量货物到发、装卸的地点。它的主要任务：担当货物列车的始发、终到和有关调车作业、货车装卸、取送作业，以及与货运有关的业务。

3) 客货运站

客货运站是既办理乘客运输业务又办理货物运输业务的车站。铁路网上绝大多数的车站都属于客货运站。

2. 按技术作业分类

1) 中间站

中间站设置在技术站之间的区段内，如图5-19中的A~H间各站均为中间站。中间站主要办理列车的接发、会让和通过作业，摘挂列车的调车和装卸作业。有些中间站还办理市郊列车的折返、补机摘挂、列车技术检查和凉闸、列车的始发和终到等各项作业（只办理接发列车工作的中间站，单线区段称为会让站，双线区段称为越行站）。单线铁路中间站布置图如图5-24所示。复线铁路中间站布置图如图5-25所示。

2) 区段站

区段站设置在划分货物列车牵引区段或区段车流集散的地点，如图5-20中的乙站。区段站主要办理货物列车的中转作业，解体与编组区段、摘挂列车，更换货运机车和乘务人员，进行车辆技术检修和货运检查整理。单线铁路横列式区段站布置图如图5-26所示。

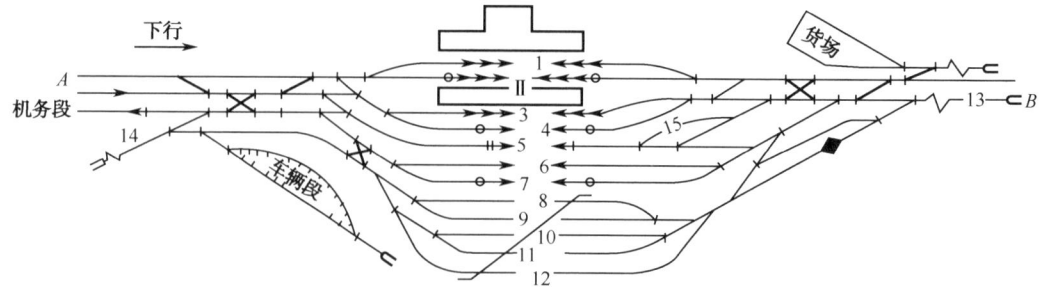

图5-26 单线铁路横列式区段站布置图

3）编组站

编组站设置在大量车流集散的地点，如图 5-20 中的甲站和丙站。编组站的主要任务：担当大量货物列车的解编作业，编组直达、直通、区段、摘挂列车，更换货运机车和乘务人员，进行车辆技术检修和货运检查整理。

3. 车站还可以按其他一些特征加以区分

例如，位于两铁路局（分局）管辖分界处的车站，称为分界站；位于海河港湾地区的车站，称为港湾站；位于工业企业专用铁道的接轨点或铁路枢纽内工业区附近的车站，称为工业站。

在规模较大的车站，根据线群的配置及用途划分成数个车场。按照站内各个车场相互位置配列的不同，车站又可分为横列式、纵列式和混合式等类型。

4. 根据车站所担负的任务量和在国家政治、经济上的地位分类

车站共分为 6 个等级，即特等站、一等站、二等站、三等站、四等站、五等站。

（四）车站的组织管理系统

铁路车站执行站长负责制，组织机构和定员根据车站的等级和工作量确定。特等站、一等站的组织管理系统如图 5-27 所示。

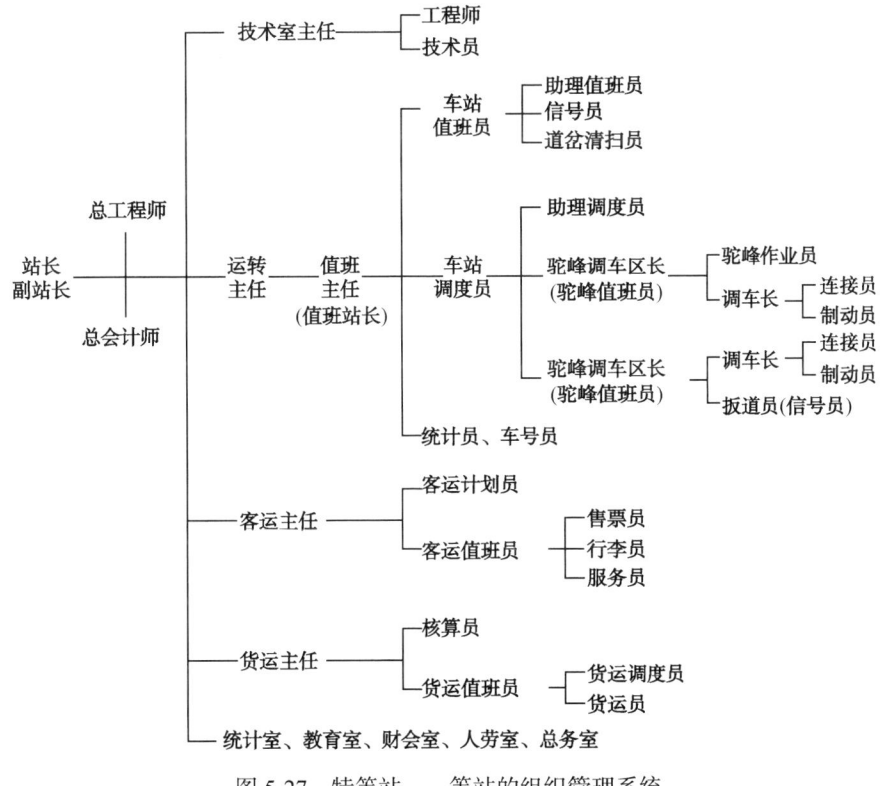

图 5-27 特等站、一等站的组织管理系统

(五)车站线路种类与线间距

1. 车站线路(见图 5-28)种类

车站应设有正线,根据车站作业的需要还要配置各种用途的站线,包括到发线、牵出线、调车线、货物线及站内指定用途的其他线。

正线:连接区间并贯穿或直股伸入车站的线路。

到发线:供接发乘客列车和货物列车的线路。

货物线:用于货物装卸作业的货车停留线路。

调车线、牵出线:用于车列解体、编组、存放车辆的线路。

岔线:在区间或站内接轨,通向路内、外单位的专用线路。

站内指定用途的其他线路主要有机车走行线、机待线、车辆站修线、驼峰迂回线及驼峰禁溜线等。

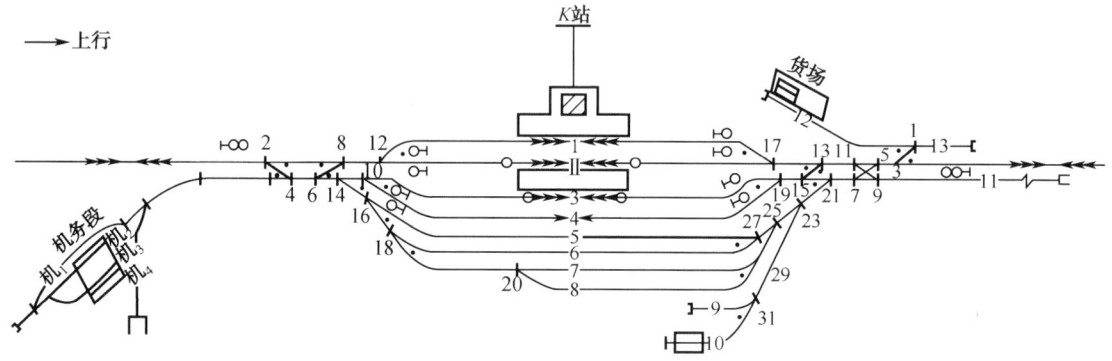

Ⅱ—正线;1,2,3—到发线;5,6,7,8—调车线;9,10—站修线;11,13—牵出线;12—货物线;机1—机车走行线

图 5-28 车站线路

此外,铁路线路还有段管线及特定用途线。

段管线:铁路机务段、车辆段、工务段、电务段等专用并管理的线路。

特定用途线:为保证安全而设置的安全线和避难线。安全线是为防止机车车辆在未开通进路的情况下,越过警冲标而进入其他线路,与其他线路上的机车车辆发生冲突而设置的隔开设备;避难线则是为了防止在陡长坡道上运行的列车因制动失效而失去控制,在区间颠覆或闯入站内与其他机车车辆发生冲突而设置的隔开设备。

2. 线间距

线间距是指两相邻线路中心线之间的距离。线间距应能保证行车和车站工作人员工作时的安全,它是根据铁路限界、线路是否通过装载超限货物的列车,以及股道是否装设信号机、水鹤等设备,并考虑留有适当的余地来确定的。

站内正线与到发线之间、正线和到发线与其他站线之间的最小线间距为 5m;相邻两股道均须通过超限货物列车、线间设有高柱信号机时,最小线间距应为 5.3m。

此外,复线区间正线的最小线间距规定为 4m,曲线部分的线间距应根据计算进行适当加宽。

3. 安全线

安全线是进路隔开设备之一。设置安全线的目的是防止列车或机车车辆进入另一列车或机车车辆运行的进路，避免发生冲突事故，如图 5-29 所示。安全线有效长一般不小于 50m 。

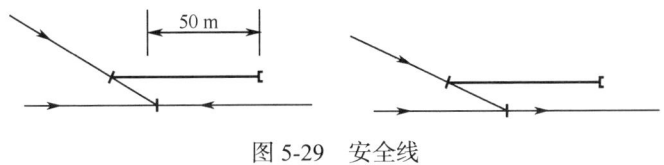

图 5-29 安全线

（三）股道和道岔的编号及股道有效长

1. 警冲标

警冲标是信号标志的一种，设在两会合线线间距为 4m 的中间，用来指示机车车辆的停留位置，防止机车车辆的侧面冲撞，如图 5-30 所示。4m 是根据机车车辆限界再加一些安全余量确定的。

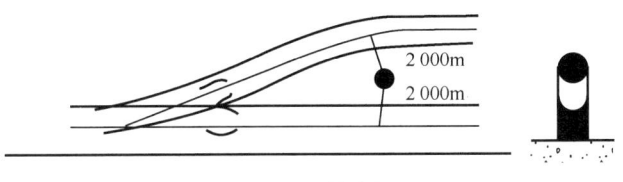

图 5-30 警冲标

2. 股道和道岔编号

为了作业和维修管理上的方便，站内线路和道岔应有统一的编号。

1）股道编号方法

站内正线规定用罗马数字编号（Ⅰ，Ⅱ…），站线用阿拉伯数字编号（1，2，3…）。

（1）在单线铁路上，应当从站舍一侧开始顺序编号；位于站舍左、右或后方的线路，在站舍前的线路编完后，再由正线方向起，向远离正线顺序编号，如图 5-31 所示。

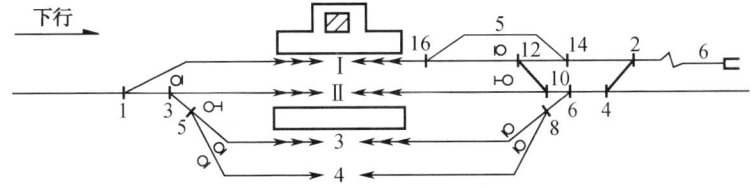

图 5-31 单线铁路车站线路、道岔编号

（2）在复线铁路上，下行正线一侧用单数，上行正线一侧用双数，从正线向外顺序编号，如图 5-32 所示。

（3）尽头式车站，站舍位于线路一侧时，从靠近站舍的线路起，向远离站舍方向顺序编号，如图 5-33（a）所示。站舍位于线路终端时，面向终点方向由左侧线路起顺序向右编号，如图 5-33（b）所示。

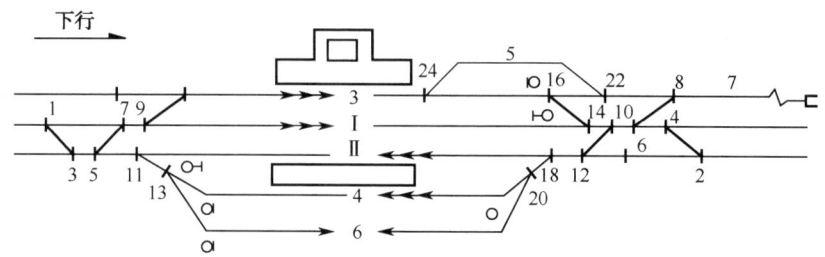

图 5-32　双线铁路车站线路、道岔编号

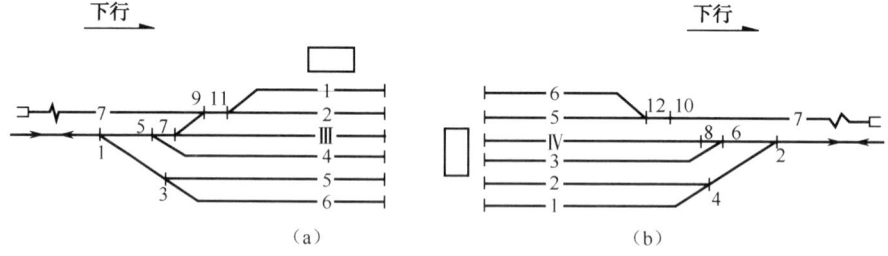

图 5-33　尽头式车站铁路车站线路、道岔编号

大站上股道较多，应分别按车场各自编号。

2）道岔编号方法

（1）用阿拉伯数字从车站两端由外向里依次编号，上行列车到达一端用双数，下行列车到达一端用单数。

（2）站内道岔，一般以车站站舍中心线作为划分单数号和双数号的分界线。

（3）每一道岔均应编为单独的号码，对于渡线、交分道岔等处的联动道岔，则应编为连续的单数或双数。

（4）当车站有几个车场时，每一车场的道岔必须单独编号，此时道岔号码应使用三位数字，百位数字表示车场号码，个位和十位数字表示道岔号码。应当避免在同一车站内有相同的道岔号码。

3. 车站线路全长及有效长

车站线路的长度可分为全长及有效长两种。全长是指线路一端的道岔基本轨接头至另一端的道岔基本轨接头的长度，如图 5-34 所示。尽头式线路则为道岔基本轨接头至车挡的长度。线路全长减去该线路上所有道岔的长度称为铺轨长度。确定线路全长，主要是为了设计时便于估计造价，比较设计方案。站内正线不另计全长。有效长是指线路全长范围内可以停留机车车辆而不妨碍信号显示、道岔转换和邻线行车的部分。

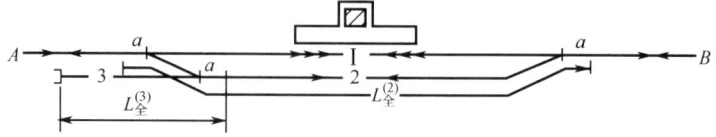

图 5-34　车站线路全长

股道有效长度的起止范围由下列因素确定。

（1）警冲标。

（2）道岔的尖轨尖端（无轨道电路时）或道岔基本轨接头处的钢轨绝缘（有轨道电路时）。

（3）出站信号机（或调车信号机）。

（4）车挡（为尽头式线路时）。

二、铁路客运站

（一）客运站的作业

1. 客运服务作业

客运服务作业包括乘客上下车、候车、问询、小件寄存，以及对乘客文化、饮食、住宿、购物和卫生方面的服务等。

2. 客运业务

客运服务包括客票发售，行包乘运、装卸、保管和交付，邮件装卸和搬运等。

3. 技术作业

按列车种类不同，客运站办理下列技术作业。

（1）始发、终到列车，包括列车接发、机车摘挂、列车技术检查、车底取送、个别客车甩挂及餐车整备等。

（2）过列车，包括列车接发、机车换挂或整备、列车技术检查、客车上水。在个别情况下，还办理个别客车甩挂、变更列车运行方向、办理餐车供应及上燃料等作业等。

（二）客运站的设备

1. 站房

站房是客运站的主体，包括为乘客服务的各种房屋（广厅、售票厅、候车厅、行包房等）、技术办公房屋（运转室、站长室、公安室等）及职工用房等。

2. 站场

站场是办理客运技术作业的地方，包括线路（到发线、机车走行线、车辆停留线等）、站台、雨棚、跨线设备等。

3. 站前广场

站前广场是客运站与城市的接合部，包括乘客活动地带、停车场、乘客服务设施、绿化带等。

（三）客运站布置图

1. 通过式客运站布置图（见图5-35）

通过式客运站的乘客列车到发线均为贯通线，其优点是车站有两个咽喉区，能分别办理接发车作业，减少乘客列车到发与车底取送和机车出入段之间的交叉干扰，通过能力较大，运营条件较好；通过式乘客列车到发线能接入和通过较多方向的列车，除折角列车外，不必变更列车运行方向，到发线使用机动灵活，互换性大；便于设计为跨线式高架候车室，便于组织乘客进出站，缩短乘客进出站走行距离；乘客进出站与行包搬运流线交叉干扰少。

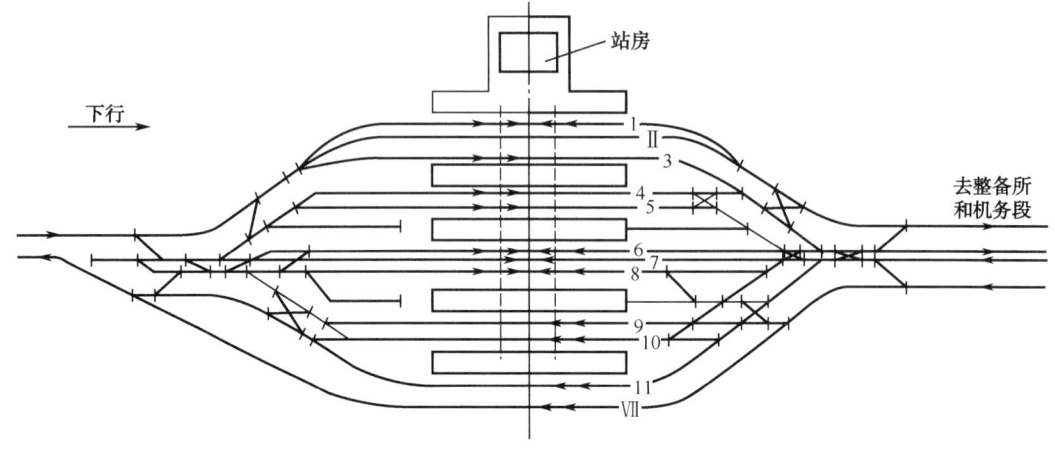

图 5-35 通过式客运站布置图

通过式客运站的缺点是与城市干扰较大，由于有两个咽区，站坪较尽头式长，占用城市用地要多。

2. 尽头式客运站布置图（见图 5-36）

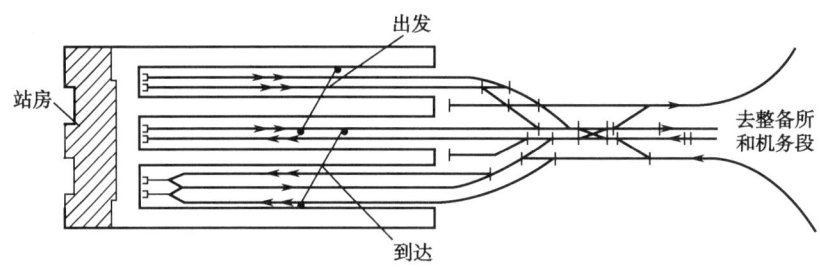

图 5-36 尽头式客运站布置图

尽头式客运站乘客列车到发线均为尽头线，优点是车站容易深入市区中心，乘客出行乘车方便，可缩短出行时间；与城市道路交叉干扰较少；站坪较短，占地少；乘客出入站可不必跨越线路。

缺点较多，主要有：车站作业集中在一端咽喉区进行，进路交叉干扰大，车站通过能力小；对通过列车的换挂机车和变更运行方向等作业均不便；列车进站速度低，占用咽喉时间长；乘客进、出站和行包搬运到经过靠近站房一端的分配站台，人流与包流互相交叉；乘客进、出站走行距离长。

尽头式客运站存在的缺点较多，故新建客运站一般不予以采用。

3. 混合式客运站布置图（见图 5-37）

混合式客运站布置图的特点是一部分线路为贯通式，另一部分为尽头式，这种布置图的优点是当车站衔接的某一方向市郊列车较多时，设置部分有效长较短的尽头式线路，可节省投资和用地；市郊乘客与长途乘客进、出站流线互不干扰。其缺点是到发线互换性差，使用不灵活；在市郊乘客列车进、出站咽喉区时，市郊与长途乘客列车产生到、发交叉；当两者共用整备所时，又产生市郊车底取送与长途乘客列车的到达交叉。

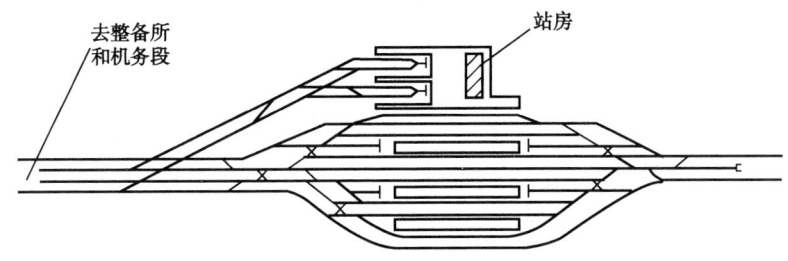

图 5-37 混合式客运站布置图

（四）乘客站房

1. 布置要求

（1）乘客站房的位置应与城市规划和城市交通运输有机地配合。通过式客运站站房应设在车站线路靠城市中心一侧或两侧；尽头式客运站站房宜设在乘客列车到发线尽端，条件允许且有适当根据时也可设在线路一侧。大型或特大型通过式客运站站房除在靠城市中心一侧设主站房以外，还可在另一侧设副站房，两者间用高架候车室连通。

（2）站房总布置图应与站前广场、跨线设备布置密切配合，避免乘客走行多余的上坡、下坡，尽量缩短乘客进站和出站时间。

（3）站房的总布置应符合各种流线设计的要求，尽量使进站乘客流线与出站乘客流线分开；乘客流线与行包流线分开；长途乘客与市郊乘客流线分开。

（4）站房各房室、通道及售票窗口必须有足够的面积和数量，以满足客运量最繁忙时的需求，并为扩建、改建留有余地。

（5）大型和特大型客运站房可设计为集乘客服务、商业、餐饮、娱乐、旅馆等于一体的多功能综合大楼。

（6）客运站房在建筑艺术上应力求与城市的环境、传统、文化相结合，体现出城市的建筑风貌和民族特色，使站房既经济实用，又雄伟壮观。

2. 站房的规模和分类

1）站房的规模（见表 5-4）

表 5-4 铁路乘客车站建筑规模的划分

站房规模	乘客最高聚集人数 H（人）
小型	$50 \leqslant H \leqslant 400$
中型	$400 < H < 2\,000$
大型	$2\,000 \leqslant H < 10\,000$
特大型	$H \geqslant 10\,000$

2）站房的分类

站房按其地面与站台面间的高差关系可分为以下 3 种形式。

（1）线平式：站房与站前广场毗连一层的地面标高与站台面的标高相平或相差很小。

（2）线上式：站房与站前广场毗连一层的地面标高高于站台面的标高。

（3）线下式：与线上式相反。

3. 客运站房的流线及其疏解

客运站上，乘客、行包、交通车等的流动行驶路线通常称为流线。

1）进站乘客流线

进站乘客流线包括普通乘客流线、中转乘客流线、市郊乘客流线、特殊乘客流线和贵宾流线等。其中，普通乘客流线进站流程是：到站→问讯→购票→托运行李→候车→检票→上车。

2）出站乘客流线

3）发送行包流线

4）到达行包流线

5）车辆流线

流线设计应尽量避免各种流线互相交叉干扰，最大限度地缩短乘客在站内的步行距离，避免流线迂回和尽量避免出站人流拥挤。

疏解进站和出站乘客流线的方式有以下几种。

（1）主要进、出站流线在同一平面上错开。

（2）主要进、出站流线在空间上错开。

（3）主要进、出站流线在平面和空间同时错开。

（4）主要进、出站流线在主、副站房的平面和空间同时错开。

4. 客运站房的合理布置

大、中型以上站房一般应具有3类房屋。其一，客运用房，由候车部分、营业部分、交通联系部分三部分组成；其二，技术办公房屋；其三，职工生活用房。

1）站房出口和入口

（1）入口设在站房中部或偏右部，出口设在站房左侧或偏左部，以便利交通车辆右侧行使。

（2）到发线按线路分别使用时，尽头式客运站可结合城市交通组织和站前广场设计，在站房的正面或侧面分设两个出站口。

（3）特大型客运站可结合主、副广场的设计，在站房中部和左侧设置两个出站口和两个入站口。

2）售票处

（1）设在综合候车室内。

（2）设在营业厅内。

（3）在站房外单独设置。

3）行包房

（1）设一个行包房兼托运和提取业务。

① 设在乘客进、出站流线之间。

② 设置在站房的右侧或左侧。

（2）设两个行包房分别办理托运和提取业务。

4）候车室

（1）集中候车方式。其特点是候车与营业厅合设于一个统一空间内，形成综合候车室，如图 5-38 所示。其优点是站房面积使用灵活，利用率高，乘客办理各种手续和候车地点一目了然。其缺点是当候车人数过多时，售票、托运行包与候车混杂，秩序容易混乱，只适用于中、小型站房。

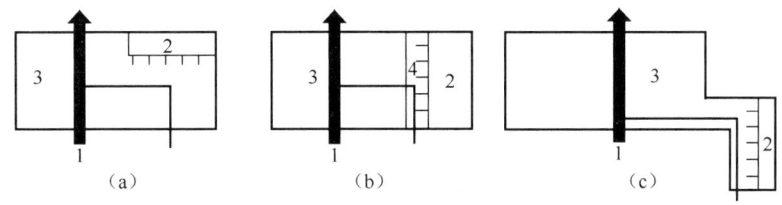

1—乘客进站流线；2—售票室；3—候车室；4—营业厅

图 5-38　售票处在站房中的位置示意图

（2）分线候车方式其特点是候车与营业厅分开设置。根据乘客的性质和客流特点，分别设置普通候车室（南方、北方）、母子候车室、软席候车室、贵宾候车室、市郊乘客候车室等。分线候车方式适用于客流量大、乘客性质复杂的大型以上站房。

5. 站前广场

站前广场组成部分包括站房平台、乘客车站专用场地和公交站点。

站前广场的布置要求如下。

（1）结合城镇发展规划、站房规模、地形等情况，合理确定广场的面积和布局，使广场内和周围各种设施与城市道路及站房出、入口有机地结合，保证乘客安全迅速疏散。

（2）合理地设计和组织广场内各种流线，妥善地安排各种车辆的行驶路线和停车场地，尽量避免各种流线相互间的交叉干扰。

（3）尽量利用广场的立体空间，将广场设计为多层场地。

（4）广场周围各种建筑物必须统一规划，在空间上既不感到压抑拥挤，也不至于空旷无边；在建筑形式上要求突出站房主体，周围建筑物要与站房协调一致。

（5）注意站前广场的绿化带设计，满足城市绿化的要求。

（三）站线

1. 正线

对于通过式双线铁路客运站，当客车整备所与客运站纵列布置且位于靠站房一侧时，应将下行正线布置在第二、三站台之间，上行正线布置在站房对面的最外侧。当客车整备所与客运站纵列且位于两正线之间时，应将下行正线布置在第一、二站台之间，上行正线布置在站房对面的外侧。

对于单线通过式客运站，为了使客车车底取送及机车出入段与货物列车通过正线不发生交叉，其正线位置宜设在站房对面的最外侧。

位于大城市的主要客运站,结合枢纽总布置图,经过技术经济比较,有条件时,可将通过货物列车的正线外绕客运站或设联络线分流经由该客运站的货物列车。

尽头式客运站的正线一般没有货物列车通过,直接引入车站的那一条或两条站台线即为正线。

2. 乘客列车到发线

(1)客运站乘客列车到发线的数量与下列因素有关。

① 各种乘客列车占用到发线的时间标准。
② 运行图规定的乘客列车到达、出发和到发间隔时间标准。
③ 乘客列车不均衡到发程度及高峰期列车到发密度。
④ 车站到发线与站台的相互位置,以及其他列车占用乘客列车到发线的情况等。

(2)乘客列车到发线数量应根据乘客列车对数及其性质、引入线路数量和车站技术作业过程等因素确定,见表5-5。

表5-5 乘客列车到发线数量

始发、终到乘客列车对数	到发线数量(条)
12及以下	3
13~24	3~5
25~36	5~7
37~50	7~9

注:1. 表中到发线数量的范围可按列车对数的多少对应取值。
  2. 办理通过乘客列车的客运站到发线数量,可将通过乘客列车折合始发、终到列车后采用表中数字,每对通过列车可按折合0.5对始发、终到列车计。
  3. 始发、终到乘客列车在50对以上时,到发线数量按分析计算确定。

(3)乘客列车到发线有效长可按下式计算:

$$L_{效} = ml_{车} + l_{机} + l_{附加}$$

式中 m——乘客列车编挂辆数;
   $l_{车}$——每辆客车的长度;
   $l_{机}$——客运机车长度;
   $l_{附加}$——乘客列车进站停车附加制动距离,取30m。

双线通过式客运站靠近基本站台的到发线应设计成双进路,以便双方向的重要乘客列车均能停靠基本站台。对于靠近中间站台的到发线,根据正线的位置,两侧部分到发线设计为单进路,中间部分到发线设计为双进路,以保证到发线使用的机动性和灵活性。

3. 货物列车到发线

客运站一般不办理货物列车的技术作业,货物列车沿正线通过车站。当客运站有干、支线接轨或因区间距离长,根据区间通过能力的需要,货物列车在客运站上要办理列车会让、越行或办理其他技术作业时,则必须设置货物列车到发线。其设置位置宜远离站房,以减少对客运作业的干扰。

货物列车到发线的数量应根据运量及客运站引入的方向来确定，一般可设一条，当引入方向有两个以上时可酌情增加。

4. 机车走行线和机待线

单线通过式客运站的客、货列车对数不多，机车出入段和调机走行次数较少，一般不设机车走行线和机待线，可利用正线或空闲的乘客列车到发线走行或停留。

当客、货列车对数较多时，双线通过式客运站应设机车走行线和机待线。但运营初期客运量不大时可缓设。当客运机务段和整备所在两正线靠站房同侧一端时，应将机车走行线设在第一、二站台之间，当客运机务段和整备所设在两正线之间时，应将机车走行线设在第三、四站台之间。

在客、货列车较多的单线通过式客运站上，一般应设机待线，供客运机车停留折返时使用。机待线一般宜设在机务段相对一端咽喉区的两正线之间，并应为尽头式，有渡线与各条到发线连通。

尽头式客运站办理的乘客列车对数较多，特别是有折角的通过乘客列车时，应在站内一处或两处的站台间设三条线路，其中中间一条为机车走行线，尽头处用渡线或三开道岔相连接，以便机车折返。当运量不大，乘客列车同时占用相邻两到发线的概率较小时，也可不设机车走行线。

5. 其他线路

其他线路包括客车车辆停留线、行包装卸线和站台。

（四）乘客站台及跨线设备

1. 乘客站台

（1）乘客站台的数量及位置应与站房、乘客列车到发线的布置相适应，两站台之间设一条到发线；两站台之间设两条到发线；两站台之间布置三条到发线，如图 5-39 所示。

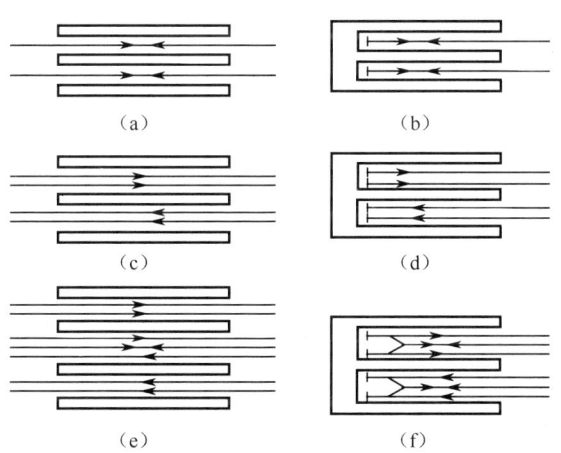

图 5-39　乘客站台与到发线相互位置图

（2）乘客站台长度应按 550m 设置，位于Ⅲ级铁路货物列车到发线有效长下限的客运站台应按 500m 设置。

（3）乘客站台的宽度应根据客流密度、行包搬运工具和站台上设置的建筑物和设备的尺寸确定。

（4）按站台面高出相邻线路轨顶面的高度，乘客站台可分为以下 3 种。

① 低站台，高度为 300mm。

② 一般站台，高度为 500mm。

③ 高站台，高度为 1100mm。

2. 跨线设备

跨线设备包括平过道、天桥和地道及行包地道。大型客运站跨线设备设置图如图 5-40 所示。

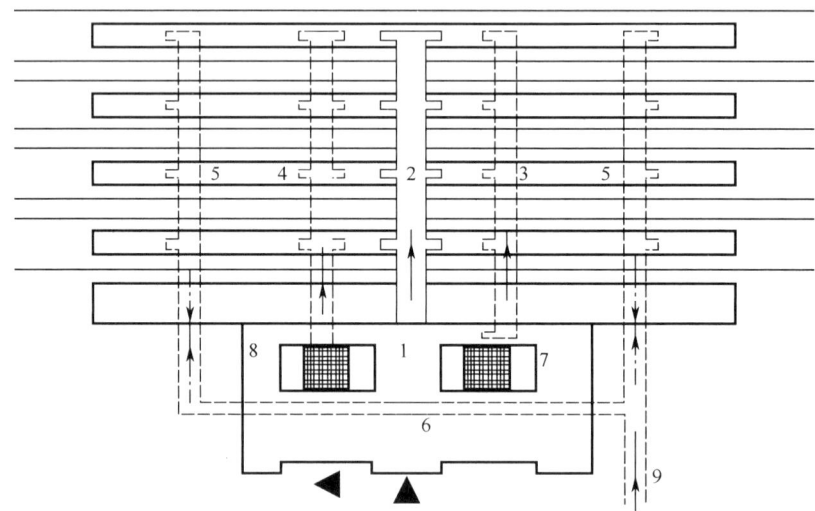

1—站房；2—进站高架通廊；3—市郊进站地道；4—出站地道；5—行包地道；6—纵向行包地道；7—发送行包地道；8—到达行包地道；9—通邮政大楼

图 5-40 大型客运站跨线设备设置图

（五）客车整备所

1. 客车整备所的作业

（1）技术整备，内容包括客车车底取送（或到发）、改编、停留待发，公务车、备用车停留及个别客车转向；客车车底技术检查、日常维修和摘车维修，防寒、防暑的整备，以及外段车辆故障处理；办理厂、段修客车的回送及车辆技术状态和备品的交接；冬季客车暖气管道预热、排汽、排水及充电等。

（2）客车整备，内容包括客车车底内、外部清扫和洗刷；客车上燃料、上水、上餐料和换卧具。

2. 客车整备所的作业方式

1）定位作业

客车车底送到后，除改编作业外，技术整备、客运整备及等待送往客运站等作业都在一条整备线上进行，并尽可能平行作业。

2）移位作业

客车车底送到后，按照作业顺序，分别在到发场进行客运整备，在整备场（库）进行技术整备。

3. 客运站与客车整备所的相互位置

客运站与客车整备所的相互位置有纵列式布置和横列式布置两种，如图5-41所示。

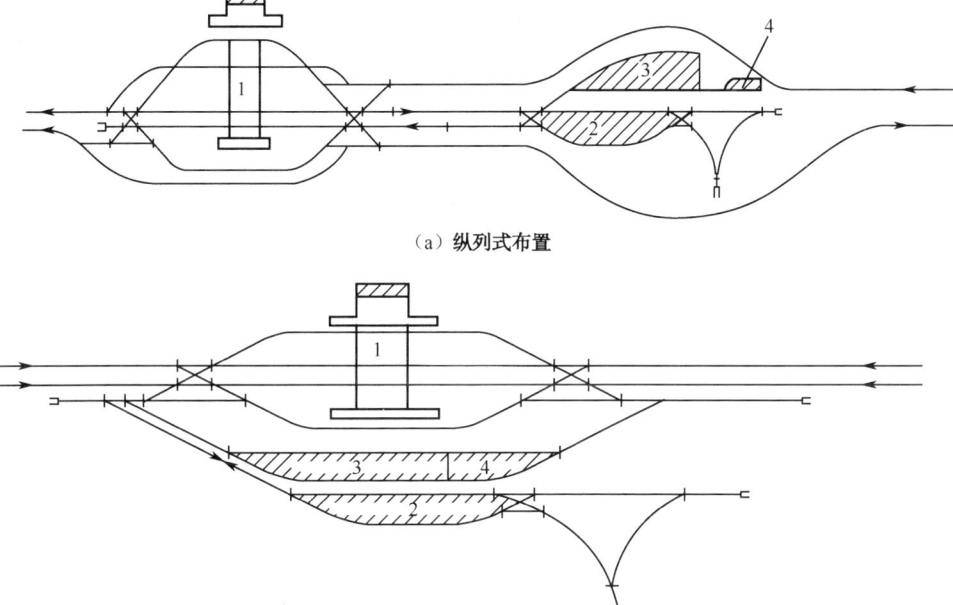

(a) 纵列式布置

1—客运站；2—机务段；3—客车整备所；4—客车车辆段

(b) 横列式布置

图5-41 客运站、整备所、机务段和车辆段相互位置图

客运站与客车整备所纵列式布置，咽喉区的进路交叉较少，车站通过能力较大；客车车底的取送没有折返行程；整备所与客运站间的纵向距离可远可近，便于利用地形，不影响未来发展。

客运站与整备所横列布置，具有占地少、设备集中、便于管理等优点，但车底取送切割正线，与列车到发进路交叉，且有折返行程。

4. 客运机务段的位置

客运机务段有与整备所分设和与整备所合设两种不同方案。当两者分设于客运站两端时，车底取送和机车出入段作业分散在两端咽喉，通过能力较大，有利于各自的发展，但用地较多，对城市干扰也大，往往会引起较大的拆迁工程。

两者合设于车站一端时，用地较集中，对城市干扰少，便于利用本务机车取送客车车底，有些设备（如动力、机修、生活设施等）可以共用，可节省投资。

5. 客车车辆的位置

为了检修客车，在始发、终到乘客列车较多的客运站，一般应设置客车车辆段。客车车辆段应与整备所相邻且横列或纵列布置。

任务四 车站线路连接

学习目标

（1）掌握道岔辙叉号数的选用。
（2）学习如何确定两相邻道岔中心间的距离。
（3）了解线路的连接形式。

学习任务

道岔辙叉号数的选用，计算两相邻道岔中心间的距离，线路的连接形式。

工具设备

城市轨道交通线路、图片及仿真三维立体图多媒体课件。

教学环境

轨道交通线路及现场。

基础知识

在轨道交通车站上，为了保证车辆能够由一条线路进入或越过另一条线路，须铺设线路连接设备。在线路连接中，应用最广泛的是道岔。

一、道岔辙叉号数的选用

道岔辙叉号数的选用应符合《铁路技术管理规程》（简称《技规》）第 46 条的规定，具体如下。

（1）正线道岔的直向通过速度不应小于路段设计行车速度。
（2）用于侧向通过列车的单开道岔的辙叉号数，应根据列车侧向通过的最高速度合理选用。常用道岔允许通过速度见表 5-6。

表 5-6　常用单开道岔货物列车直向、侧向允许通过速度　　　　　　（单位：km/h）

道岔号数	直向过岔速度			侧向过岔速度
	50kg/m	60kg/m	75kg/m	
9	70	90	90	30（R_0=180~190m）
12	70	120	120	45（R_0=330m），50（R_0=350m）

续表

道岔号数	直向过岔速度			侧向过岔速度
	50kg/m	60kg/m	75kg/m	
18	70	120	120	75（R_0=800m），80（$R_0 \geq$860m）
30	—	120	—	90（R_0=2700m）
12号提速道岔	60kg/m 固定辙叉140，可动心轨160			50
18号提速道岔	60kg/m 可动心轨160			80
30号提速道岔	60kg/m 可动心轨160			140

（3）用于侧向接发停车乘客列车的单开道岔，不得小于12号。

（4）用于侧向接发停车货物列车并位于正线上的单开道岔，在中间站不得小于12号，其他车站不得小于9号。

（5）列车轴重大于25t的铁路正线单开道岔，不得小于12号。

（6）其他线路的单开道岔，不得小于9号。

（7）狭窄的站场采用交分道岔，不得小于9号，但尽量不用于正线，必须采用时，不得小于12号。

（8）峰下线路采用对称道岔，不得小于6号；采用三开道岔，不得小于7号。

（9）段管线采用对称道岔，不得小于6号

既有道岔的类型及辙叉号数不符合上述规定时，应按各道岔的辙叉号数限制行车速度，且应有计划地进行改造。

《技规》规定，线路允许速度为120km/h及以下区段的正线道岔，采用固定型辙叉道岔；线路允许速度在120km/h以上至160km/h及以下，或货车轴重25t及以上区段正线道岔采用可动心轨道岔或固定型辙叉道岔；线路允许速度在160km/h以上区段的正线道岔，必须采用可动心轨道岔。

《技规》高速铁路部分第47条规定如下。

（1）正线道岔的直向通过速度不应小于路段设计行车速度。

（2）正线与到发线连接应采用18号道岔，正线间的渡线按功能需要选用18号及以上的道岔。

（3）始发与终到车站及改、扩建车站，在特别困难条件下，可采用12号道岔。

（4）正线与联络线连接的道岔辙叉号数应按联络线设计行车速度选用，并应选用大号码道岔。

二、两相邻道岔中心间的距离的确定

（一）道岔配列形式

两相邻道岔常见的配列形式有以下几种。

（1）异侧对向（即在基线异侧对向布置的两个单开道岔），如图5-42（a）所示。

（2）同侧对向（即在基线同侧对向布置的两个单开道岔），如图5-42（b）所示。

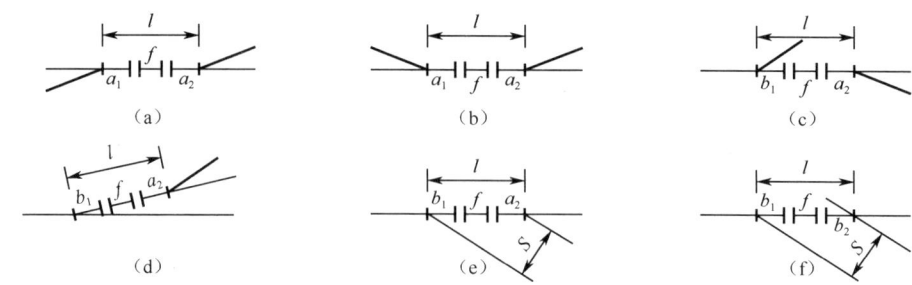

图 5-42 常见道岔配列形式

以上两种配列形式中，两相邻道岔中心间的最小距离应为

$$l = a_1 + f + a_2 + \varDelta$$

式中　a_1——第一个道岔始端基本轨轨缝中心至道岔中心的距离；

　　　a_2——第二个道岔始端基本轨轨缝中心至道岔中心的距离；

　　　f——两相邻道岔间插入钢轨的最小长度；

　　　$\varDelta$——轨缝宽度（按 8mm 计）。

考虑到机车固定轴距的影响，为保证行车平稳，减少道岔损害，应根据线路用途和列车运行进路来确定是否插入钢轨和插入钢轨的长度，《铁路车站及枢纽设计规范》和《京沪暂规》规定的 f 取值如表 5-7 所示。

表 5-7　两对向单开道岔间插入钢轨的最小长度　　　　　　　　　　（单位：m）

线　别		有列车由一侧线进入另一侧线时 f		线　别		无列车由一侧线进入另一侧线时 f
		一般情况	困难情况			
普通铁路	正线	直向通过速度 $V>120$km/h	12.5	12.5	普通铁路	正线	直向通过速度 $V>120$km/h	12.5
		直向通过速度 $V\leqslant 120$km/h	12.5	6.25			直向通过速度 $V\leqslant 120$km/h	6.25
	到发线	6.25	6.25		到发线	0
	其他线	0	0		其他线	0
高速铁路	正线	50	33	高速铁路	正线	25
	到发线	25	25		到发线	25

（3）异侧顺向（即在基线异侧顺向布置的两个单开道岔），如图 5-42（c）所示。

（4）分支顺向（即在前一个单开道岔的侧线上又分出一个顺向单开道岔），如图 5-43（d）所示。

以上两种配列形式中，两相邻道岔中心间的最小距离应为

$$l = b_1 + f + a_2 + \varDelta$$

式中　b_1——第一个道岔中心至辙叉跟端轨缝中心的距离。

《铁路车站及枢纽设计规范》和《京沪暂规》规定的 f 取值如表 5-8 所示。

表 5-8 两顺向单开道岔间插入钢轨的最小长度　　　　　　　　（单位：m）

线别			木岔枕道岔	混凝土岔枕道岔
普通铁路	正线	直向通过速度 V>120km/h	—	12.5
		直向通过速度 V>120km/h	6.25	8.0
	到发线		4.50	
	其他线		0	
高速铁路	正线		25	25
	到发线		12.5	12.5

（5）同侧顺向（即在基线同侧顺向布置的两个单开道岔），如图 5-42（e）所示。

这种配列形式的两相邻岔中心间的最小距离决定于相邻两线路的最小容许间距 S，计算方法如下：

$$l = S/\sin \alpha = b_1 + f' + a_2$$
$$f' = l - (b_1 + a_2)$$

式中　α——道岔的辙叉角；

　　　f'——含轨缝的插入直线段钢轨长度。

（6）异侧背向（即在基线异侧背向布置的两个单开道岔），如图 5-42（f）所示。

这种配列形式的两相邻道岔中心间的最小距离决定于相邻两线路的最小间距 S，计算方法如下：

$$l = S/\sin \alpha_{\min} = b_1 + f' + b_2$$
$$f' = l - (b_1 + b_2)$$

（二）两相邻道岔中心间距离的确定

图 5-43 为某站一端咽喉区布置示意图，已知该站道岔直向通过速度 $V=120$km/h，木岔枕道岔，试确定各种道岔配列形式的两相邻岔中心间的距离。

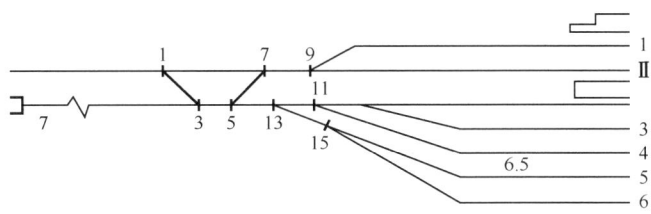

图 5-43　某站一端咽喉区布置示意图

1. 确定各道岔的辙叉号数

根据《技规》第 46 条中第（3）条的规定，用于侧向接发停车乘客列车的道岔不得小于 12 号，因此，图 5-43 中 1、3、9 道岔应选用 12 号辙叉，其余为 9 号辙叉。

2. 确定各道岔配列形式的两相邻岔中心间的距离

（1）1—3 号道岔为异侧背向配列形式：

$$l = S/\sin\alpha = 5/\sin 4°45'49'' = 5/0.083\,044\,95 = 60.208 \text{（m）}$$

（2）3—5 号道岔为同侧对向配列形式：

$$l = a_1 + f + a_2 + \triangle$$
$$= 16.853 + 0 + 13.839 + 0$$
$$= 30.692 \text{（m）}$$

（3）7—9 号道岔为异侧对向配列形式：

$$l = a_1 + f + a_2 + \triangle$$
$$= 13.839 + 6.25 + 16.853 + 0.008$$
$$= 36.950 \text{（m）}$$

（4）5—13 号道岔为异侧顺向配列形式：

$$l = b_1 + f + a_2 + \triangle$$
$$= 15.009 + 4.5 + 13.839 + 0.008$$
$$= 33.356 \text{（m）}$$

（5）13—15 号道岔为分支顺向配列形式：

$$l = b_1 + f + a_2 + \triangle$$
$$= 15.009 + 0 + 13.839 + 0 = 28.848 \text{（m）}$$

（6）13—11 号道岔为同侧顺向配列形式：

$$l = S/\sin\alpha = 6.5/\sin 6°20'25'' = 6.5/0.110\,433 = 58.850 \text{（m）}$$

三、线路连接形式

车站线路连接主要有线路终端连接、渡线连接、梯线连接及线路的平行错移连接。

（一）线路终端连接

在站场设计中，把相邻两条平行线路合成一条，这种连接形式称为线路终端连接。

现场常见的普通线路终端连接是由一副单开道岔、一条连接曲线及道岔与曲线间的直线段组成，如图 5-44 所示。

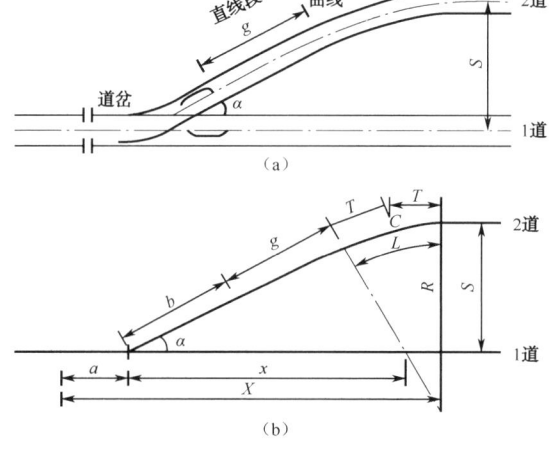

图 5-44 普通线路终端连接

图 5-44 中角顶 C 的坐标为

$$x = (b+g+T)\cos\alpha = S\cot\alpha = SN$$
$$y = (b+g+T)\sin\alpha = S$$

道岔与连接曲线间的直线段 g 决定于线路间距 S、曲线半径 R 及道岔的有关要素，可用下式确定：

$$g = (S/\sin\alpha) - (b+T)$$

曲线切线 T 的长度为

$$T = R\tan\frac{\alpha}{2}$$

式中　R——连接曲线半径，其值不应小于连接道岔的导曲线半径，通常采用 200、300 和 400m。

全部连接长度在水平方向的投影为

$$X = a + x + T$$

当两条平行线路间的距离较大时，为了缩短全部连接长度，可将道岔侧线向外转一个 ϕ 角，形成缩短式的线路终端连接，如图 5-45 所示。

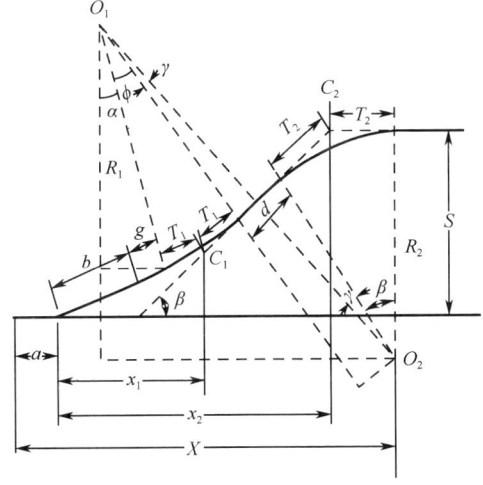

图 5-45　缩短式的线路终端连接

（二）渡线连接

为使机车车辆能从一条线路进入另一条线路，须设置渡线。渡线又分为普通渡线、交叉渡线及缩短渡线。

1. 普通渡线

普通渡线设于两条平行线路间，它由两副辙叉号数相同的单开道岔及两道岔间的直线段组成，如图 5-46 所示。

全部连接长度在水平方向的投影为

$$X = 2a + x = 2a + S\cot\alpha = 2a + SN$$

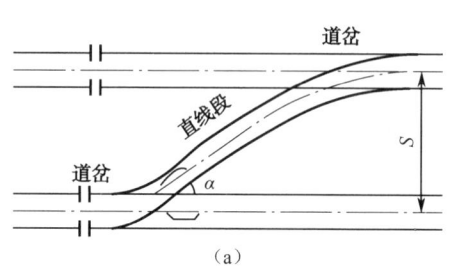 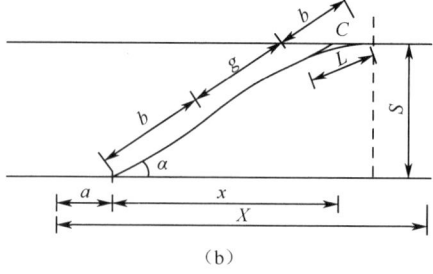

图 5-46 普通渡线

2. 交叉渡线

当连续铺设两条方向相反的普通渡线场地长度不够时，可将其铺设在同一长度范围内形成交叉渡线，如图 5-47 所示。交叉渡线由四副撤叉号数相同的单开道岔、一副菱形交叉及连接轨道组成，其全部连接长度在水平方向的投影与普通渡线相同。

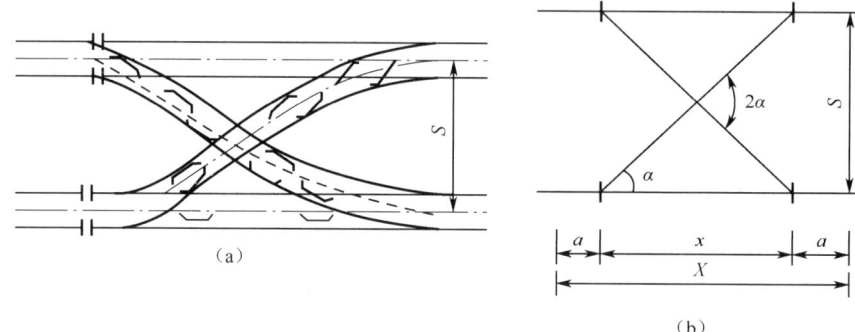

图 5-47 交叉渡线

3. 缩短渡线

当两条平行线路间间距较大时，为缩短连接长度，可采用缩短式渡线，如图 5-48 所示。缩短式渡线由两副单开道岔、反向曲线、曲线间直线段 d 及道岔终端与曲线间的直线段 g 组成。

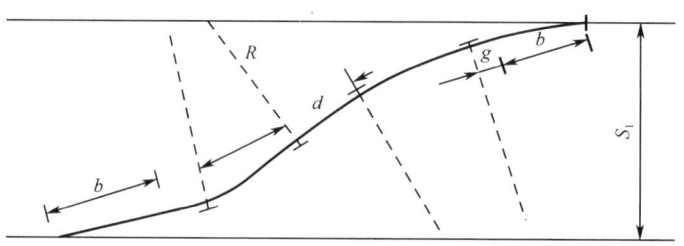

图 5-48 缩短渡线

（三）线路的平行错移连接

在车站两条平行线路间因修建站台或其他建筑物以及进行某种作业须变更线路间距时，往往采用线路平行错移的连接形式，如图 5-49 所示。

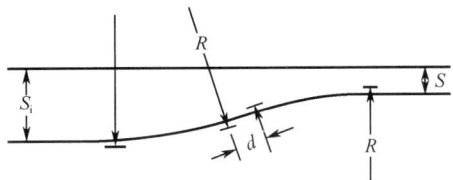

图 5-49 线路平行错移的连接

线路的平行错移连接须设置反向曲线,其反向曲线半径,对于区间正线应根据铁路等级、结合乘客列车行车速度及地形条件比选确定。不设缓和曲线时最小曲线半径如表 5-9 所示。各级铁路线路两相邻曲线间夹直线的长度应符合相关要求。通行列车的站线,两曲线间应设置不小于 20m 的直线段。不通行列车的站线,两曲线间应设置不小于 15m 的直线段,困难条件下,可设置不小于 10m 的直线段。

表 5-9 不设缓和曲线时最小曲线半径

路段乘客列车设计速度(km/h)	160	140	120	100	80
不设缓和曲线时最小曲线半径/m	12 000	10 000	5 000	4 000	3 000

(四)梯线连接

用一条线路将几条平行线路连接起来,这条线路称为梯线。按道岔位置的不同,梯线可分为直线梯线、缩短梯线和复式梯线。

1. 直线梯线

直线梯线的特点是各道岔依次排列在一条直线上,如图 5-50 所示。

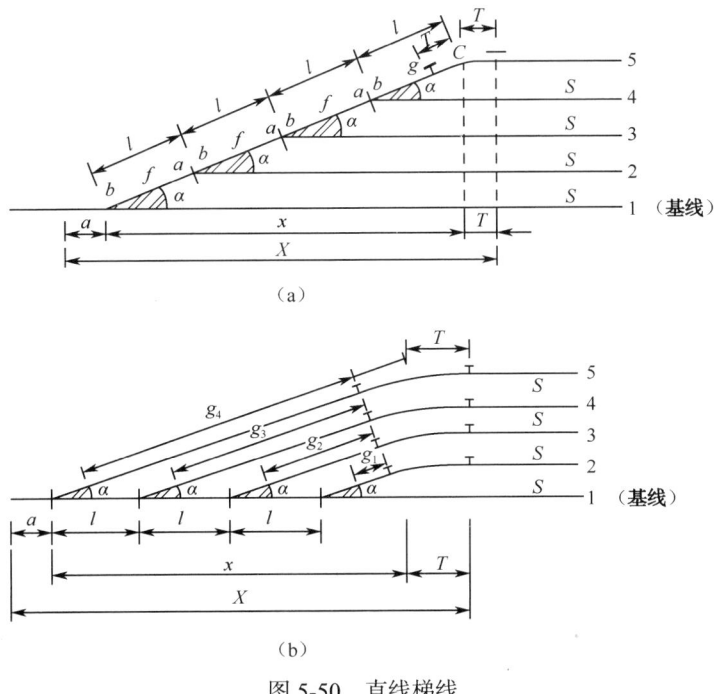

图 5-50 直线梯线

图 5-50（a）所示为梯线与各平行线路成一个道岔辙叉角α，如各道岔辙叉号数相同，且线路间距相等时，则梯线全长在水平方向的投影长度为

$$X = a + x + T = a + (n-1)l\cos\alpha + T$$

式中　n——平行线路数；

　　　l——两相邻道岔中心间的距离。

图 5-50（b）所示为梯线与各平行线路平行，如各道岔辙叉号数相同，各线路间距相等，相邻线路连接曲线半径之差为 S，且线路各部分都是平行的，则梯线全长在水平方向的投影长度为

$$X = a + (n-2)l + (b + 9g_1 + T)\cos\alpha + T$$

直线梯线连接的优点：扳道员扳道时无须跨越线路，作业安全，瞭望条件好，便于检查道岔开通方向。

缺点：当线路较多时，梯线较长使内外侧线路长度相差较大，影响调车作业效率。

直梯线连接仅适用于线路少的到发场和调车场。

2. 缩短梯线

当平行线路间距较大时，为缩短梯线长度可采用缩短梯线，如图 5-51 所示。

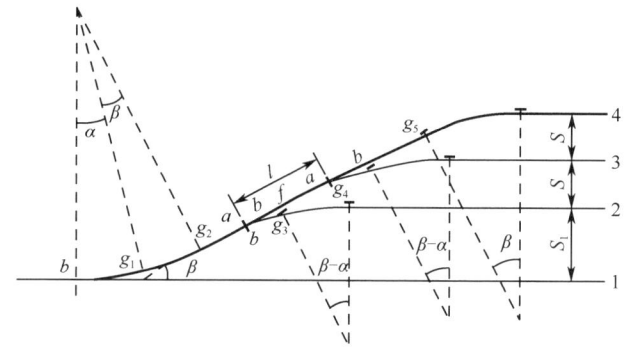

图 5-51　缩短梯线

缩短梯线的优点：在梯线上增加一条附加曲线，能够缩短梯线的连接长度，改善内外侧线路长度相差较大的缺点，还保持了直线梯线的优点。

但这种连接形式的曲线较多，进入各线路须经过曲线，对调车作业不利。同时，由于β角受到一定限制，当连接线路较多时，梯线缩短的优点不明显。

缩短梯线连接仅适用于线路数量较少，且线路间距较大的货场等地。

3. 复式梯线

将几条与基线成不同倾斜角的梯线组合起来，连接较多的平行线路的形式称为复式梯线，如图 5-52 所示。

复式梯线的连接形式既可以缩短梯线长度，又可使各平行线路的长度接近，车辆进入各线路经过的道岔数目相等或相近，同时，还可以通过变化梯线结构来调整线路的有效长。与直线梯线相比，复式梯线的缺点是曲线多、道岔布置分散。

调车场内线路较多，常采用复式梯线连接。

项目五　城市轨道交通车站

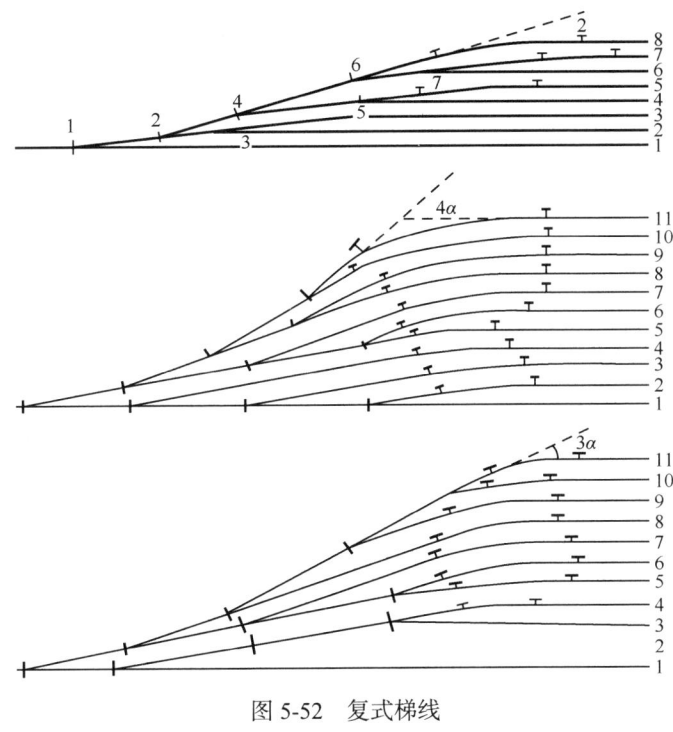

图 5-52　复式梯线

任务五　车站线路全长及有效长

学习目标

（1）了解车站线路的全长及有效长的影响因素。
（2）学习车站线路全长及有效长。

学习任务

认知车站线路全长及有效长。

工具设备

城市轨道交通车线路仿真模型、图片及仿真三维立体图多媒体课件。

教学环境

轨道交通车站或现场。

基础知识

车站线路的长度分为全长和有效长两种。

线路全长是指车站线路一端的道岔基本轨接头至另一端道岔基本轨接头的长度，如果为尽头式线路，则指道岔基本轨接头至车挡的长度，如图 5-53 所示。线路全长减去该线路上所有道岔的长度，称为铺设长度。故确定线路全长主要是为了设计时便于估算工程造价，比较设计方案。站内正线铺轨长度已在区间正线合并计算，故不另计全长。

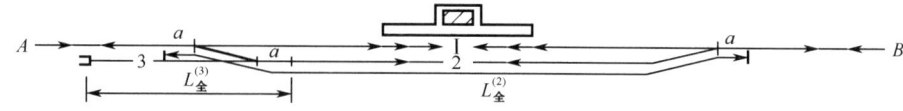

图 5-53 线路全长示意图

线路有效长是指线路全长范围内可以停留机车车辆而不妨碍信号显示,道岔转换和邻线行车的部分。

线路有效长的起止范围主要由下列因素确定。

(1)警冲标。

(2)道岔的尖轨始端(无轨道电路时)或道岔始端基本轨接缝处的钢轨绝缘(有轨道电路时)。

(3)出站信号机(或调车信号机)。

(4)车挡(为尽头式线路时)。

按照《车站行车工作细则编制规则》的规定,有效长度起止点为:设有信号机的线路为信号机~信号机、信号机~警冲标、信号机~车挡、信号机~轨道绝缘节;无信号机的线路为警冲标~警冲标、警冲标~车挡、道岔基本轨接缝~车挡。以此我们就可以确定出线路有效长,如图 5-54 所示。

货物列车到发线有效长应根据输送能力的要求、机车车辆类型及所牵引列车的长度,结合地形条件,并与相邻铁路到发线有效长的配合等因素确定。到发线有效长应在 1 050m、850m、750m 及 650m 系列选用;开行组合列车为主的铁路可采用大于 1 050m 的到发线有效长。

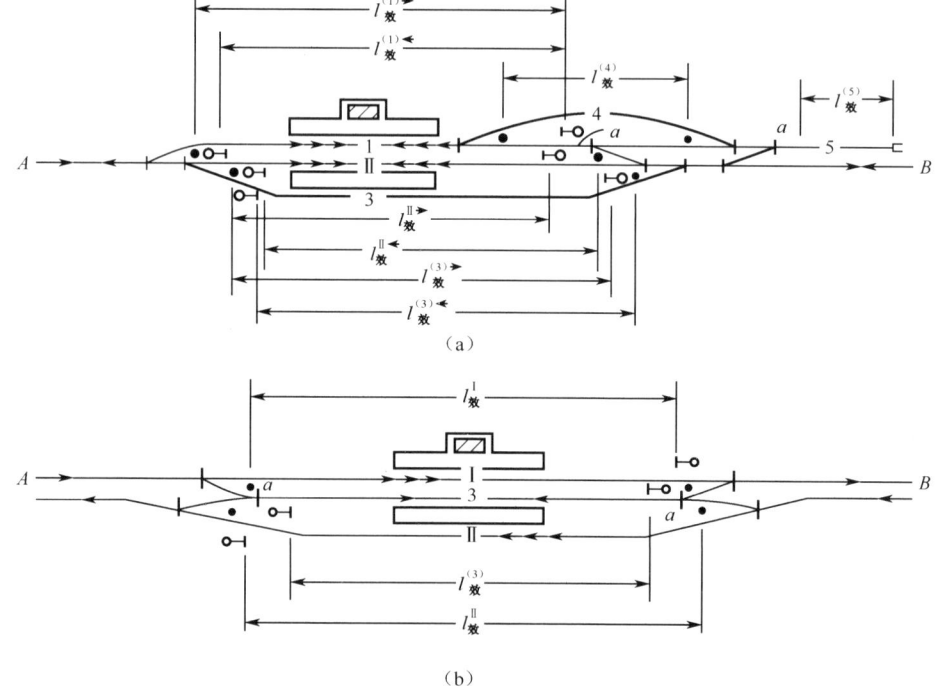

图 5-54 线路有效长的确定

一、警冲标的位置

警冲标是防止停留在一条线路上的机车车辆与邻线行驶的机车车辆发生侧面冲撞,而设在两条汇合线路(线间距离 4m)中间的信号标志,如图 5-55 所示。

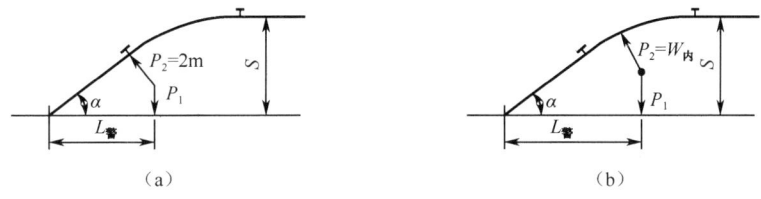

图 5-55 警冲标的设置位置

当警冲标位于直线与直线之间时,警冲标与直线的垂直距离为 $P_1=P_2=2m$;当警冲标位于直线与曲线之间时,警冲标与直线的垂直距离为 $P_1=2m$,与曲线的距离为 $P_2+W_{内}$($W_{内}$ 为曲线内侧加宽量)。警冲标至道岔中心距离见表 5-10。

表 5-10 警冲标至道岔中心距离　　　　　　(单位:m)

道岔辙叉号		9				12			
辙叉角度		6°20′25″				4°45′49″			
连接曲线半径		200	250	300	350	400	350	400	500	600
警冲标位置		L 值								
线间距离(S)	5.0	38.051	38.437	38.931	39.596	40.425	49.574	49.857	50.560	51.576
	5.2	37.485	37.825	38.230	38.739	39.404	49.053	49.280	49.825	50.573
	5.3	37.259	37.575	37.951	38.404	38.991	48.854	49.055	49.544	50.185
	5.5	36.897	37.166	37.486	37.862	38.320	48.550	48.704	49.090	49.588
	6.0	36.366	36.522	36.721	36.964	37.254	48.170	48.232	48.415	48.686
	6.5	36.159	36.227	36.330	36.469	36.648	48.085	48.095	48.148	28.263
	7.5	36.110	36.110	36.113	36.129	36.166	48.084	48.084	48.084	48.084
	8.5	36.110	36.110	36.110	36.110	36.110	48.084	48.084	48.084	48.084
	9.5	36.110	36.110	36.110	36.110	36.110	48.084	48.084	48.084	48.084
	10.5	36.110	36.110	36.110	36.110	36.110	48.084	48.084	48.084	48.084
	11.5	36.110	36.110	36.110	36.110	36.110	48.084	48.084	48.084	48.084
	12.5	36.110	36.110	36.110	36.110	36.110	48.084	48.084	48.084	48.084

注:P_1 及 P_2 为警冲标至两侧线中心的垂直距离,均为 2m;Δ 为曲线内侧加宽。

二、出站信号机的位置

在车站内正线、到发线列车运行方向的左侧应装设出站信号机,它的位置除应满足限界要求外,还决定于信号机处道岔的方向(顺向或逆向)、信号机类型,以及有、无轨道电路等。

(一)出站信号机机柱中心与两侧线路中心的最小距离

1. 高柱色灯信号机

我国采用的高柱色灯信号机的基本宽度有 380mm 和 410mm 两种。若信号机相邻线路通行超限货物列车时,直线建筑接近限界为 2 440mm,如图 5-56 所示的 P_1 值为 2 440+190=2 630mm(或 2 440+205=2 645mm)。

若信号机相邻线路不通行超限货物列车时,直线建筑接近限界为 2 150mm,如图 5-56 所示的 P_1 值为 2 150+190=2 340mm(或 2 150+205=2 355mm)。

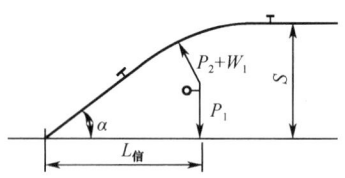

图 5-56 出站信号机的设置位置

2. 矮型出站信号机

透镜式矮型一机构色灯信号机中心至相邻线路中心的距离为 2 029mm;矮型双机构色灯信号机基础中心至相邻线路中心线的距离为 2 199mm。

(二)出站信号机与道岔中心或道岔尖轨始端(或道岔始端基本轨接缝)的距离

1. 当车站未装设轨道电路时

出站信号机后方为逆向道岔,信号机应与道岔尖轨始端平列,如图 5-57(a)所示。

出站信号机后方为顺向道岔,信号机应设在警冲标内方满足信号机限界距的地方,如图 5-57(b)所示。信号机至道岔中心距离见表 5-11、5-12。

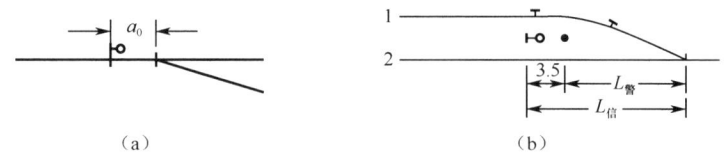

图 5-57 出站信号机位置(无轨道电路)

2. 当车站装设轨道电路时

出站信号机后方为逆向道岔时,信号机应与道岔始端基本轨接缝处的绝缘平列,如图 5-58(a)所示。

出站信号机后方为顺向道岔时,信号机仍应设在警冲标内方适当地点,如图 5-58(b)所示。信号机至道岔中心距离见表 5-13、表 5-14。

表 5-11　高柱信号机（基本宽度为 380mm）至道岔中心距离　　（单位：m）

道岔辙叉号	辙叉角度	连接曲线半径	信号机至岔心距离	线路使用情况	线间距离（S） 5.0	5.2	5.3	5.5	6.0	6.5	7.5	8.5	9.5	10.5
9	6°20′25″	200	L	一	49.116	46.683	45.902	44.864	43.352	42.645	42.256	42.249	42.249	42.249
				二	62.737	53.517	51.558	49.209	46.697	45.598	44.901	44.859	44.859	44.859
				三			64.296	55.898	50.464	48.756	47.611	47.485	47.485	47.485
		300		一	51.125	48.284	47.334	45.937	44.033	43.078	42.341	42.249	42.249	42.249
				二	66.635	55.820	53.545	50.789	47.555	46.170	45.062	44.861	44.859	44.859
				三			68.029	58.155	51.660	49.478	47.869	47.502	47.485	47.485
		350		一	52.470	49.426	48.369	46.770	44.477	43.365	42.428	42.251	42.249	42.249
				二	68.720	57.240	54.882	51.920	48.192	46.536	45.196	44.875	44.859	44.859
				三			70.045	59.594	52.571	49.964	48.058	47.539	47.485	47.485
		400		一	53.967	50.711	49.551	47.759	45.084	43.703	42.550	42.264	42.249	42.249
				二	70.867	58.837	56.369	53.195	48.995	46.979	45.369	44.909	44.859	44.859
				三			72.129	61.155	53.635	50.596	48.291	47.602	47.485	47.485
12	4°45′49″	350	L	一	62.644	60.200	59.443	58.396	56.990	56.432	56.258	56.258	56.258	56.258
				二	78.894	68.014	65.956	63.594	61.135	60.166	59.739	59.738	59.738	59.738
				三			81.119	71.269	65.725	64.111	63.253	63.230	63.230	63.230
		400		一	63.452	60.796	59.935	58.743	57.186	56.523	56.258	56.258	56.258	56.258
				二	80.352	68.921	66.754	64.179	61.408	60.314	59.746	59.738	59.738	59.738
				三			82.514	72.139	66.119	64.327	63.284	63.230	63.230	63.230
		500		一	65.377	62.301	61.244	59.689	57.663	56.770	56.268	56.258	56.258	56.258
				二	83.408	71.022	68.658	65.664	62.081	60.685	59.794	59.738	59.738	59.738
				三			85.459	74.223	67.205	64.848	63.396	63.230	63.230	63.230
		600		一	67.587	64.106	62.866	60.977	58.287	57.113	56.317	56.258	56.258	56.258
				二	86.603	73.422	70.846	67.450	63.054	61.166	59.901	59.738	59.738	59.738
				三			88.557	76.603	68.621	65.550	63.583	63.234	63.230	63.230

注：1. P_1 及 P_2 在通过超限货物列车的线路为 2.440+0.190=2.630（m）；不通过超限货物列车的线路为 2.150+0.190=2.340（m）。

　　2. Δ——曲线加宽值。

表 5-12 矮柱色灯信号机二、三显示并列至道岔中心距离 （单位：m）

道岔辙叉号	辙叉角度	连接曲线半径	信号机至岔心距离	线间距离（S）										
				5.0	5.2	5.3	5.5	6.0	6.5	7.5	8.5	9.5	10.5	11.5	12.5
9	6°20′25″	200	L	43.518	42.402	41.987	41.331	40.343	39.896	39.703	39.703	39.703	39.703	39.703	39.703
		250		44.090	42.853	42.395	41.694	40.587	40.032	39.710	39.703	39.703	39.703	39.703	39.703
		300		44.948	43.499	42.960	42.128	40.880	40.208	39.736	39.703	39.703	39.703	39.703	39.703
		350		46.002	44.350	43.715	42.715	41.225	40.428	39.788	39.706	39.703	39.703	39.703	39.703
		400		47.203	45.355	44.629	43.458	41.636	40.693	39.869	39.706	39.703	39.703	39.703	39.703
12	4°45′49″	350	L	56.176	55.085	54.686	54.069	53.218	52.921	52.868	52.868	52.868	52.868	52.868	52.868
		400		56.687	55.440	54.997	54.322	53.351	52.969	52.868	52.868	52.868	52.868	52.868	52.868
		500		58.030	56.417	55.822	54.934	53.689	53.120	52.868	52.868	52.868	52.868	52.868	52.868
		600		59.685	57.734	56.983	55.805	54.133	53.352	52.882	52.868	52.868	52.868	52.868	52.868

注：Δ为曲线加宽值，当信号机设在弯段曲线部分时，信号机中心至弯股线路中心的距离为$P_2+\Delta$，按$P_1=P_2=2\,199\,\mathrm{mm}$进行计算。

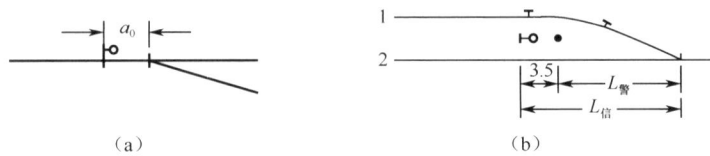

图 5-58 出站信号机位置（有轨道电路）

表 5-13 电气集中高柱色灯信号机（基本宽380mm）、警冲标、绝缘缝至道岔中心距离（单位：m）

S	股道使用	N R L	9（6°20′25″）						12（4°45′49″）						18（3°10′12.5″）		
			300			400			350			400			800		
			信	警	绝	信	警	绝	信	警	绝	信	警	绝	信	警	绝
5.0	═		51.2	44.0	48.0	54.0	48.5	52.5									
	⊸		66.7	61.0	65.0	71.3	67.3	71.3	78.9	72.3	76.3	82.5	78.5	82.5	112.2	102.4	106.4

项目五 城市轨道交通车站

续表

股道S	使用	9 (6°20′25″) 300			9 (6°20′25″) 400			12 (4°45′49″) 350			12 (4°45′49″) 400			18 (3°10′12.5″) 800		
		信	警	绝	信	警	绝	信	警	绝	信	警	绝	信	警	绝
5.2		55.7	48.5	52.5	60.5	56.5	60.5	70.0	66.0	70.0	70.0	66.0	70.0	99.2	89.9	93.9
5.3		68.0	61.0	65.0	73.0	69.0	73.0	82.5	78.5	82.5	82.5	78.5	82.5	114.8	108.6	112.6
5.5		58.8	54.8	58.8	61.2	54.8	58.8	71.3	61.5	65.5	72.2	66.0	70.0	104.1	97.9	101.9
6.5		46.3	42.8	46.3	48.0	44.5	48.0	60.2	54.0	57.5	60.3	54.0	57.5	90.0	85.9	89.4
6.5		49.4	42.8	46.3	52.5	48.5	52.5	65.5	61.5	65.5	65.5	62.0	65.5	95.6	90.4	93.9
7.5		46.3	42.8	46.3	46.3	42.8	46.3	59.8	54.0	57.5	59.8	54.0	57.5	89.8	85.9	89.4
7.5		48.0	44.5	48.0	48.2	44.5	48.0	63.7	60.2	63.7	63.7	60.2	63.7	95.1	90.4	93.9
8.0		46.3	42.8	46.3	46.3	42.8	46.3	59.8	54.0	57.5	59.8	54.0	57.5	89.8	85.9	89.4
8.0		48.0	44.5	48.0	48.0	44.5	48.0	63.7	60.2	63.7	63.7	60.2	63.7	95.1	90.4	93.9

注：1. 本表信号机、警冲标、绝缘缝安设位置系按《规范》第8～63条及第8～66条有关规定设置。

2. 绝缘缝至岔心距离系用拼凑一节短轨办法计算，其短轨长度为8、6.25、4.5m 3种。

表5-14 电气集中矮柱色灯信号机、警冲标、绝缘缝至道岔中心距离　　　（单位：m）

机构	S	9 (6°20′25″) 300			9 (6°20′25″) 350			9 (6°20′25″) 400			12 (4°45′49″) 350			12 (4°45′49″) 400		
		信	警	绝	信	警	绝	信	警	绝	信	警	绝	信	警	绝
一机构	5.0	44.5	41.0	44.5	44.5	41.0	44.5	44.5	41.0	44.5	53.0	49.5	53.0	57.5	54.0	57.5
一机构	5.2	44.5	41.0	44.5	44.5	41.0	44.5	44.5	41.0	44.5	53.0	49.5	53.0	53.0	49.5	53.0
一机构	5.5	44.5	41.0	44.5	44.5	41.0	44.5	44.5	41.0	44.5	53.0	49.5	53.0	53.0	49.5	53.0
一机构	6.5	40.0	36.5	40.0	40.0	36.5	40.0	44.5	41.0	44.5	53.0	49.5	53.0	53.0	49.5	53.0
一机构	7.5	40.0	36.5	40.0	40.0	36.5	40.0	40.0	36.5	40.0	53.0	49.5	53.0	53.0	49.5	53.0
一机构	12.5	40.0	36.5	40.0	40.0	36.5	40.0	40.0	36.5	40.0	53.0	49.5	53.0	53.0	49.5	53.0
二、三显示并例	5.0	44.8	41.0	44.5	45.8	41.0	44.5	47.0	42.8	46.3	56.0	49.5	53.0	57.5	54.0	57.5
二、三显示并例	5.2	44.5	41.0	44.5	44.5	41.0	44.5	45.2	41.0	44.5	54.7	49.5	53.0	55.1	49.5	53.0
二、三显示并例	5.5	44.5	41.0	44.5	44.5	41.0	44.5	44.5	41.0	44.5	53.7	49.5	53.0	54.0	49.5	53.0
二、三显示并例	6.5	40.1	36.5	40.0	40.2	36.5	40.0	44.5	41.0	44.5	53.0	49.5	53.0	53.0	49.5	53.0
二、三显示并例	7.5	40.0	36.5	40.0	40.0	36.5	40.0	40.0	36.5	40.0	53.0	49.5	53.0	53.0	49.5	53.0
二、三显示并例	12.5	40.0	36.5	40.0	40.0	36.5	40.0	40.0	36.5	40.0	53.0	49.5	53.0	53.0	49.5	53.0

有轨道电路时，还须考虑出站信号机、钢轨绝缘与警冲标的相互位置关系如下。

（1）钢轨绝缘原则上应设在出站信号机同一坐标处的钢轨接缝处，但为了避免串轨、换轨或锯轨，允许设在出站信号机前 1m 或后方 6.5m 的范围内。

（2）警冲标与钢轨绝缘的距离一般为 3.5m，这样可以保证车轮停在该钢轨绝缘节内方时，车钩不会越过警冲标。

在确定出站信号机、钢轨绝缘和警冲标的位置时，首先应考虑在不影响到发线有效长的条件下，按现有钢轨接缝设置绝缘，同时考虑信号机的设置位置，然后再将警冲标移至距钢轨绝缘 3.5m 处。如果现有的钢轨接缝安装绝缘不能保证到发线有效长或不宜设置信号机时，应以短轨拼凑等方法安装绝缘以满足各方面的要求。

三、车站线路实际有效长的推算

在计算确定车站各条线路有效长时，通常采用的做法是以车站平面图两端正线上的最外方道岔中心为坐标原点，由外向内计算各条线路有效长控制点的坐标，比较各条线路有效长的两端控制点的坐标之和，其中，有效长的两端控制点坐标之和最大的线路，其有效长即为给定的控制有效长；其他线路的有效长按照该条线路有效长的两端控制点坐标与最短有效长线路的控制点坐标之差加上给定的控制有效长来确定。

线路有效长控制点主要有四种：警冲标、出站信号机、车挡、道岔的尖轨始端（无轨道电路时）或道岔始端基本轨接缝处的钢轨绝缘（有轨道电路时）。因此，计算各控制点的坐标时就要确定以上四种控制点的位置。

警冲标的坐标按照警冲标至其相应的道岔中心距离加上道岔中心的坐标来确定。

出站信号机的坐标按照出站信号机至其相应的道岔中心距离加上道岔中心的坐标来确定。

车挡的坐标一般按照相应的尽端式线路有效长及该尽端式线路有效长的另一个控制点的坐标来确定。

道岔的尖轨始端或道岔始端基本轨接缝处的钢轨绝缘的坐标与其相应的道岔中心的距离为 a_0 或 a，即利用相应的道岔中心的坐标加上 a_0 或 a 得到。

下面举例说明线路有效长的具体计算方法。

例题 已知：中间站 A 共有四条线路，如图 5-59 所示。其中，1、Ⅱ、3 道均通行超限货物列车，安全线有效长为 50m，中间站台宽为 4m。出站信号机采用基本宽度为 380mm 的高柱色灯信号机；有轨道电路到发线采用双进路。

要求：（1）标出各道岔中心、连接曲线的角顶、警冲标及信号机的坐标；

（2）确定各到发线的实际有效长，其中最短的一条线路的有效长为标准有效长（850m）。

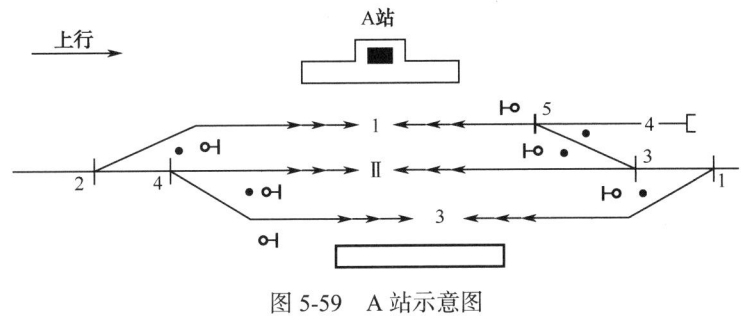

图 5-59 A 站示意图

分析：计算有效长之前，要确定各个控制点的坐标，根据前面所述，在确定各控制点的坐标时要查表确定警冲标、出站信号机等的位置，因此首先要确定给定车站的各个道岔的道岔号数、相邻道岔的配列形式、相邻线路的线间距、连接曲线半径。

1. 计算各相关点的坐标

① 线路及道岔编号如图 5-59 所示。

② 确定相邻线路的线间距。根据题目已知条件，1、Ⅱ、3 道均通行超限货物列车，根据《技规》和《铁路车站及枢纽设计规范》规定，站内线间设有高柱信号机时，相邻两线均通行超限货物列车时，线间距为 5 300mm。因此，1、Ⅱ与Ⅱ、3 之间的线间距均为 5 300mm。

③ 确定各道岔的道岔号数。道岔号数可根据乘客列车运行进路上所经过的侧向道岔的道岔号数不小于 12 号，货物列车运行进路上所经过的侧向道岔号数不小于 9 号来确定。从图 5-59 中可以看出，所有的道岔均需要侧向通过乘客列车，因此，该题中所有道岔号数均为 12 号。

④ 确定各连接曲线半径。图 5-59 中，1、2、4 道岔的连接曲线半径不得小于道岔的导曲线半径，12 号道岔的导曲线半径为 330m，因此，1、2、4 道岔的连接曲线半径取 400m；3、5 道岔为渡线连接，道岔 5 处的角顶连接曲线即为道岔的导曲线，半径为 330m。

⑤ 推算各点坐标。以车站两端正线上的最外方道岔中心为原点，由外向内逐一推算各道岔中心、连接曲线的角顶、警冲标及出站信号机的 X 坐标，Y 坐标不计算。计算过程中要从表中查取相关数据，见表 5-15。

表 5-15 坐标计算表

基点	计算说明	坐标	基点	计算说明	坐标
2	原点	0.00	1	原点	0.00
4	道岔配列形式	43.073	3	道岔配列形式	43.073
2 号角顶	$NS=12\times5.3$	63.6	5	基点 3+NS	106.673
4 号角顶	基点 4+NS	106.673	1 号角顶	$NS=12\times5.3$	63.6
X_1	表 5-13	82.5	S_1	a_5+基点 5	123.526
$X_Ⅱ$	基点 4+表 5-13	125.573	$S_Ⅱ$	基点 3+表 5-13	125.573
X_3	基点 4+表 5-13	125.573	S_3	表 5-13	82.5
②	表 5-13	78.5	①	表 5-13	78.5

续表

基点	计算说明	坐标	基点	计算说明	坐标
④	基点4+表5-13	121.573	③	基点3+表5-13	121.573
			⑤	基点5-$L_警$（48.854）	57.819
			车挡	基点5-50	7.819

注：1、2、3、4、5表示各道岔岔心；①代表1号道岔的警冲标的位置；1号角顶表示1号道岔连接曲线角顶；S_1表示1道上行方向出站信号机；X_1表示1道下行方向出站信号机。

2. 推算各条线路实际有效长

根据有效长的定义及有效长控制点的影响因素确定各条线路上、下行方向的有效长控制点，并在表5-15中找出相应的坐标填入表5-16的3、4列中，然后根据各条线路有效长控制点的坐标确定最短有效长的线路。两端控制点的坐标之和最大者即为最短有效长的线路。因此，将第3、4列两项数字相加得到第5列，第5列中数字最大者，其有效长即为题目给出的最短有效长850m，那么其他线路的有效长均比850m长，且其他各条线路有效长与最短有效长差值即为各线路两端控制点的坐标与有效长最短线路的两端控制点的坐标之差，因此，利用第5列中数字最大者减去第5列中其他数字即得到第6列各线路有效长之差，最后利用最短线路的有效长850m加上第6列得到各条线路的有效长。

表5-16 有效长推算表

线路编号	运行方向	线路有效长控制点X坐标		共计	各线路有效长之差	各线路有效长
		左端	右端			
1	2	3	4	5	6	7
1	上行方向	82.5（X_1）	123.526（S_1）	206.026	41.120	892
	下行方向	78.5（②）	123.526（S_1）	202.026	45.120	896
2	上行方向	125.573（X_{II}）	121.573（③）	247.146	0	850
	下行方向	121.573（④）	125.573（S_{II}）	247.146	0	850
3	上行方向	125.573（X_3）	78.5（①）	204.073	43.073	894
	下行方向	121.573（④）	82.5（S_3）	204.073	43.073	894

四、站坪长度

在铁路正线的平、纵断面上设置车站配线的地段称为站坪。站坪长度决定于远期车站布置图形、到发线数量、到发线有效长及道岔区长度等因素。站坪长度由到发线有效长、咽喉区长度和为避免区间平面或竖曲线与车站咽喉区最外方道岔叠加而需要的直线段长度组成。

在新建铁路选线设计时，中间站和区段站的站坪长度可根据远期的车站布置形式和到发线有效长设计，站坪长度应不小于表5-17中的数值。

表 5-17 站坪长度

车站种类	车站布置形式	远期到发线有效长/m						
		1 050		850		750		650
		单线	双线	单线	双线	单线	双线	单线
会让站越行站	横列式	1 450	1 700	1 250	1 500	1 150	1 400	1 050
中间站	横列式	1 600	2 000	1 400	1 800	1 300	1 700	1 200
区段站	横列式	2 000	2 500	1 800	2 300	1 700	2 200	1 600
	纵列式	3 500	4 000	3 100	3 600	2 900	3 400	2 600

注：1. 站坪长度未包括站坪两端竖曲线长度。

2. 如果有其他铁路接轨时，站坪长度应根据需要计算确定。

3. 多机牵引时，站坪长度应根据机车数量及长度计算确定。

4. 会让站、越行站、中间站和区段站的站坪长度，除越行站、双线中间站两端各铺一组 18 号道岔单渡线确定外，正线上其他道岔采用 12 号道岔确定，当采用其他型号道岔时应另行计算确定。

5. 复杂中间站、区段站的站坪长度可按实际需要计算确定。

当站坪受车站两端的纵断面坡度或平面曲线限制时，还应考虑下列规定。

（1）在平面上，站坪端部设在平面圆曲线的缓和曲线以外，在地形条件允许时应适当留有余地。当中间站利用正线调车时，为考虑作业视线条件，最好使曲线与进站信号机间有不小于 200m 的直线段。

（2）在纵断面上，站坪端部至站坪外变坡点的距离不应小于竖曲线的切线长度。

（3）站坪范围内的平面和纵断面设计要很好配合，以保证车站两端道岔咽喉区设在直线上，在困难条件下，也要尽量避免进入竖曲线范围内。

思考与练习

1. 地铁车站建筑一般由哪几部分组成？
2. 车站可分为哪些类型？
3. 车站站位通常有哪几种？
4. 车站主要技术设备有哪些？
5. 车站的通信设备包括哪些？
6. 影响车站分布的因素有哪些？
7. 简述站厅的四种设置位置和各自适用条件。
8. 地铁车站有哪些主要功能？
9. 试画出岛式站台与侧式站台示意图并比较其特点。
10. 试分别绘制站厅层、站台层平面示意图，在图上标出各功能分区、主要设施和客流流向。

11. 车站线路连接形式主要有哪几种？
12. 何谓线路有效长？确定线路有效长的因素有哪些？
13. 何谓警冲标？警冲标的设置位置如何？
14. 如何确定车站线路有效长？

项目六 城市轨道交通车辆段

车辆段是整个地铁系统的重要组成部分之一，是车辆停放、运用、管理、清扫、洗刷、试车、调试验收、旋轮、列检、月修、定修、临修、架修及运用列车事故后救援的重要基地。

任务一 认知城市轨道交通车辆段

学习目标

（1）了解城市轨道交通车辆段的组织机构及功能。
（2）了解综合维修中心。
（3）了解材料总库。
（4）了解培训中心。
（5）了解车辆段的一般技术要求。

学习任务

认知城市轨道交通车辆机械部分，包括车辆总体、车门、转向架、车钩缓冲装置、制动系统等设备。

工具设备

城市轨道交通车辆段仿真模型、车辆段图片及仿真三维立体图多媒体课件。

教学环境

轨道交通理实一体化教室、车辆维修基地或现场。

基础知识

车辆段是城市轨道交通车辆停放的基地，也称为车厂，主要承担轨道交通车辆的停放、检查、维修、清洁、整备等任务，以及负责乘务人员的组织管理、出乘、换班等业务工作。由于车辆段占地面积大、场地集中，车辆段一般都建成综合基地，除了上述任务外，还承担行车设备设施、机电设备的维护检修，器材、材料、备品仓储保管和供应，组织和管理车辆段及综合基地职工的技术教育，以及培训等任务。

一、车辆段的组织机构及其功能

(一)组织机构

地铁车辆段通常和其他基地合建,内含停车场、综合维修中心、材料总库、教育培训中心等 6 部分,如图 6-1 所示。

图 6-1 香港九龙湾车辆段

(二)车辆段功能

车辆段的主要功能如下。

(1)提供运用列车投入服务,确保所属线路列车运行图的实现。
(2)客车的停放、调车编组、日常检查、一般故障处理和清扫洗刷。
(3)客车的维修、临修、旋轮和定修、架修和厂修。
(4)工程机车车辆的停放、检修等。
(5)车辆段内通用设施及车辆维修设备的维护管理。
(6)乘务人员组织管理、出乘计划编制、备乘换班的业务工作。
(7)所属线路列车运行出现故障时的技术检查、处理和救援工作。

二、停车场

根据各城市线路的情况不同,可以另外设置仅用于停车和日常检查维修作业的停车场或检车区,管理上一般附属于主要车辆段,规模较小,其功能主要为:列车的停放、调车编组、日常检查、一般故障处理和清扫;车辆的修理(月修与临修);可另设工区,管理乘务人员出乘、备乘倒班。某车辆段的停车场如图 6-2 所示。

图 6-2 车辆段的停车场

三、综合维修中心

综合维修中心（简称维修中心）是指城市轨道交通系统中各种设备和设施的维修管理单位。它的业务范围较广，涉及轨道交通线路、路基、轨道、桥梁、涵洞、隧道和房屋建筑等设施的维护、保养，以及供电、通信、信号、机电设备和自动化设备的维修保养和故障修理工作。

图 6-3 维修中心的移车台和转轨设备

（一）综合维修中心基本功能

（1）承担全线轨道、道岔、隧道、路基等建筑及设备的日常维护和定期检修任务。

（2）承担全线车站建筑、站内装饰、导向标志、出入口设施、风亭等日常维护和定期检修任务。

（3）承担全线各种变电所、接触网、供电线路及设备的运营管理、日常维护和定期修任务。

（4）承担全线各种机电系统及设备，包括环控系统、给排水系统、电梯及自动扶梯等设备的运营管理、日常维护和定期检修任务。

（5）承担全线通信、信号系统的运营管理、日常维护和定期检修任务。

（6）承担全线车站设备监控系统（BAS）、防灾报警系统（FAS）、电力监控系统（SCADA）等的日常维护和定期检修工作。

（二）综合维修中心车间组成

1）机电车间

机电车间由供电工段和机电工段两部分组成。供电工段承担轨道交通供电系统的牵引变电所、降压变电所、电力监控设备、供电电缆等的日常巡检、保养和维护工作。供电工段包括电器工班、继电器工班、远动工班、仪表计量工班、蓄电池工班、电缆工班。机电工段负责全线机电设备，如环控系统、自动售检票系统、给排水系统、动力照明系统、电梯及自动扶梯、屏蔽门、车站监控设备的日常巡检、保养和维护工作。机电工段包括电机工班、环控工班、电梯工班、给水工班、屏蔽门工班、自控工班、自动售检票工班等。

2）修建车间

修建车间由建筑工段和桥隧工段组成。建筑工段承担全线房屋建筑、车站建筑、站内外装饰、室内外上下水、出入口、风亭和其他地面设施的日常巡检、保养和维护工作。建筑工段要配备木工班、电工班、水瞬班、建筑工班等。桥隧工段承担全线高架桥、隧道的日常巡检、维护和堵漏工作。桥隧工段由隧道巡检工班和清扫工班组成。

3）工务车间

工务车间承担线路的轨道、道岔及其设备的日常巡检、探伤和养护工作，根据工作量大小，由若干个养路工班组成。

4）接触网工区

接触网工区负责接触网或接触轨的日常维护、检修和事故抢险。接触网工区需要配备轨道牵引车、接触网检测车、架放线车等，可存放于特种车库。

5）通号车间

通号车间负责全线所有的通信信号系统和设备的运行维护、故障处理的工作。

四、材料总库

材料总库担负着城市轨道交通系统材料、配件、设备和机具，以及劳保用品等的采购、存放、发放和管理工作，为轨道交通工程各系统的建设、运营和维修所需材料、机电设备和配件等提供储存和供应服务，并负责材料的采购、保管和发放工作。在工程建设期间，材料总库可供工程材料、设备临时存放使用。

材料总库由机电库、特殊配件库、材料库、易燃品库、卸料线、堆场等组成。存放量小时，也可将机电库、特殊配件库、材料库合并布置，形成综合材料库，有条件时可采用自动化立体仓库。易燃品库用于存放氧气、乙炔、氢气、油脂、化学物品等，应单独设置并分成隔间。材料库的布置宜邻近卸料线和堆场。

五、培训中心

培训中心负责组织和管理车辆段及综合基地职工的技术教育及培训。城市轨道交通系统网络一般宜共用一个培训中心。中心内应设有教室、设备室、教职员工办公室及配套设施。培训中心应以城市快速轨道交通线网规划为依据，进行合理规划，根据功能和任务确定建设规模。

六、车辆段的一般技术要求

（1）为满足地铁工程的运营和车辆及设备的维修保养和检修，设车辆段与综合基地。

（2）车辆段与综合基地的功能应根据城市地铁线路的规划和线网中车辆段与综合基地的分布及既有设施综合分析确定，避免重复建设。车辆段与综合基地包括车辆段、综合维修中心、物资总库和职工技术教育培训中心及必要的办公生活设施。

（3）车辆段与综合基地（含停车场）的选址应满足下列要求。

① 符合城市轨道交通线网规划。

② 出入段线宜为双线（停车场除外），并避免切割运营正线，保证列车出入正线的进路安全可靠、方便迅速、经济合理。

③ 避开工程地质和水文地质不良地段。

④ 便于电力线路、道路及各种管线的引入。

⑤ 有良好的自然排水条件。

⑥ 有足够的远期发展场地。

（4）车辆段与综合基地的建设应初、近、远期相结合，其股道、房屋和机械设备等均应按近期设计；用地范围应按远期规模控制。当近远期工作量变化不大时，停车库及检修库可按远期一次建成。

（5）车辆段与综合基地的设计应贯彻节约用地的方针，尽量减少用地范围的房屋拆迁和土石方工程量。

（6）车辆段与综合基地的设计应贯彻节约能源的方针。

（7）车辆段与综合基地的设计应有完善的消防措施。总平面布置、房屋建筑、设备和材料的选用等均应符合有关防火规范的要求。

（8）车辆段与综合基地的设计应积极推广采用行之有效的新技术、新工艺、新材料和新设备，并应推行设备本地化。选用机具设备时，宜采用国家标准系列产品；选用专用设备时，宜采用标准设备或成熟的非标准设备，其中涉及人身、行车安全者，必须经有关部门鉴定批准方可使用。

（9）车辆段与综合基地的设计，对其所产生的废气、废液、废渣和噪声等应进行综合治理，并应符合国家和地方现行的治理、排放标准及有关规定。环境保护设施应与主体工程同时设计、同时施工、同时投产。

（10）车辆段与综合基地的设计中，站场、房屋建筑、供电（含电力）、给排水及消防、通风空调各专业设计应符合《地铁设计规范》（GB 50157—2003）有关规定和现行国家、行业或地方相关标准、规范和规定。

拓展知识

一、车辆检修制式和修程

目前,各国城市轨道交通车辆检修采用两种制式,一种是厂修、段修分修制,另一种是厂修、段修合修制。

厂修、段修分修制就是修建专门的车辆大修厂(不限于1个),它承担全线网各线车辆的大修任务。车辆的架修、定修及其以下的修理工作,由各线的车辆段承担。

厂修、段修合修制就是不设专门的车辆大修厂,车辆的大修均在车辆段内进行。

前一种制式用于线网规模较大的城市,具有一定的经济性。而对于线网规模不大的城市,采用厂修、段修合修制较为经济。

城市轨道交通车辆的检修规程通常分为列检、月检、定修、架修和厂修(又称为大修)。根据修理规程的规定,各种修程包含的主要检修范围和内容如下。

(1)列检:对容易出现危及行车安全的各主要部件(如轮对、弹簧、转向架、受电弓、控制装置、空气制动装置、车钩及缓冲装置、蓄电池、车门风动开关装置、车体、车灯等)进行外观检查,对危及行车安全的故障及时进行重点修理。

(2)月检:对车辆外观和一般功能进行检查,即对车辆主要部件的技术状态进行外观检查和必要试验,对危及行车安全的故障进行全面修理。

(3)定修:主要是定期对车辆进行预防性的检修。对各大部件的技术状态和作用要做较仔细的检查,对检查发现的故障进行针对性修理,对车上的仪器和仪表进行校验,车辆组装后要经过静调和试车。

(4)架修:主要任务是检测和修理大型部件(如走行部、牵引电动机、传动装置等);同时,经架车,对车辆各部件进行解体和全面检查、修理、试验,对计量的仪器、仪表进行校验,车体要重新油漆、标记,组装后进行静调和试车。

(5)厂修:全面恢复性修理。要求对车辆全面解体、检查、整形、修理和试验,要求完全恢复其性能,组装后要重新油漆、标记、静调和试车。总之,厂修后的车辆基本上要达到新车出厂水平。

车辆日常维修和定期检修周期见表6-1。

表6-1 车辆日常维修和定期检修周期

类别	检修种类	检修周期		检修时间(h)
		里程(万千米)	时间	
定期检修	厂修	100~120	10~12年	35/32
	架修	50~60	5~6年	20/18
	定修	12.5~15	1.5年	8/6
日常维修	月检		1月	2/2
	例检		每天或双日	

注:1. 表中检修时间的分子为近期天数,分母为远期天数。

2. 表中检修时间是按部件互换修理确定的。

二、典型大城市轨道交通车辆检修制度

我国香港及国外发达城市轨道交通车辆检修经过多年的经验总结和过程优化,计划的修程周期逐步延长,并逐步向均衡维修方式过渡。比较典型的维修制度介绍如下。

(一)香港地铁维修制度

香港现有三条地铁线路,总长为43.2km,设有九龙湾、荃湾和柴湾3个车辆维修基地。其中,荃湾和柴湾两个维修基地是停车场性质,只承担车辆的日常小修、洗刷和停放任务。九龙湾维修基地承担三条线车辆的大修、架修、定修和月修任务,以及观塘线车辆的日常小修、清扫洗刷和停放任务。该维修基地占地约 $14 \sim 15 km^2$,目前承担近800辆车的定期修理任务。香港地铁车辆修程见表6-2。

表6-2 香港地铁车辆修程

维修级别	原 修 程	现 修 程	工 作 分 工
1	日检		停车场
	周检	15天	
	月检	45天	
	半年检	半年检	
	—	一年检	
	—	二年检	
2	一年检	—	大修厂
	二年检	—	
	三年检	三年检	
	小修(6年)	小修(6年)	
	大修(12年)	大修(12年)	
3	部件修	部件修	大修厂或社会专业工厂

(二)日本地铁维修制度

日本地铁车辆基地分CR(Car Renewal)工厂、修理厂、检修段3个层面。日本地铁车辆采用厂修与段修合修制,车辆的全部修理任务一般均在车辆段内进行。

日本地铁车辆段一般分为两部分:修理厂和检修段。两者实行独立管理。它们的作业分工是:修理厂承担车辆的重要部位检查和全面检查。检修段承担车辆的日检查、月检查、清扫洗刷、停放和运行管理。重要部位检查是对车辆的重要部位进行分解后做详细检查,并根据需要对其进行更换或修理。全面检查是对车辆所有部位进行分解后做详细检查,并根据需要对其进行更换或修理。对于车体修理及车辆设备的更换改造则统一集中在所属的CR工厂(相当于车辆大修厂)进行。

日本车辆检修采用以互换修为主、现车修为辅的作业方式,因而作业效率高,停修时间短,车辆周转快。日本地铁车辆的基本修程及有关指标见表6-3。

表 6-3　日本地铁车辆的基本修程及有关指标

修程	检修周期		修停时间（天/列）	分工
	东京营团地铁	东京都营地铁、名古屋市营地铁		
日检查	≤6 天	≤3 天	0.25	检修段（相当于停车场）
月检查	≤3 个月	≤3 个月	1.0	
重要部位检查	60×10⁴km（或≤4 年）	40×10⁴km（或≤3 年）	12～15	修理厂（相当于车辆段）
全面检查	≤8 年	≤6 年	18～25	

（三）莫斯科地铁维修制度

莫斯科地铁车辆维修采用大修与段修分修制，车辆大修厂集中承担地铁全系统车辆的大修任务。车辆段承担段本线车辆的定期修理（架修和定修）、日常维修（月修、技术检查、列检、清扫洗刷）和列车停放任务。莫斯科地铁现已建成 13 个车辆段，两个车辆大修厂。

莫斯科地铁车辆段根据线路长短进行设置，一般每条线设一个车辆段，当线路长度超过 30km 时，可设两个车辆段。

（四）汉堡地铁维修制度

汉堡地铁车辆的维修体制，从 1990 年起逐步得到完善，现实行日常均衡维修体制。即以车辆系统和部件为重点的计划性均衡维修制度，代替对列车进行全面维修的定期检制度。

日常均衡维修大部分在停车场和车辆段的一般维修车间进行，少量则在停车点进行（备有抢险车）。其他部件修程根据工作量分别在停车场和车辆段的一般维修车间和大修车间进行。

根据不同车型，在列车运行（75～140）×10⁴km 时，对转向架进行更换维修，同时对车辆进行全面检查，并根据需要对部件进行更换或维修，对车体进行补漆或重新油漆。

在车辆段的专门车间对部件进行集中维修，有些部件则委托社会专业机构维修。

从上可以看出，世界典型大城市正在大力改革轨道交通车辆检修作业模式，采用以换件修为主、现车修理为辅的修理方式，以加快车辆周转，减少配属车数量，提高作业效率，从而减少段、场的建设规模和建设用地。

任务二　车辆段的总体规划设计

学习目标

（1）了解城市轨道交通车辆段的分类及任务。

（2）了解城市轨道交通车辆段的选址。

（3）了解城市轨道交通车辆段的规模设计。

（4）了解城市轨道交通车辆段的主要线路和设备。

（5）了解城市轨道交通车辆段的的布局、图型。

（6）了解车辆段总平面布置基本形式及特点。

学习任务

掌握城市轨道交通车辆段的总体规划设计，包括地址选择、规模设计、线路和设备布局、平面布置设计等。

工具设备

城市轨道交通车辆段模型或者沙盘、CAD 或 VISIO 绘图软件、车辆段图片及多媒体课件。

教学环境

轨道交通车辆理实一体化教室、机房。

基础知识

城市地铁车辆段的总体规划设计包括段址选择、规模确定、线路、库房等设备总体平面布局，应熟练掌握绘图工具的使用，能够绘制车辆段的总体平面图。

一、车辆段的分类及任务

《地下铁道设计规范》把地铁车辆段分成车辆段和停车场。一般说来，一个完整的车辆段主要由一个运行系统和一个检修系统所组成。运行系统主要是担负地铁车列的停放、到发、清洗和保养。检修系统主要是担负地铁车列的定期检查、定修、架修、大修的各级修理。在车辆段内两个系统既是相对独立，又是互相联系。车辆段有时也是维护整条地铁各项设备、建筑物的维修基地，车辆段内设有工务、电务、机电等综合维修中心及材料总库等。

如果一个车辆段仅具有运行系统的线路、设备则称为停车场，从目前我国已建或在建的车辆段来看，上海新龙华车辆段和广州芳村车辆段方案都具有较完整的功能。北京已建的古城、太平湖车辆段不担当车辆的大修，须送至工厂。国外的车辆段，以日本为例，分成车辆工场和检车场，但其配置的设备和担当的作业在地铁网中则有较大的不同。我国地铁车辆段，今后在一个城市逐渐形成的地铁网中，虽大致有车辆段、停车场之分，但也会因其在地铁网中的作用、分工及地形条件的限制，在规模上有所不同。车辆段示意图如图 6-4 所示。

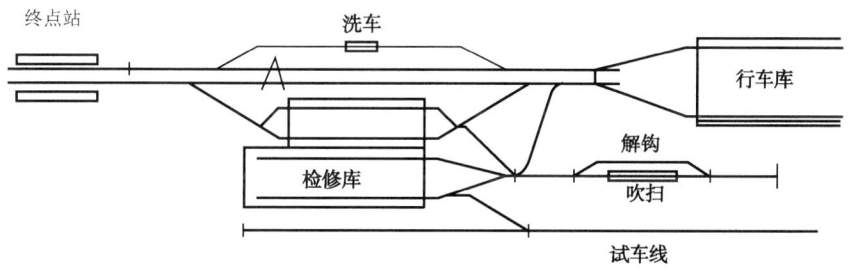

图 6-4　车辆段示意图

二、车辆段的段址选择

由于城市轨道交通大多修建在城市的闹市区,要在沿线找到一块设置车辆段的地方不太容易,在地铁两头的终端一般都是城乡接合部,如要把车辆段设在郊区则往往要延长地铁修建长度,造价很高,如要在市区边缘选个段址也十分困难。例如,上海地铁一号线新龙华车辆段,在改移 3.7km 沪杭线以后,才找到勉强能放下车辆段的地方;又如,广州地铁一号线车辆段,在一号线两个终端广钢站和广州东站都没有条件设段的情况下,经多个方案比较,才选定芳村站设段方案,上海地铁二号线的车辆段也因选址困难,段址确定经过较长时间的研究。

以地铁为例,从国内外的资料来看,车辆段(或停车场)在一条城市轨道交通线上的位置大致有以下几种情况。

(1)地铁在一个城市中的分布,除少数呈环状,大多呈条状,所以车辆段比较多的是设在一条地铁线的两个尽端,车辆段设在尽端的好处是对一个方向列车早晚的出车、收车最为方便,没有空费走行,而另一个方向尽端常常设置有存车条件的折返站,以方便出车、收车。当一条地铁线比较长,其需要的配属车在 250 辆以上,这时车辆段如集中在地铁线的一端,其停车库就会相当大,此时也可考虑在地铁线的另一端再设一个停车场,如上海地铁二号线的方案。

(2)当一条地铁线的尽端没有条件设置车辆段时,也可在邻靠终点站的邻站设置。例如广州芳村站车辆段选在广钢站与大花园站之间,停车库按通过式布置,一头接通广钢站,一头接通大花园站,方便列车进出段。

(3)一条地铁线的繁忙区段与非繁忙区段的分界处,也是可以考虑设置车辆段的地点。

(4)在一个地铁网中,如果一个车辆段是为几条地铁线服务的,特别是检修系统,则车辆段位置可选在某一条地铁线的适当位置,例如,香港九龙湾车辆段、新加坡碧山车辆段都是设在地铁线中部的适当位置。国外早期修建的地铁都是一条线设一个车辆段,这样做,设备要得比较多且不能充分使用,现在逐渐向集中化发展,例如,日本大阪的森之宫车辆工场,要担负四条地铁线的修理工作。但对运行系统而言,几条线混用设备的情况要慎重,因为列车频繁的回送,对地铁正常的运行有很大的干扰,调度也非常困难,且不安全。

车辆段段址选择,除作业上有可能设置的位置外,还要考虑下列要求。

(1)符合城市的总体规划(很重要)。
(2)有较开阔的地形条件,能布置车辆段的全部设施,并留有发展余地。
(3)就近有供水、电、煤气的方便条件。
(4)地质条件良好。
(5)拆迁少。
(6)有排放雨、污水条件。
(7)有就近与国家铁路接轨的条件。

因为地铁车辆段的选址,必须从作业上和地形等条件上结合起来考虑,在规划地铁走向的同时，就应重视车辆段的选址，密切与规划部门配合，把段址选好。

三、车辆段规模的确定

在规划车辆段和选址过程中都要先确定车辆段的规模。整个车辆段的规模主要取决停车库和检修库两大部分的能力，再辅以其他场、库。停车库需要能力和检修库需要能力取决于一条地铁线初、近、远期不同年限的配属车数量（包括运用车、在修车、备用车），一般配属车数量由以下步骤计算。

（1）流量资料。一般由城市交通规划部门提供，由全日通过客流最大的区段，推算高峰小时单方向最大断面流量。

（2）计算运行列车数。根据地铁线长度和平均旅行速度（一般用35km/h）算出运行时间，然后由往返运行时间加上折返时间除以高峰小时行车间隔得到运行列车数。高峰小时行车间隔根据客流量确定。折返时间根据折返走行距离计算，一般采用5min左右。

（3）确定运能。根据运行列车数，不同年限的列车编挂车辆数及每辆车的满载、超载乘客量，计算出运能。以上海地铁一号线为例，初期采用6辆编挂，远期采用8辆编挂，每辆车满载310人、超载410人。运能在不同年限必须要满足高峰小时的客流，如果不能满足，采取减少行车间隔时分和增加列车编挂辆数。行车间隔时分和采用的信号类型密切相关，上海地铁一号线列车运行采用ATC控制系统，行车最小间隔可达到2min，甚至1.5min。列车编挂辆数在国外有达到10辆以上。

（4）确定配属车数量。根据不同年限的运行列车数和车辆再修率、备用率，即可计算出在修车和备用车，加上运用车，其总和即为配属车。

（5）定停车库规模。除在修车常在检修库停留外，运用车和配用车大多停在停车库内。停车线的数量和长度由停车数量配置。每条停车线可根据需要停一列、二列、甚至三列，广州芳村车辆段因列车近、远期均为6辆编组，且停车库按通过式布置，故停车线长曾考虑停三列的方案。停车线可停几个列车就减少了停车线数量，也简化了车库前停车线的咽喉结构。当设一个停车库，如果太大，也可在一条地铁线的另一端再设一个。

（6）定检修库规模。以运用车辆作为基数乘以检修循环系数，可得各修程的年检修工作量，再乘以库停时间和不均衡系数除以年工作日，即可算出检修台位。检修库的规模为考虑设备的充分使用，往往部分检修项目（如定修、架修、大修）可担负两条线或多条线的工作。在地铁网中，检修库规模要统筹安排。

在明确了每一个车辆段担当的不同任务以后，就决定了车辆段的规模，根据初、近、远期车辆段能力要求，可一次规划，分期实施。

四、车辆段的主要线路和设备

根据我国建成和正在修建及规划的地铁车辆段，一般配有如下主要线路和设备，但在做法上各有不同。

（1）出入段线。是连接地铁正线与车辆段的必要线路，视地铁车站与车辆段的远近，出入段线可设一条或二条，一般设二条比较灵活，但通过式的车辆段也可二端各设一条。

（2）停车库及停车线、列检库、清扫库。广州芳村车辆段停车库与列检库分开设置，列检库线数量约为运用列车数的30%。不单独设置清扫库、停车线兼作清扫。上海新龙华车辆段不单独设置列检库，停车线设地沟兼作列检，但单独设置清扫库，清扫不在停车库进行，可改善停车库的作业条件。

（3）定修、架修、大修库及修理线。上海、广州一号线车辆段修理库的功能能担负车辆段的各级修程，北京车辆段的大修（也称为厂修）不在车辆段内进行，而是将车辆送至专门工厂修理。

（4）检查库、线。用于双周检、双月检，目前有单独设置的，也有参照外国专家的建议，检查库与修理库集中设置的，如上海地铁新龙华车辆段。其好处是：设备、人员集中，缩短了人员、材料，更换零部件的流动距离，有利生产管理。

（5）洗车库及洗车线。设于停车库的咽喉前，宜单独设置，与出入段线不相互干扰。洗车的日洗（清水洗）和周洗（化学洗），上海地铁新龙华车辆段曾做了分开设置的考虑，但由于缺乏实践经验，周洗线暂预留。

（6）吹扫线。用于定修以上修程、车辆底部的清洁作业。吹扫作业是否设库，上海地铁新龙华车辆段曾做了预留，而广州车辆段设库并设置通风、除尘设备。

（7）解钩线。用于以组为单元，送修理库前的解钩作业。例如，以列为单元修理，就无须解钩线。

（8）静调线。设在车库内，担当分组或整列的静调作业。

（9）试车线。要使试车达到最高速度，其长度应根据列车速度曲线所示计算确定。上海地铁新龙华车辆段试车线长1 400m，广州为1 350m。国外有的试车线较短，仅做低速试验，全速试验在正线上进行。

（10）旋轮库。线旋轮机前后都要有一列车长度。

（11）其他还有临修库、线，内燃机车库、线，存车线，轨道车库、线，特种车库线，变电所、泵房、信号楼、空压机房、油库等，还有办公楼及生活房屋。

车辆段的线路和设备，因其担负的作业不同，会有所增减，但其中有许多线路和设备尚须通过实践来检验如何合理配置。

五、车辆段的布局及图型

（一）总平面布置的组成

车辆段总平面布置主要由股道、道路、运用检修主厂房、辅助生产厂房、生产办公房屋、生活房屋及绿化等组成。

股道：股道主要由出入段线、牵出线、调头线（必要时）、试车线、静调线、洗车线、吹扫（清洗）线、不落旋轮修线、停车列检线、月修线、定架修线、大修线和材料线、调车机车存放线、油漆线（必要时）、特种车辆存放线、备用车存放线及建设期使用的焊轨线等。

道路：道路主要由生产运输通道、消防环行通道及人行通道组成。

运用检修主厂房：运用检修主厂房主要由停车列检库、月修库、架定修库、大修库（需要时）、洗车库、不落旋轮修库、吹扫（清洗）库、调机库及综合维修厂房等组成。

辅助生产工厂房：辅助生产厂房主要由变电所、通信信号楼、特种车库、设备维修车间、转向架轮对检修间、电机电器检修间、空调检修间、车门车窗检修间、受电弓检修间、制动机检修间、污水废水处理站、空压机站、加油站、制炉房（需要时）、材料棚、材料库及汽车库等组成。

生产办公房屋：车辆段办公综合楼、运用车间办公楼、检修车间办公楼、设备车间办公楼、综合维修中心办公综合楼、材料总库办公楼等组成。

生活房屋：主要由司机待乘室、生产人员的更衣休息室、职工食堂、浴室及文化娱乐场所组成。

（二）车辆段总平面布置原则

一般来说，一个城市的路网规划都是由几条甚至十几条纵横交错的线路组成，每条线路的客流量和施工工期也是不同的。如何结合路网规划来确定车辆段的性质就成为确定车辆段规模的先决条件。这里所说的车辆段的性质是按照完成几级修程来定的，最大的可以做大修，最小的只能做停车列检，车辆段性质的确定主要与路网规划、客流预测、线路走向、施工工期安排、段址等因素有关。车辆段的性质一旦确定，规模就可以通过行车资料计算而定。规模定下来后，就可以进行段内总平面布置。车辆段总平面布置的原则如下。

1）运营优先

车辆段主要是为运营服务的，车辆段各线路与运营关系的密切程度排序为：出入段线、洗车线、停车列检线、月修线、牵出线、调车机车存放线、特种车存放线、不落旋轮修线、吹扫（清洗）线。其他线路属检修线路，可根据需要合理布置。以上各线最重要的是出入段线，因其布置形式直接关系正线的运输能力，深圳地铁多次方案变更均是由出入段线的能力不足引起的。下面给出几种理想的出入段线布置形式。

（1）当段址选在线路的终点站，无论段址与正线平行还是垂直时，一般采用双线顺接即可满足运营要求。

（2）当段址选在线路的中间站，且段址与正线垂直时，应采用双线双向的出入段线布置形式。

（3）当段址选在线路的中间站，且段址与正线平行时，应采用双线双向两站间贯通（主要指停车列检库可以与两站直接连接）式的出入段线布置形式，当不具备贯通式布置条件时，应采用双线双向单站的出入段线布置形式。

洗车线、不落旋轮修线的布置原则是有条件的情况与停车列检库贯通；吹扫（清洗）线与检修库贯通。其他各线的布置原则是尽量减少车辆在段内调车时的走行距离，最好使段内线路的带电区和非带电区分区布置。

2）确保检修

车辆段的两大主要功能是车辆的运用整备及车辆、地铁各系统固定设备的检修保养。

因此，在车辆段总平面布置上，在优先考虑运营需要的前提下要确保检修能力。因为地铁车辆的造价昂贵，若有车辆段的检修能力跟不上，会直接影响运用车数量，从而影响运营能力。而检修设施的能力主要靠运用检修主厂房和辅助生产厂房的规模及其工艺流程的合理性来保证。因为车辆段内综合维修中心的很多辅助车间与车辆段的辅助车间性质相同，可在综合考虑各方面因素后采用合建方案，如机加工车间和计量化验室等，车辆段的材料棚、材料库也可考虑和材料总库合建。

3）合理布置办公房屋

合理不仅指房屋面积和位置合理布置，尽量靠近运用检修中心，而且对于各功能主体的用房在满足管理需求的前提下，能合并的尽量合并成办公综合楼，如综合维修中心和材料库就可以将生产和办公合建成综合楼，以减少房屋个体数量。

4）配备必要的生活设施

所谓必要的生活设施是指根据不同地方的特点、该地的经济生活水平的高低及气候条件来作为职工生活设施配备的依据。

5）道路与绿化

车辆段内的道路布置在总平面布置中也很重要，对于车辆段内的大型建筑在布置前就应考虑铺设运输道路和环行消防通道的条件。各建筑个体之间应根据需要铺设人行通道，且要求各道路之间应尽量连通。在车辆段无法与国铁接轨时，还应考虑机车、车辆进段条件。除此之外还应符合国家及本地区对环保、劳动保护及绿化的有关设计规定。

6）预留发展余地

在满足近期运营、检修要求的前提下，应使各生产办公室布置紧凑，为将来发展留有余地。

7）考虑物业开发的条件

地铁一般多建在较大城市，都是寸土寸金，且占地面积相当大（一般不小于25km^2），若有条件搞物业开发，其经济价值是不言而喻的。如果业主要求搞物业开发，在做车辆段总平面布置时，一定在满足车辆运用检修的前提下，为物业开发提供充分的条件。这一点可参照北京八王坟车辆段和深圳竹子林车辆段的总平面布置。

地铁车辆段作为地铁列车的检修运用基地，负责地铁车辆各修程的定检和运用维修工作。地铁车辆段的总平面设计与铁路电力机务段和客车段比较，存在较大差异，有其自己的特点和要求。

六、车辆段总平面布置基本形式及其特点

（一）按车间、厂房组合形式布置

地铁车辆段的总平面布置按厂房组合形式可分为集中式和分散式两种。集中式布置是指将性质相近的车间大规模地合并成联合厂房。例如，将大架修库、定临修库、油漆库、转向架间等合并成检修主厂房。将周检库、月检库、不落旋轮库等合并成运用库。集中式布置的优点主要是工艺路线短，占地面积小，线路布置容易，方便管理等；缺点主要是厂

房面积大，自然采光和通风条件较差，消防设计较为复杂。分散式布置是指各主要车间独立设置或集中程度较小，厂房单体面积较小。从总图上看，布置分散，其优缺点与集中式布置相反。

地铁车辆段一般位于城郊，车间采光通风可通过设备得到较好解决。因而在国内外地铁车辆段总平面设计中集中式布置已成为主流。

（二）特点

根据地铁车辆段检修主厂房、运用库及停车库的位置关系。地铁车辆段总平面布置形式一般可分为并列式、纵列式及复合式3种。并列式为三者并联布置，列车在三者之间的转场一般通过牵出线进行；纵列式为三者串联布置。列车转场一般通过走行线进行；复合式为三者之间并联串联相结合。

1）并列式布置的特点

并列式布置的主要优点是布置紧凑整齐、占地小，作业集中、管理方便；缺点是对场地的宽度要求较大，作业工艺不如纵列式布置顺畅。定检车辆的调车作业较多，走行距离长，对列车出入段可能造成干扰。洗车线和试车线布置困难。北京地铁古城车辆段和香港地铁九龙湾车厂的总平面采用的就是典型的并列式布置方式。

2）纵列式布置的特点

纵列式布置主要适用于狭长地形。按主出入段方向依次布置停车库、运用库和检修主厂房，也可将运用库设于停车库前。这种布置分区明确，列车走行顺畅，洗车线和试车线布置容易；缺点是走行线数量较大，且由于狭长布置，不方便管理，实际运用中较少采用此形式。

3）复合式布置的特点

复合式布置吸取了并列式布置和纵列式布置的优点，对地形的适应性也较强，是普遍采用的总平面布置方式。复合式布置也根据组合方式不同，一般有两种布置方式。一种是停车库和运用库并列布置，与检修主厂房纵列布置，广州地铁一号线车辆段即为这种布置方式，它的优点是出入库较频繁的作业集中在一起，运用和检修分开，带电区和无电区分开，对安全作业有利。另一种是运用库与检修主厂房并列布置，与停车库纵列布置，如上海地铁新龙华车辆段，它的优点是运用检修作业集中，方便管理和零部件的供应。

（三）按站段关系布置

地铁车辆段的总平面布置按站段关系分为尽头式和贯通式两种。尽头式布置有一个方向出入段，占地面积及工程量较小，但运用的灵活性较贯通式差。贯通式布置有两个出入段方向，一般与两个地铁车站连接，一个为主出入口，一个为辅出入口。贯通式布置的优缺点与尽头式布置相反。由于地铁运输的特点是高峰小时列车开行密度大大高于非高峰时间。这就造成地铁列车的出入段比较集中，因此贯通式布置带来的出入段灵活性显得更加重要。我国早期设计的地铁车辆段一般为尽头式布置，如北京地铁古城车辆段，而近年来设计的地铁车辆段一般为贯通式布置，如广州地铁一号线芳村车辆段和上海地铁新龙华车辆段。地铁车辆段总平面图布置参考图如图6-5所示。

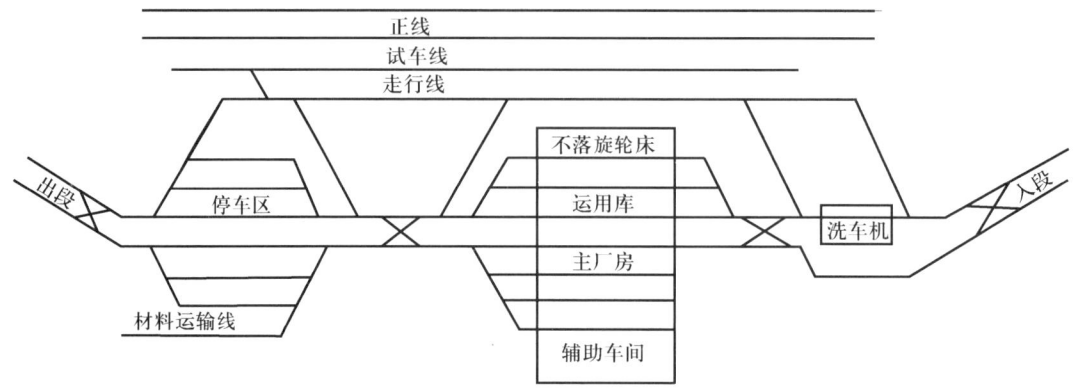

图6-5 地铁车辆段总平面图布置参考图

 拓展知识

车辆段空间利用和物业开发

为了提高车辆段的土地利用率，国内外有些车辆段对车库上部的空间进行高强度开发，取得了较好的经济效益。车库开发的模式是在车库旁边设置地铁车站，为开发提供交通支持。在车库上部做一个人工平台，在平台上开发高层住宅和公共建筑。东京地铁六号线志村车辆段在停车库上部开发了4栋14层的住宅楼、一所小学、一个幼儿园、一座运营管理楼。

札幌地铁东西线的车辆段设在地下，车库下部有地铁正线通过，车库上部是汽车停车场和高层建筑。

香港地铁也在车库上部进行综合开发。在九龙湾、柴湾和荃湾等车辆段的车库上部开发了30多层的住宅，以及配套的商业网点和公共汽车站。屯门轻轨在车库上部开发的建筑高达50层。

北京地铁一号线四惠车辆段上面做了一个大平台，开发了6~9层的公共建筑和住宅60万平方米，如图6-6所示。

图6-6 北京地铁一号线四惠车辆段物业开发

上海地铁十一号线在城北路停车场上部开发了商业及写字楼26.6万平方米，还利用车库的桩基础在停车库下面开发了汽车停车场和仓储用房6万平方米，如图6-7、图6-8所示。

项目六　城市轨道交通车辆段

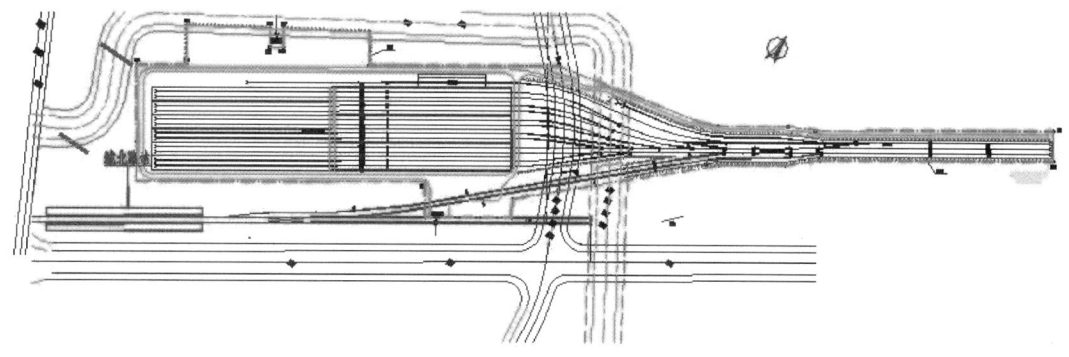

图 6-7　城北路停车场平面图

图 6-8　上海十一号线城北路停车场上盖开发透视图

任务三　车辆段出入段线的设置

学习目标

（1）了解城市轨道交通车辆段出入段线设置的基本要求。
（2）了解城市轨道交通车辆段出入段线与正线设置平、立交条件。

学习任务

掌握城市轨道交通车辆段的出入线设置。

工具设备

城市轨道交通车辆段沙盘及模型、绘图软件、车辆段图片及仿真三维立体图多媒体课件。

教学环境

轨道交通理实一体化教室、车辆维修基地或现场。

基础知识

城市轨道交通车辆段（停车场）的出入段线是连接正线的线路，属辅助线。它是列车从车辆段（停车场）驶入正线，或由正线驶回段、维修作业及各种检修车辆和机具、材料进出现场，以及事故时救援列车的运行路径。因此，出入段线设置必须满足正线早、晚高峰小时最大列车数的出（入）段需求，同时要保证列车和各种检修车辆出入段作业安全。

一、出入段线设置基本要求

《地下铁道设计规范》把地铁车辆段分成车辆段和停车场。一般说来，一个完整的车辆段主要由一个运行系统和一个检修系统所组成。运行系统主要是担负地铁车列的停放、到发、清洗和保养。检修系统主要是担负地铁车列的定期检查、定修、架修、大修等各级修理。在车辆段内两个系统既相对独立又互相联系。车辆段有时也是维护整条地铁各项设备和建筑物的维修基地，车辆段内设有工务、电务、机电等综合维修中心及材料总库等。

（一）接轨位置选择

良好的出入段线与正线的接轨条件是保证正常运营、降低工程投资和运用费用的关键。出入段线与正线的接轨位置通常选择在车站，接轨站宜选择在终点，有条件时可选择在折返站，以减少列车出入段空驶距离，确保线路通过能力和行车安全。只有当运营条件允许时，出入段线才可在区间与正线接轨。但在接轨处应设置隔开设备。

（二）接轨型式

出入段线与车站的接轨可以是双线一站接轨（2条出入段线接入同一车站），也可以是双线2站接轨（2条出入段线分别接入2个车站）。

（三）出入段线数量确定

GB 5057—2003《地铁设计规范》规定车辆段出入段线应按双线双向运行设计，并避免切割正线。车辆段和停车场设置双线或单线出入线应根据车辆段规模、远期线路的通过能力和运营要求确定。尽端式车辆段出入线宜采用双线，贯通式车辆段可在车辆段两端各设一条单线。停车场规模较小时，出入线可采用单线。

车辆段出入段线设计为双线双向是考虑车辆段列车出入频繁；保证列车出入安全、可靠、迅速；确保在事故状态下其中1条线路故障时，另1条线路仍可进行列车出入作业。

（四）与正线的交叉方式

《地铁设计规范》规定当出入段线与正线发生交叉时，宜采用立体交叉方式。采用立体交叉时，列车出入段作业不影响正线行车，保证线路最大通过能力。但城市轨道交通网中已建或拟建的车辆段（停车场）出入段线与正线交叉采用平面交叉也比较常见。例如，上海既有轨道交通二号线龙阳路停车场、轨道交通三号线石龙路停车场，出入段线均与正线平面交叉，如图 6-9、图 6-10 所示。拟建的轨道交通十一号线 F1 赛车场车辆段、六号线三林停车场等出入段线与接轨站站外正线均设计为平面交叉。

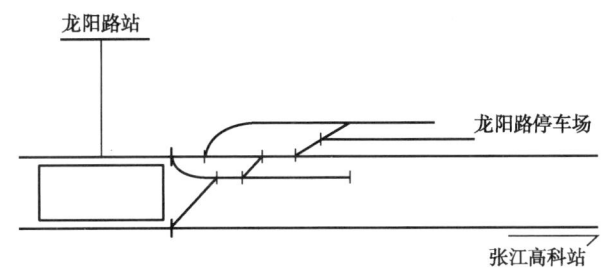

图 6-9　龙阳停车场车辆段出入段线接轨示意图

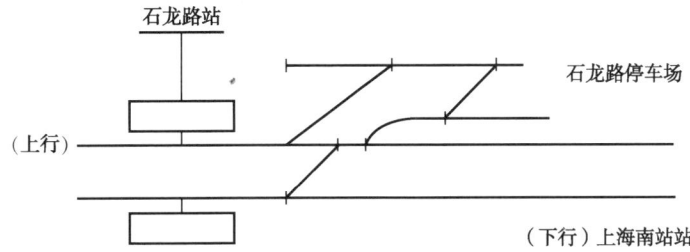

图 6-10　石龙路停车场车辆段出入段线接轨示意图

二、出入段线与正线设置平、立交条件

（一）平面交叉设置条件

列车出入段线与正线设置平面交叉时，列车出段须占用入场线（双向运行），并在进站信号机前一度停车，利用上、下行正线同时出现的行车间隔时分，切割下行正线进入石龙路站上行线，再调头空驶至上海南站（或出段列车直接进入石龙路下行线上客发车，而上海南站在高峰小时初始时段行车间隔随交路折返列车而定）。该布置形式工程量较省，但列车出入段影响正线运营。

列车出入段对正线运营的影响主要表现在高峰时段。通过规划全日 18h 列车运行图，使得列车出入段高峰时段基本避开了正线高峰运营时段。但是，随着轨道交通线路的逐步延伸和列车开行密度的增大，高峰小时运用车数也将增加，可能导致在运营高峰小时内会有较多列车在出入段作业。上海轨道交通二号线龙阳路停车场、三号线石龙路停车场采用平面交叉，主要是考虑到这 2 条线路远期都设置了 2 个及以上的车辆段（场），届时可通过调度这 2 个及以上车辆段（场）的列车出入计划，消除列车出入线与正线平面交叉对正线运营的影响。

因此，当 1 条轨道交通线路仅设置 1 个车辆段（场），且出入段线接轨于中间站，与正线平交时，就需要结合运营要求，规划远期全日运营时段列车运行图，检查全日及高峰小时实际运用车数及车底折返接续情况，确定在不影响正线通过能力的情况下，采用平面交叉。

（二）设置立体交叉的条件

列车出入段线与正线设置立体交叉时，出入段线自接轨站引出后，无论位于两正线中间或两侧，为满足立体交叉净空要求，减少出入段线长度，须采用较大坡度以满足上跨（或下穿）正线，如图 6-11 所示。

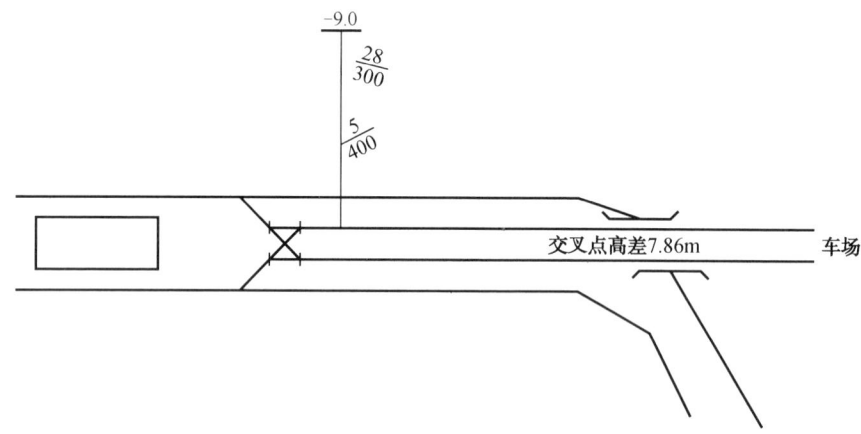

图 6-11　立体交叉出入段线接轨示意图

采用立体交叉方式，可避免列车出入段作业对正线的行车干扰和作业安全，满足出入段线通过能力的需求，但工程量、工程费用较设置平面交叉时增加较大，因此应根据交叉点工程地质情况、地形条件、工程量，结合平面交叉时出入段作业对正线行车的影响程度，经技术、经济比较后确定。

案例

车辆段出入段线节能设计

三金潭车辆段与综合基地由武汉市轨道交通三号线终点站市民之家站后接轨，车辆段出入线由正线终点引出后下穿张公堤、银潭路、金银潭大道、武汉德利彩印有限责任公司厂房后，接入地面车辆段，出入段线长约为 2.7km，如图 6-12 所示。

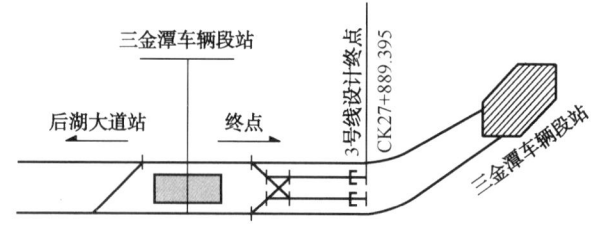

图 6-12　三金潭车辆段出入段线接轨示意图

该车辆段出入线节能设计的思路是：利用重力对列车进行牵引或制动，在出站时利用重力进行加速，进站时利用重力进行减速，以达到减少列车牵引能耗的效果。国内部分城市轨道交通车辆段出入段线在相同旅行速度下的牵引耗电指标见表 6-4。三金潭车辆段出

入段线由于线路长度偏长，且不符合正线节能坡设计条件，因此，不能直接引用正线节能坡设计；如果仅按常规设计，将比国内轨道交通车辆段出入段线牵引耗电平均水平高30%。

表6-4 部分轨道交通车辆段出入段线牵引耗电

序 号	车辆段名称	长度/km	平均牵引能耗/（kWh/km）	比 较
1	昆明首期工程大梨园车辆段出入段线	0.712	17.689	出入段线平均耗电：16.483kWh/km 高出平均水平30%
2	苏州2号线太平车辆段出入段线	1.269	14.795	
3	武汉2号线常青车辆段出入段线	1.153	16.964	
4	武汉3号线三金潭车辆段出入段线	2.7	21.427	

为了实现对三金潭车辆段出入段线的节能设计，于出入段线恰当位置假定节能坡终点，使节能坡终点与接轨站等高，满足节能设计的条件。三金潭车辆段出入段线节能设计模型如图6-13所示。

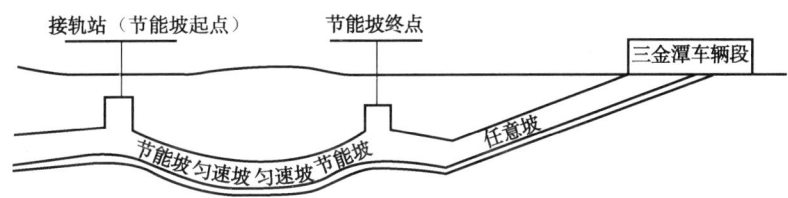

图6-13 三金潭车辆段出入段线节能设计模型

三金潭出入段线的节能设计，实现牵引耗电节约30%，大大节约了出入段线的运营成本，满足了我国城市轨道交通的节能环保需求。

任务四 停车场布局设计

学习目标

（1）了解城市轨道交通车辆段停车场。
（2）了解城市轨道交通车辆段停车场的功能布局方案。
（3）了解城市轨道交通车辆段停车场的功能设施布局原则。

学习任务

掌握城市轨道交通车辆段停车场布局设计，包括总体布局方案、功能设施等。

工具设备

城市轨道交通车辆段沙盘或者模型、车辆段图片及仿真三维立体图多媒体课件。

教学环境

轨道交通理实一体化教室、车辆维修基地或现场。

基础知识

停车场的布局取决于其功能需求。开发的停车场基本功能应包含停车场功能和开发功能两大功能。停车场功能主要包括存车、车辆检修、维修和物资供应功能，是完成轨道交通车辆及各系统维护管理所必需的；开发功能则是为居住、办公、商业、休闲等服务的。停车场功能和开发功能均需要一定的功能设施来实现，这两大功能中，首先要保证停车场功能。在保证停车场功能的前提下才能进行开发功能的比较分析。

一、停车场概述

停车场是为满足线路运营发车需要、避免车辆段用地规模过于庞大、节省运营成本、增强灵活性而设置的，其主要任务除了为该场配属列车的运营停放、技术管理、行政管理外，还应考虑担负相应的月检任务，提高运用效率。

根据停车场的功能定位，停车场设计大体分为五库一线，即停车列检库、月检库、调机工程车库、旋轮库、洗车库及牵出线。

二、停车场功能布局方案

根据停车场所处的地理位置，常见的有横向尽端式布置方案和纵向非贯通式布置两个方案。

（一）横向尽端式布置方案

受地形所限，洗车线采用尽端式布置形式，布置在停车场的最南侧，与之并列设置的是停车列检库，另外调机工程车库与材料库应考虑沿街地块开发，遂将两库移至咽喉区，以减少对沿街地块的占用，如图6-14所示。

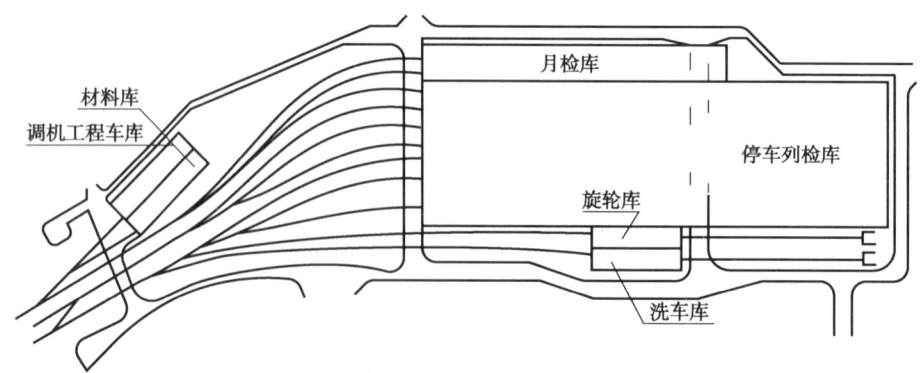

图 6-14　横向尽端式布置方案

作业流程分析：不进行外部冲洗的入场列车直接顺向进入停车列检库，须进行外部冲洗的列车直接进入尽端式的洗车线进行冲洗作业，再通过咽喉区的牵出线折返后进入停车列检库。月检库位于停车场的最北侧，与停车列检库并列布置，车辆通过咽喉区牵出线折返来实现转库作业。

（二）纵向非贯通式布置方案

由于地形所限，经研究停车场停车列检库与洗车库合设，月检库、旋轮库与调机工程车库合设，两大合设库房呈纵列倒装式布置。此方案合设的月检库、调机工程车库与材料库设置在停车场头部，出入线的北侧，而合设的停车列检库与洗车库设置于停车场端部，与合建的月检调机工程车库呈纵列倒装之势，如图 6-15 所示。

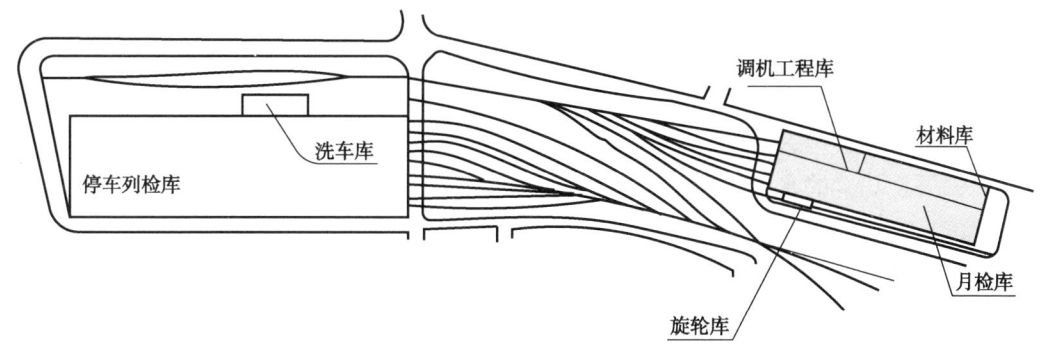

图 6-15　纵向非贯通式布置方案

作业流程分析：须进行外部冲洗的列车直接进入尽端式的洗车线进行冲洗作业，作业完成之后再通过咽喉区的牵出线折返进入停车列检库。须进行月检的列车通过咽喉区的牵出线，将列车送入洗车库北端的牵出线，再通过北端的牵出线将列车推入月检库，检修好的列车回列检库过程路径基本相同，在这个调车的过程中，负责调车的调车机车须在北端牵出线上进行机车牵引位置调换作业，即由列车头部换至列车尾部。

（三）停车场功能布局方案比选

经上述分析，横向尽端式布置方案具有站场咽喉布置简单、作业流程顺畅的优点，而纵向非贯通式布置方案则具有站场咽喉布置复杂、作业流程不顺畅、作业过程复杂的缺点，但投资比横向尽端式布置方案稍小。

三、功能设施的布置原则

（一）功能相容性分析

停车场功能和开发功能是基本独立的功能系统，两大功能系统内部均有常用的布局原则，保证子功能在使用时不产生相互之间的干扰，因此在两大功能内部不考虑相互干扰，认为是相容的；而两大功能系统之间的子功能之间可能会有相互干扰的因素存在，因此要进行功能模块之间的相容性分析。

出入场线是连接车辆基地与正线之间的线路，一般是地面线路，全天均有列车出入，有比较大的噪声污染。对噪声不进行防治时，附近地块的开发不宜作为居住和办公之用。

为减少对土地开发的影响，在有多条出入线时，应尽量集中布置。

线路咽喉区道岔集中，除了受列车收发车及调车作业的影响外，制约上盖开发的最大因素是，下层柱网的不规则布置使得上层柱网很难与下层柱网对齐，这就需要用结构转换层进行转换，结构处理复杂，因此不适宜进行荷载较大的建筑开发。对咽喉区的开发利用可考虑建一些荷载较轻的建筑，如简单的绿化景观、休闲活动场所等。同时对咽喉区进行覆盖，可减轻噪声污染，美化环境，有利于周边地块的综合开发。

停车场的厂房（如联合检修库等）柱距较大，而住宅的跨度较小，如上盖开发建住宅则要进行结构转换，增加了开发成本；另外，厂房有轻微噪声和震动，要经过防治处理，进一步提高了工程造价，所以不适合开发住宅。当上盖开发建办公或商业时，一是柱网跨度可以与厂房协调，二是办公和商业对噪声和震动的要求低于住宅，因而要比开发住宅可行。

（二）开发功能的布置原则

功能设施的布局是综合其功能要求和功能相容性进行的，表6-5是考虑了功能相容性的分析结果、停车场子功能区和上盖及附近开发空间之间的功能组合情况。

表6-5 停车场和开发功能的子功能组合表

功　能	出　入　场	咽　喉　区	停 车 列 检	联 合 检 修
居住	×	×	×	×
办公	○	×	√	√
商业	√	×	√	√
休闲	√	○	√	√

注：×表示功能不相容；○表示功能矛盾较少；√表示功能相容。

根据前面的分析，对开发功能的布置原则建议如下。

（1）停车场厂房上盖建办公或商业设施。

（2）咽喉区上盖做绿化或建轻质结构的公共建筑，最大程度地降低结构荷载，以适应不规则的柱网。

（3）住宅开发离开场区，减少噪声和震动对住宅的影响，提升居住环境。

（4）场区地块中的路边可设临街商业，以充分利用地块条件，获取最大开发利益。

 案例

杭州地铁湘湖停车场开发功能布局实例分析

以杭州地铁湘湖停车场为例，根据萧山区的总体规划，停车场所处的区域为杭州休博园区，地理位置颇为优越，因此在进行停车场设计时，在满足停车场功能的基础上，还必须充分考虑停车场的开发功能。

根据停车场的功能布局方案，经研究湘湖停车场可供开发的地块有4个，分别是：沿街地块、库房地块、沿礼帽山地块、出入线地下开发地块，如图6-16所示。

项目六　城市轨道交通车辆段

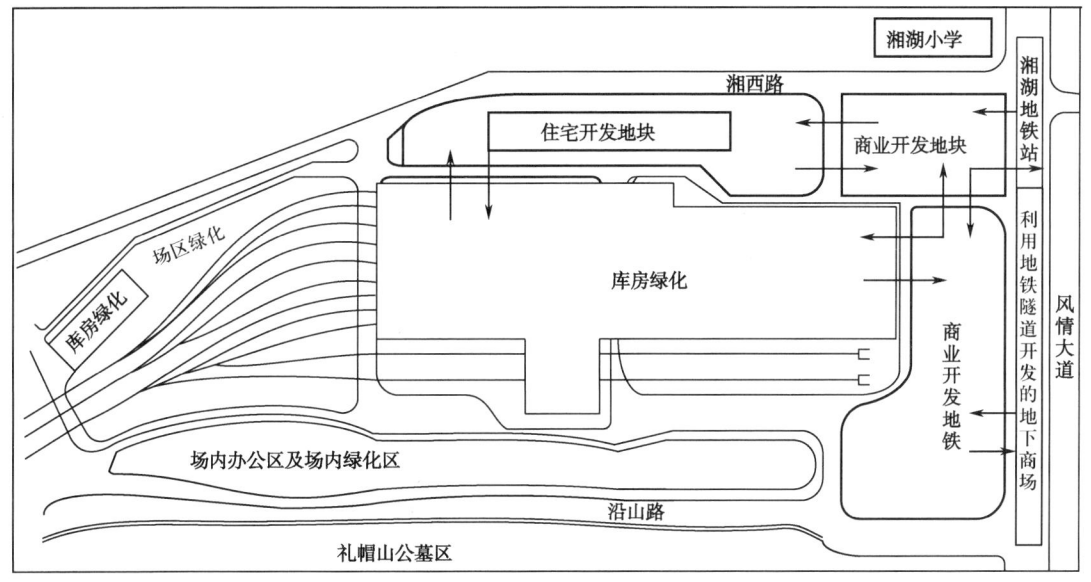

图 6-16　停车场土地开发地块

沿街地块：位于停车场东侧，与湘西路及风情大道紧邻，旁边有地铁湘湖站，为场区内最重要的开发地块，可用作商业、住宅开发。

库房地块：此地块紧贴沿街地块，受场地限制，股道间距难以拉开，股道间立柱困难，使得屋顶难以作为物业开发之用，因此将此地块用作绿化，作为沿街地块的"后花园"，即可美化环境、减少噪声，又可提升沿街地块。

沿礼帽山地块：位于礼帽山公墓区北侧，与咽喉区、洗车线紧邻。受南部公墓区及列车噪声的影响，环境稍差，因而此地块拟用作场区内的办公及绿化用地。

出入线地下开发地块：此地块是利用出入线隧道的地下空间，在地面与出入线隧道之间开辟出一个新的空间。此地块可作为沿街商业地块空间的延伸，可完善沿街地块的商业功能，提升沿街地块的潜在价值。

从上述分析不难看出，在研究停车场的地块开发布局时，应从停车场的使用功能出发，以周边环境、基础设施为依托，充分考虑各地块之间的价值渗透，做到为整个停车场的综合功能提升系统空间。

任务五　地铁车辆段洗车线布置形式

学习目标

（1）了解城市轨道交通车辆段洗车线的布置类型。
（2）比较各洗车线布置类型的优缺点。

学习任务

能区分4种城市轨道交通车辆段洗车线的布置类型及各自优缺点，能够绘制洗车线布置图。

工具设备

城市轨道交通车辆段沙盘或者模型、绘图软件、车辆段图片及仿真三维立体图多媒体课件。

教学环境

轨道交通理实一体化教室、车辆维修基地或现场。

基础知识

地铁车辆段是进行地铁列车的维护、保养及检修的基地,随着社会和经济的进步,乘客对列车的车容、车貌要求越来越高,因此地铁车辆段的洗车功能也越来越重要。

目前,地铁车辆段普遍采用了自动化机械洗车机,以提高洗车效率和清洗质量,设计车辆段时一般需要设置独立的洗车线,洗车线上的设备如图 6-17 所示。洗车线布置受洗车工艺和用地条件的限制,虽然布置灵活,但不同的布置形式对洗车能力和效率影响很大,因此在车辆段设计中,分析洗车能力、优化洗车线布置方案是一个重要的内容。

图 6-17 洗车线上的设备

洗车线的布置形式一般有咽喉区通过式布置、与运用库并列通过式布置、咽喉区八字线通过式布置、尽头线往复式布置等几种典型的布置形式。其选择主要受用地条件、接轨站的配线方案和车辆段总平面布置方案制约,既灵活多样,又难以把握。本任务将通过对几种典型的洗车线布置形式进行比较分析和能力计算,得出各种方案的优缺点和适用范围,供地铁车辆段设计时参考。

一、咽喉区通过式布置(方案一)

(一)咽喉区通过式布置示意图(见图 6-18)

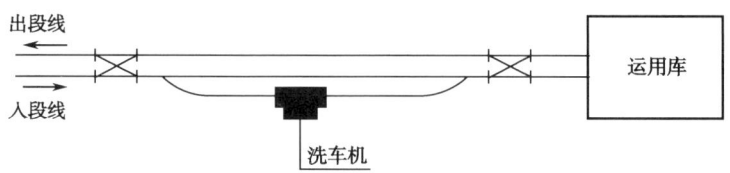

图 6-18 洗车线咽喉区通过式布置示意图

（二）咽喉区通过式布置的特点

洗车线与出入段线并列布置在运用库咽喉区前，列车入段时，要清洗的列车直接进入洗车线，洗车后通过咽喉区进入停车线（也包括列检、双周检、季检线，下同），洗车工艺为通过式洗车，列车洗车作业只要1次通过洗车机，且全过程无须转换列车运行方向。

（三）咽喉区通过式布置的实例

咽喉区通过式布置虽然要求车辆段用地有足够的长度，但由于具有作业时间短、洗车效率高的优越性，因此采用这种布置形式的实例还是很多的，如北京地铁四惠车辆段、上海地铁梅龙车辆段和广州地铁一号线芳村车辆段等。芳村车辆段的洗车线平面布置图如图6-19所示。

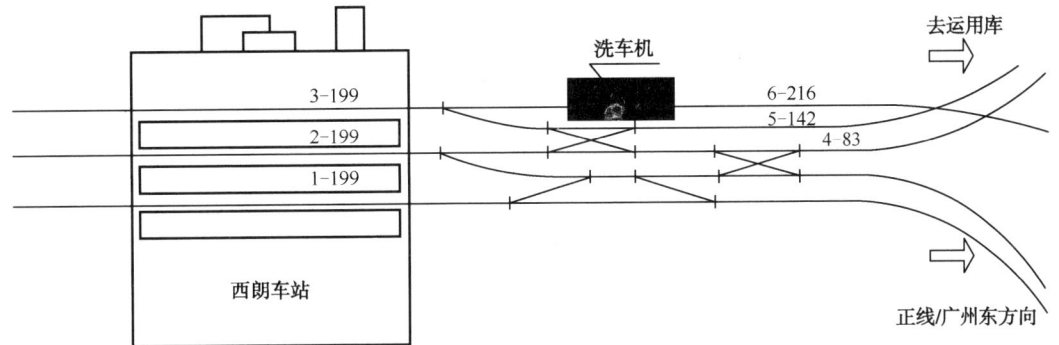

图6-19　芳村车辆段洗车线平面布置示意图

二、与运用库并列通过式布置（方案二）

（一）与运用库并列通过式布置示意图（见图6-20）

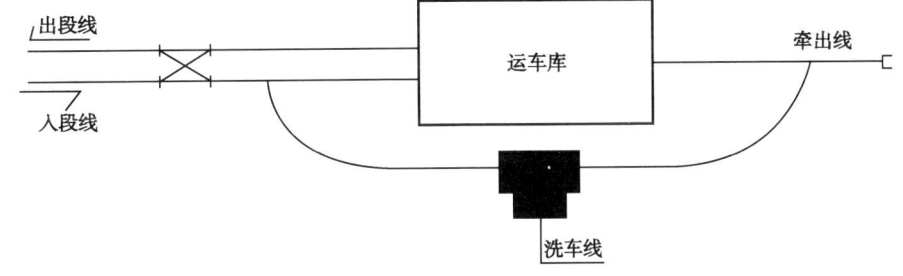

图6-20　洗车线与运用库并列通过式布置示意图

（二）与运用库并列通过式布置的特点

方案二的布置形式只有在运用库为贯通式布置时才能成立。洗车线布置在运用库的一侧，列车入段时，要清洗的列车直接进入洗车线，洗车后进入牵出线，转换运行方向后通过运用库尾部咽喉区进入停车线，洗车工艺为通过式洗车，列车洗车作业1次通过洗车机，但要在牵出线进行1次转换运行方向作业。

（三）与运用库并列通过式布置的实例

洗车线与运用库并列通过式布置同样要求车辆段有足够的用地长度。一般来说，可以采用这种布置形式的用地条件，也可以采用运用库尽头式布置、洗车线咽喉区通过式布置的形式。其选择要综合考虑车辆段总平面布置的各种因素确定。广州地铁二号线赤沙车辆段和四号线新造车辆段都采用这种布置形式。赤沙车辆段洗车线平面布置示意图如图 6-21 所示。

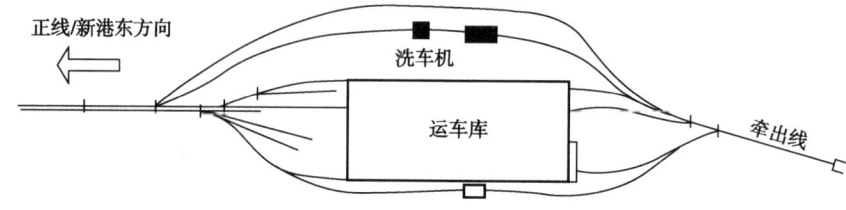

图 6-21　赤沙车辆段洗车线平面布置示意图

三、咽喉区八字线通过式布置（方案三）

（一）咽喉区八字线布置示意图（见图 6-22）

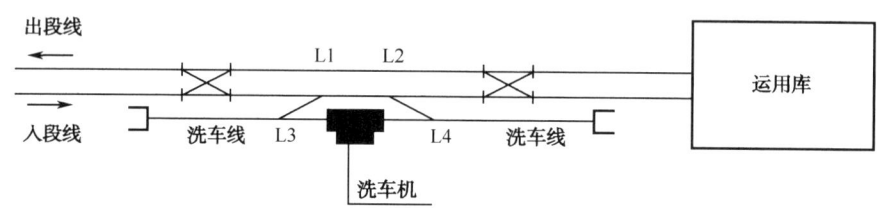

图 6-22　洗车线咽喉区八字线通过式布置示意图

（二）咽喉区八字线通过式布置的特点

当车辆段用地长度受到限制，不能满足方案一和方案二两种布置形式的要求时，可以考虑采用本方案。洗车机布置在咽喉区一侧，列车入段时，要清洗的列车首先经岔 L2、L4 进入前洗车线，列车在前洗车线转换运行方向后，驶入洗车机完成洗车作业，然后全部进入后洗车线，在后洗车线再次转换运行方向后，经岔 L3、L1 进入运用库。列车 1 次通过洗车机，对洗车作业而言是通过式洗车；但从列车入段到洗车完毕进入运用库，需要 2 次转换列车运行方向。

（三）咽喉区八字线通过式布置的实例

咽喉区八字线布置形式在国内首次运用于广州地铁三号线洛溪车辆段。洛溪车辆段的洗车线平面布置示意图如图 6-23 所示。

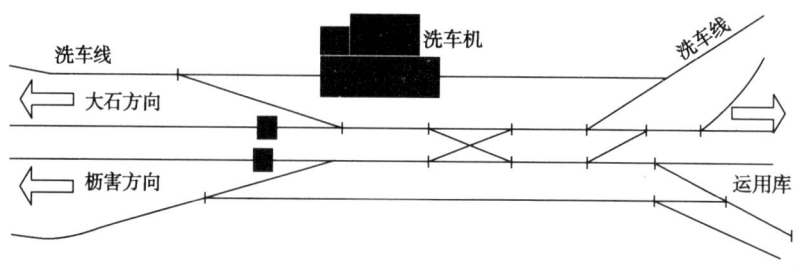

图 6-23　洛溪车辆段洗车线平面布置示意图

四、尽头线往复式布置(方案四)

(一)尽头线往复式布置示意图(见图10-24)

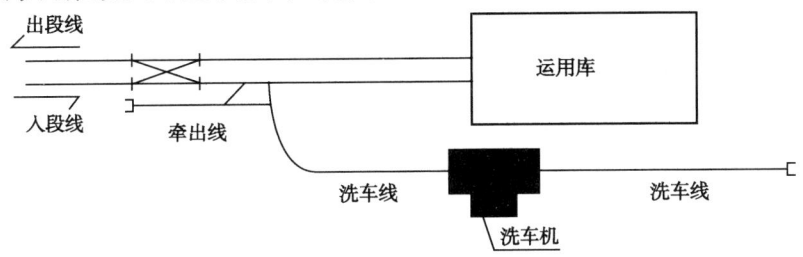

图6-24 尽头线往复式布置示意图

(二)尽头线往复式布置的特点

当车辆段用地长度受到限制不能满足方案一和方案二的布置形式时,也可以考虑采用本方案。洗车机的布置位置比较灵活,一般并列布置在运用库一侧。

列车入段时,要清洗的列车首先进入洗车线完成洗车作业后,转换运行方向,反向通过洗车机进入牵出线,在牵出线上再次转换运行方向后进入运用库。列车2次通过洗车机,因此定义为往复式布置。从列车入段到洗车完毕进入运用库,也需要2次转换列车运行方向。

(三)尽头线往复式布置的实例

由于这种布置方案洗车效率低,一般只适用于小规模的车辆段(或停车场),或在用地条件确实无法实施其他方案时采用。国内上海地铁车辆段使用这种布置形式比较多,如宝钢车辆段、港城路车辆段等。上海地铁六号线港城路车辆段的洗车线平面布置示意图如图6-25所示。

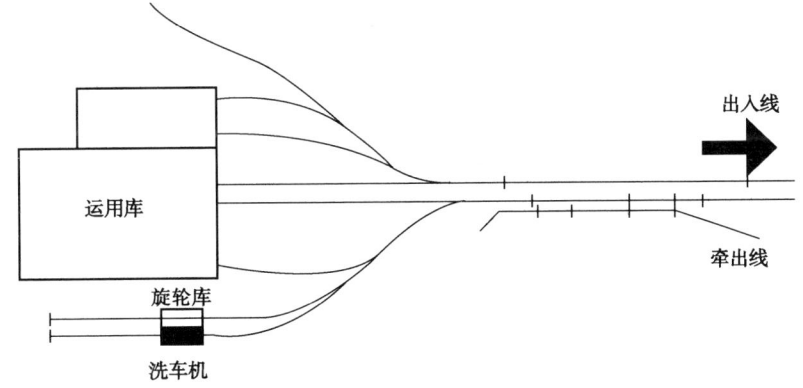

图6-25 港城路车辆段洗车线平面布置示意图

车辆段洗车库

为了使城市轨道交通中地铁和轻轨运行的车辆保持清洁、干净,在轨道交通各条线路的停车场内均设有洗车库或进行露天的洗车作业,对车辆外表进行冲洗。车辆段一般设置一条独立的洗车线,洗车库有独立成单体的,也有紧邻运用库布置的,洗车库普遍采用了自动化机械洗车机以提高效率。洗车库作为一个小的建筑单体,工艺设备较多,洗车库包含以下 3 个功能系统。

1. 地铁列车自动清洗机

地铁列车自动清洗机设备由清洗设备、设备上导轨、端刷地轨组成。两侧导轨各距离股道中心线 2.4m,土建要为上导轨及端刷地轨做安装预埋件。

2. 水供给及循环系统
3. 电控系统

以武汉地铁古田车辆段为例,设置独立的洗车库,洗车库分控制区及洗车区,控制区附跨部分为 2 层,洗车库在工艺上一般总长为 54m,柱距按 6m 布置,附跨部分一层为机械间和直流开关柜室,二层为洗车机控制室及备品间,如图 6-26 所示。

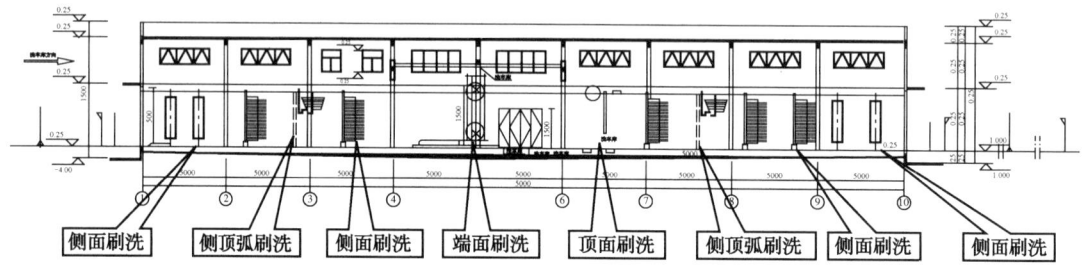

图 6-26 古田车辆段洗车库的断面布置图

某地铁车辆段总图如图 6-27 所示。

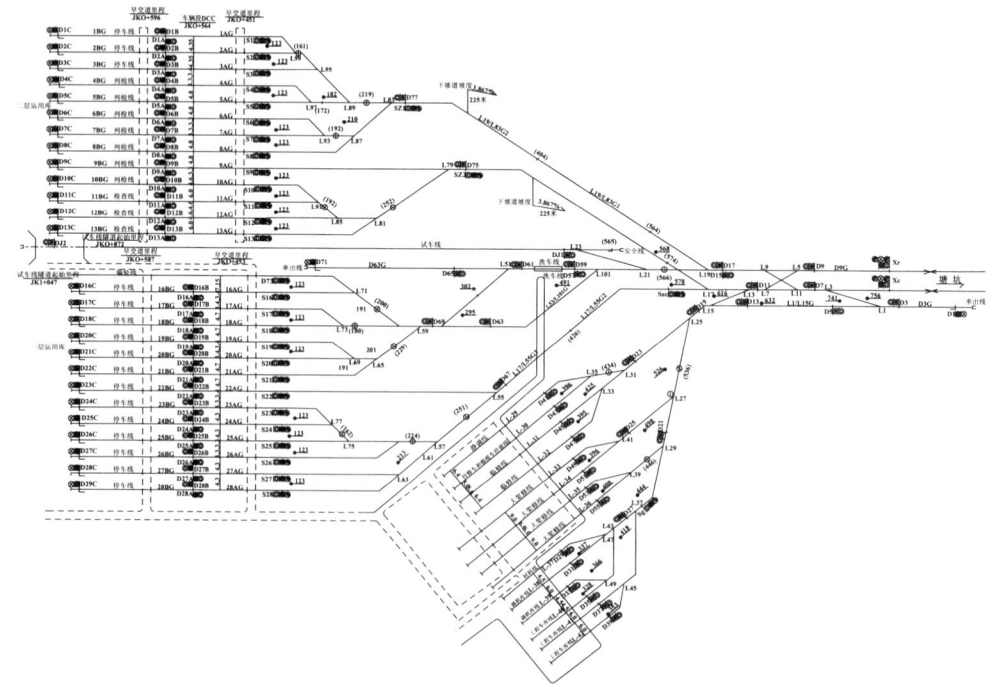

图 6-27 某地铁车辆段总图

参考文献

[1]中华人民共和国国家质量监督检查检疫总局. 地铁设计规范[S]. 北京：中国标准出版社，2003.

[2]中国国家标准化管理委员会. 城市轨道交通技术规范[S]. 北京：中国标准出版社，2009.

[3]毛保华. 城市轨道交通规划与设计[M]. 北京：人民交通出版社，2006.

[4]何静，司宝华，陈颖雪. 城市轨道交通线路与站场设计[M]. 北京：中国铁道出版社，2015.

[5]曾险峰. 城市轨道交通概论[M]. 北京：中国电力出版社，2014.

[6]韩宜康，林瑜筠. 城市轨道交通线路与站场[M]. 北京：中国铁道出版社，2015.

[7]彭义，赵金峰. 浅谈城市地铁车辆段总平面布置[J]. 铁道标准设计，2001(3).

[8]张雄. 论地铁车辆段总平面设计的特点及优化[J]. 铁道工程学报，1999(3).

[9]张雄. 地铁车辆段总平面设计特点及优化[J]. 铁道标准设计，1999(1).

[10]王粉线，汪履直. 城市轨道交通车辆段出入段线的设置[J]. 现代城市轨道交通，2006(2).

[11]朱蓓玲. 对地铁车辆段及停车场布点的认识[J]. 铁道工程学报，1998(9).

反侵权盗版声明

电子工业出版社依法对本作品享有专有出版权。任何未经权利人书面许可，复制、销售或通过信息网络传播本作品的行为，歪曲、篡改、剽窃本作品的行为，均违反《中华人民共和国著作权法》，其行为人应承担相应的民事责任和行政责任，构成犯罪的，将被依法追究刑事责任。

为了维护市场秩序，保护权利人的合法权益，我社将依法查处和打击侵权盗版的单位和个人。欢迎社会各界人士积极举报侵权盗版行为，本社将奖励举报有功人员，并保证举报人的信息不被泄露。

举报电话：（010）88254396；（010）88258888
传　　真：（010）88254397
E-mail：　dbqq@phei.com.cn
通信地址：北京市海淀区万寿路173信箱
　　　　　电子工业出版社总编办公室
邮　　编：100036